新时代
中国经济读本

丁永健 孙 佳 编著

New Era
Chinese Economy Overview

科学出版社

北京

图书在版编目（CIP）数据

新时代中国经济读本/丁永健，孙佳编著. —北京：科学出版社，2020.1
ISBN 978-7-03-062719-3

Ⅰ. ①新… Ⅱ. ①丁…②孙… Ⅲ. ①中国经济–研究 Ⅳ. ①F12

中国版本图书馆 CIP 数据核字（2019）第 242328 号

责任编辑：石　卉　吴春花 / 责任校对：贾伟娟
责任印制：徐晓晨 / 封面设计：有道文化
编辑部电话：010-64035853
E-mail: houjunlin@mail.sciencep.com

科学出版社 出版
北京东黄城根北街 16 号
邮政编码：100717
http://www.sciencep.com
涿州市般闻文化传播有限公司 印刷
科学出版社发行　各地新华书店经销
*
2020 年 1 月第　一　版　开本：720×1000　B5
2021 年 7 月第二次印刷　印张：15 1/4
字数：362 000
定价：88.00 元
（如有印装质量问题，我社负责调换）

前　　言

中国经济的崛起是几十年来全球最令人关注的事情之一。我们接触的国际友人，特别是来华留学生都对中国经济的发展抱有极强的好奇心。国内非经济专业的学生，虽然在移动互联网时代很容易接触各类经济话题，但由于缺乏必要的理论基础与系统的梳理，对很多问题的理解似是而非，自媒体的文章更是常常带来很多误导。工商管理硕士（master of business administration，MBA）、公共管理硕士（master of public administration，MPA）等在职攻读硕士学位的学员由于工作的关系，迫切希望对中国经济问题有全面深入的了解。他们对含有大量专业术语甚至公式的经济专著望而却步，但对良莠不齐的畅销书又难以辨别，直言对很多重要的经济问题"看不懂"。这就是我们撰写本书的初衷：为来华留学生、非经济专业的学生、工商管理硕士与公共管理硕士等在职攻读硕士学位的学员，以及关心中国经济的普通公众，写一本关于中国经济的读物，既要不失专业性与系统性，又要通俗易懂。

中国经济让很多人"看不懂"，一个重要原因是变化快。经过四十余年的改革开放，中国经济的供求条件发生了巨大变化。从需求侧来说，中国百姓的衣食住行都有了显著的改善，很多方面与发达国家不遑多让。例如，几年前还极其火爆的车市，2018 年后却进入寒冬，市场呈现饱和状态。此外，民众对教育、医疗、养老、旅游、健身等领域的需求呈现爆发式增长，并没有得到有效满足。中国共产党第十九次全国代表大会指出，中国特色社会主义进入新时代，我国社会主要矛盾已经转化为人民日益增长的美好生活需要和不平衡不充分的发展之间的矛盾。从供给侧来说，我国的人口红利正在消失，环境保护、安全生产更趋严格，传统的以成本优势占领全球市场的发展模式遭遇极大挑战。在国际经贸争端背景下，低端产能向外转移加速。经济增长的动力，从过去主要依赖资源投入，转向技术、人才等高端要素的驱动。我国经济已由高速增长阶段转向高质量发展阶段。本书的主要任务，就是系统地向读者阐释新时代中国经济的新特点、新举措、新进展。

中国经济让很多人"看不懂"，另一个重要原因是中国经济具有多方面的独特性。一是体制独特。中国经济的很多特殊现象，本质源于中国是个转轨经济体，中国的市场经济从计划经济转型而来，并处于不断发展完善的过程中。对国有企业改革、"三农"等具有"中国特色"的问题，必须从其形成的历史背景入手，梳理改革的过程与演进脉络，在此基础上剖析当前面临的问题，才能对中国政府出台的相关政策有深入的理解，进而准确把握未来的发展趋势。中国制度的重要特点是能够集中力量办大事，中国在基础设施、重大工程等领域的突出成就，都与此有关。二是规模独特。中国在高铁、通信、互联网+、共享经济等诸多领域的表现非常亮眼，在很大程度上源于中国超大规模的市场优势。此外，中国幅员辽阔，地区之间自然条件与资源禀赋差异很大，发展不平衡。为管控改革风险，中国的改革经常采用在部分地区先行先试的策略，有时扩大了地区差异，但这种差异并不都是坏处，也意味着巨大的发展潜力。因此，通过完善空间治理，优化区域经济发展战略，能为中国经济的可持续增长提供战略纵深。本书的重要目的，就是把"中国特色"讲清楚。

要真正读懂中国经济问题，应该掌握一些基础的经济理论。本书对涉及的一些经济理论做极其简明扼要的介绍，目的是帮助读者站在前人的肩膀上，引导其用一种结构化的思维来认识和思考现实经济问题，也为进一步的理论学习做个引子。

本书由中央高校基本科研业务费资助项目（DUT18RW502 和 DUT19RW126）、辽宁省社科规划基金项目（L16CJY002 和 L17BJY024）、大连理工大学教育教学改革教材专项（JC2019022）、2019 年中央高校教育教学改革专项资金立项建设项目"贯穿思想政治教育的理工科高校《经济学原理》一流课程建设"、研究生教学改革与研究基金项目（jg2018007）、国际教育学院教改培育基金项目（SIE18TYB1）联合资助出版。另外，感谢大连理工大学硕士研究生唐晓彤和王宇婷在本书搜集资料、整理文稿、校对修订的过程中的辛勤工作与付出。虽然经过了反复校稿，但本书可能仍然存在不足和疏漏之处，还请各位读者批评指正。

认识中国经济问题，既要有宏观视野的审视，也要有微观视角的洞察。同样由作者团队编著的有关新时代中国企业及其改革方面的图书，不久也将与读者见面，敬请期待。

丁永健　孙　佳

2019 年 8 月

目　　录

第一章　步入新时代的中国

经过长期努力，中国特色社会主义进入了新时代，这是我国发展新的历史方位。

——习近平《决胜全面建成小康社会　夺取新时代中国特色社会主义伟大胜利》

随着中国经济快速发展、新生事物的不断涌现，中国人的生活方式正在悄无声息地发生改变，而这样的"中国变化"也让不少外国人感到有点儿"不可思议"。德国国际合作机构可持续城镇化、交通运输与能源领域主任金彩尔对自己在 1993 年第一次走进中国的场景仍记忆犹新，放眼望去都是骑自行车的人，当时中国人穿的衣服几乎都是蓝色的，很少能看到人们穿其他颜色的衣服。外国人在中国能买的东西很少，并且要想买东西还要用外汇券，"当时买不到奶酪、咖啡，什么都没有，但现在看看，大街小巷都是星巴克了。"她在中国这些年最深刻的感受就是，中国人越来越富有，大部分人现在都有了自己的房子和汽车，生活方式也发生了很大的变化，并且能看到现在有越来越多的人出国旅游、留学，他们的思想也越来越开放。金彩尔最近一两年觉得有一样变化很有意思，那就是共享单车的出现让中国又回归了"自行车社会"。共享单车的出现大大改变了人们的出行方式，它成为很好的代步工具，尤其是在最后一公里时，而且非常环保、方便。与 20 世纪 90 年代不同的是，当人们看到金彩尔还有她的朋友在路上骑自行车时，已经觉得是一件很普通的事，没什么可新奇的。

在经济全球化的今天，无论是来中国学习的东南亚留学生、来中国经商的欧洲人、来中国投资的美国人，还是从未来过中国，远在南美洲的农场主、非洲的手工艺人，不管他们有没有意识到，他们的工作和生活都受到了中国经济的巨大影响，因此理解中国经济是非常有必要的。中国经济有两个突出特征始终未曾改变：第一，中国是一个发展中国家，依旧具有发展中经济体的诸多特征。第二，中国是一个转轨经济国家，中国的社会主义市场经济体制既不同于传统的计划经济国家，又与西方各国存在显著差异。随着国家经济总量和人均收入水平的持续增长，当前中国经济出现了很多新的特征。中国共产党第十九次全国代表大会提出，中国特色社会主义进入新时代——这正是理解中国经济的"关键词"。[①]

---

① "就像科幻小说！" 外国人视角下中国的五年之变. http://www.sohu.com/a/ 198609939_115376[2019-06-20]; 中国经济社会的五年之变: 外国人感到"不可思议". http://www.zhicheng.com/n/20171017/176413.html [2019-06-20]; 刘伟: 如何看待中国仍然是一个发展中国家. https://finance.sina.com.cn/china/2018-10-17/doc-ihmhafis 2966431.shtml[2019-06-20].

第一节 中国经济的伟大成就

2018 年是中国改革开放 40 周年。若想要找到一个词来形容改革开放 40 年来取得的成绩，最恰当不过的就是"奇迹"。改革开放以来的 40 年，是中国经济社会发展进程中极不平凡的 40 年，面对国内外复杂的经济环境和一系列重大的风险挑战，中国经济社会发展取得了举世瞩目的辉煌成就。

一、经济总量高速增长

改革开放以来，中国经济破天荒地实现了长期、持续、快速且平稳的增长（图 1.1）。1978 年，中国 GDP[①]为 3678.7 亿元，后来保持着稳步上升的趋势，1986 年第一次达到 1 万亿元，1991 年上升到 2 万亿元，1995 年增长至 5 万亿元，2000 年首次突破 10 万亿元大关，2006 年超过 20 万亿元，2012 年超过 50 万亿元，2016 年达到 74.01 万亿元。中国人均 GDP 从 1978 年的 385 元，先后突破 1 万元、2 万元、3 万元，到 2016 年人均 GDP 为 5.37 万元。

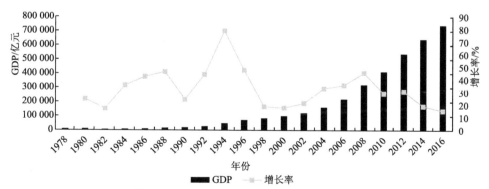

图 1.1 1978～2016 年中国 GDP 及其增长率

资料来源：根据国家统计局网站（http://www.stats.gov.cn）发布数据整理得出

---

① GDP（国内生产总值）是指一个国家（或地区）所有常驻单位，在一定时期内，生产的全部最终产品和服务价值的总和，常被认为是衡量国家（或地区）经济状况的指标。

二、国际地位明显提高

经过几十年的持续增长，中国终于超过日本，成为仅次于美国的世界第二大经济体。2011 年 3 月 3 日，日本内阁府发布的数据显示，2010 年中国名义 GDP 比日本名义 GDP（54 742 亿美元）多 4044 亿美元，至此，中国正式成为世界第二大经济体[①]。根据国家统计局发布数据，2017 年中国 GDP 按美元计价为 12.3 万亿美元，约占世界经济总量的 15%，比 1978 年提高约 13 个百分点，2013~2017 年中国对世界经济增长的贡献率超过 30%，逐渐发展成为世界经济增长的动力之源、稳定之锚；从经济增速的角度来看，1978~2017 年，中国 GDP 按不变价格[②]计算年均增长率为 9.5%，平均每 8 年翻一番，远高于同期世界经济增速，在全球主要经济体中位居前列，如图 1.2 所示。由此可以看出，中国经济呈现长期稳定持续的增长，在世界经济发展史上都是独一无二、绝无仅有的。

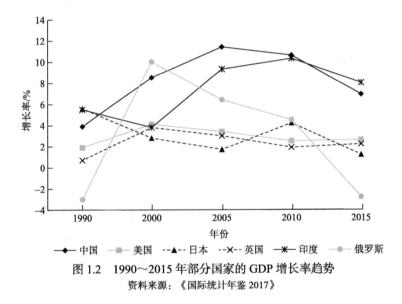

图 1.2　1990~2015 年部分国家的 GDP 增长率趋势

资料来源：《国际统计年鉴 2017》

---

① 日本公布 2010 年 GDP 数据 中国超越日本居世界第二. http://world.huanqiu.com/roll/2011-02/1494343. html?agt=15417[2019-06-20].

② 不变价格是指用以计算各时期产品价值指标的固定价格，是可比价格的一种形式。按不变价格计算的产品价值消除了价格变动因素，不同时期对比可以反映生产的发展速度。新中国成立后，国家统计局先后五次制定了全国统一的工业产品不变价格和农业产品不变价格：1953~1957 年，使用 1952 年工（农）业产品不变价格；1958~1970 年，使用 1957 年不变价格；1971~1980 年，使用 1970 年不变价格；1981~1990 年，使用 1980 年不变价格；1991 年起，使用 1990 年不变价格。

中国外汇储备①总量大幅度上升，完成了从外汇短缺到世界第一外汇储备大国的转变，如图 1.3 所示。外汇储备是衡量一个国家综合国力的重要指标之一。根据国家统计局发布数据，1978 年，中国外汇储备位居世界第 38 位，仅 1.67 亿美元。随着中国对外开放水平的提升，经常项目盈余②快速积累，不断吸引外资，"外汇短缺国"俨然成为过去。1990 年，中国外汇储备突破百亿美元，但 1994 年之前，中国外汇储备整体处于较小规模状态，增长速度较为缓慢。1994 年，中国政府对外汇管理体制进行了一次重大改革，实施汇率并轨、实行银行结售汇制③、成立银行间外汇交易市场④，这些操作在很大程度上促进了中国企业的出口及外商投资的积极性，中国外汇储备开始不断增长，1996 年超过千亿美元。加入世界贸易组织（World Trade Organization，WTO）之后，国内外贸易往来日渐频繁，外汇储备快速增长，2006 年中国外汇储备位居世界第 1 位，超过 1 万亿美元，2011 年后外汇储备增幅开始明显放缓，但总额仍在逐年攀升，2018 年末，外汇储备余额为 30 727 亿美元，连续 13 年稳居世界第一⑤。外汇储备的增长，无疑会给中国经济带来许多正面影响，标志着中国对外支付能力和调节国际收支实力的增强，为中国举借外债和债务的还本付息提供了可靠保证，为维护中国在国际上的良好信誉，吸引外资，争取国际竞争优势奠定了坚实的基础。

---

① 外汇储备（foreign exchange reserve）又称为外汇存底，是指为了应对国际支付的需要，各国中央银行及其他政府机构所集中掌握的外汇资产。

② 经常项目差额是国际收支中贸易收支、劳务收支和转移收支三个收支的总计差额。如果收入大于支出，就是经常项目顺差（盈余）；如果支出大于收入，就是经常项目逆差（赤字）。经常项目差额常常被视为衡量一国国际收支长期状况的重要指标。

③ 银行结售汇（banking exchange；banking foreign exchange sale and purchase）是银行间外汇市场供求变化的基础，市场供求的变化是决定人民币汇率的基本因素，中央银行通过公开市场操作是人民币汇率的稳定器。银行结售汇包括结汇、售汇和付汇。银行结售汇市场是中国的外汇零售市场。在结售汇制度下，办理结售汇业务的银行是外汇指定银行。外汇指定银行根据中国人民银行公布的基准汇率，在规定的幅度内制定挂牌汇率，办理对企业和个人的结售汇。

④ 银行间外汇交易市场是指经国家外汇管理局批准可以经营外汇业务的境内金融机构（包括银行机构、非银行金融机构和外资金融机构）之间通过中国外汇交易中心进行人民币与外币交易的市场。1994 年，中国对外汇管理体制进行了重大改革，取消外汇留成、上缴和额度管理，实行结售汇制度，建立全国统一的银行间外汇交易市场，也称外汇批发市场，成为中国主要的外汇交易场所，交易主体为金融机构、投资公司、进出口企业等。同时，建立了以中国外汇交易中心的电子交易系统为依托的交易平台。银行间外汇交易市场的建立，奠定了以市场供求为基础的、有管理的浮动汇率制的基础。

⑤ 沧桑巨变七十载 民族复兴铸辉煌——新中国成立 70 周年经济社会发展成就系列报告之一. http://www.gov.cn/xinwen/2019-07/01/content_5404949.htm[2019-09-10].

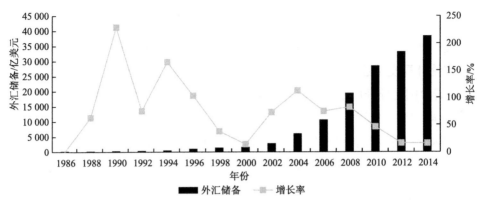

图 1.3 1986～2014 年中国外汇储备及其增长率

资料来源：根据国家统计局网站（http://www.stats.gov.cn）发布数据整理得出

三、社会事业与公共服务取得巨大进步

随着中国经济社会的快速发展和综合国力的显著增强，居民生活水平不断提高，居民收入稳步上升，同时收入来源也越来越多元化，消费质量不断改善，食品支出比例大幅度下降。

1. 居民收入节节攀升

经济飞速增长，居民收入也跟着上涨，如图 1.4 所示。根据国家统计局发布数据，1978 年，全国居民人均可支配收入[①]仅为三位数（171 元），2009 年超过 1 万元，2018 年全国居民人均可支配收入达到 28 228 元，扣除价格因素，比 1978 年实际增长 24.3 倍[②]。随着农村家庭联产承包责任制[③]在全国的推行、市场经济体制的进一步完善以及收入分配制度改革的进一步推进，城镇居民人均可支配收入从 1978 年的 343 元增长到 2017 年的 36 396 元，农村居民人均可支配收入从 1978 年的 134

---

① 居民人均可支配收入是指反映居民家庭全部现金收入能用于安排家庭日常生活的那部分收入。

② 沧桑巨变七十载 民族复兴铸辉煌——新中国成立 70 周年经济社会发展成就系列报告之一. http://www.gov.cn/xinwen/2019-07/01/content_5404949.htm[2019-09-10].

③ 家庭联产承包责任制是农民以家庭为单位，向集体经济组织（主要是村、组）承包土地等生产资料和生产任务的农业生产责任制形式。它是我国现阶段农村的一项基本经济制度。在农业生产中农户作为一个相对独立的经济实体承包经营集体的土地和其他大型生产资料（一般做法是将土地等按人口或人劳比例分到农户经营），按照合同规定自主地进行生产和经营。其经营收入除按合同规定上缴一小部分给集体及缴纳国家税金外，全部归于农户。集体作为发包方除进行必要的协调管理和经营某些工副业外，主要是为农户提供生产服务。

元增加到 2017 年的 13 432 元,居民生活水平不断提高,正阔步迈向全面小康社会①。

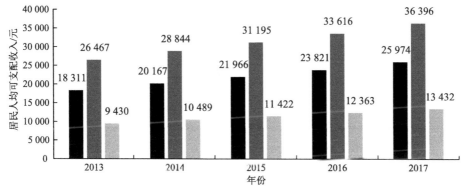

图 1.4　2013～2017 年居民人均可支配收入
资料来源:根据国家统计局网站(http://www.stats.gov.cn)发布数据整理得出

2. 贫困人口大幅度减少

中国实施大规模扶贫开发战略,使 7 亿多农村人口摆脱贫困,取得了举世瞩目的伟大成就,谱写了人类反贫困历史上的辉煌篇章。中国也是全球最先实现联合国千年发展目标中减贫目标的发展中国家,为世界减贫事业提供范例。根据国家统计局发布数据,改革开放以来中国农村贫困人口规模缩小 7.4 亿人,从 1978 年末的 7.7 亿人减少到 2017 年末的 3046 万人,年均减少贫困人口近 1900 万人,农村贫困发生率[2]从 1978 年的 97.5%下降到 2017 年的 3.1%,减贫速度明显快于全球平均水平。从国务院扶贫开发领导小组办公室获悉,中国共产党第十八次全国代表大会以来,中国创造了减贫史上的最好成绩,5 年累计减贫 6853 万人,消除绝对贫困人口 2/3 以上,缔造了世界减贫史上的"神话",也为全球减贫事业做出了巨大贡献[3]。到 2020 年,中国的目标是实现现行标准下农村贫困人口全部脱贫。

3. 居民消费结构明显改善

随着生活水平的提高,居民的日常消费水平和消费结构也得到显著改善。城

乡居民现在不仅解决了温饱问题，而且逐渐由基本的吃穿消费向发展和享受型消费倾斜。同时，随着消费市场和消费环境的不断完善，公共设施覆盖率提高，社会服务进一步多样化，城乡居民"衣食住行"的品质都发生着重大变化，如专栏1.1所示，生活质量和居民生活满意度持续提升。

专栏 1.1　改革开放 40 周年——衣食住行观念之巨变①

（1）穿衣改变

服装是记录时代变迁的一种表现形式，从单调的绿、蓝、黑，到今天的五彩缤纷，完成了一次次蝶变。20世纪七八十年代，走在街头看到的是很多雷同的衣服，工装蓝和军装绿为流行色；今天，走在街头，撞衫就像撞车一样，并不多见。而且如果两个人穿了一模一样的衣服，那才是见怪（双胞胎小孩子和学生除外，学生常穿校服）。

（2）吃食改变

过去是吃饱就行，现在是要吃得好，要吃得养生，主张八分饱，而且要营养搭配均衡，人们的追求从"大鱼大肉"向"野菜"改变。家里经常可以看到这样的情形：爷爷对孙子说"爷爷当年就是靠野菜活下来的！"小孙子一脸不屑地说"吹牛，你哪能吃得起野菜！"

（3）住的变化

20世纪七八十年代，人们住平房，北京平房是人们心目中理想的房子。只要冬天暖和，夏天不漏雨就好啊。改革开放40年，越来越多的高楼大厦拔地而起，人们不仅能住上楼房，而且是有地热的楼房，小时候听都没有听过地热取暖一词。有钱人住高楼嫌挤，还要住别墅！人们不仅想要住得好，还想要有个好邻居。

（4）行的变化

20世纪七八十年代，谁家有辆自行车就能得到别人的美慕，有辆轿车，简直就是富翁啊。现在共享单车满大街，谁家要是丢辆普通的自行车那都是"新闻"。轿车已是满地跑，再也不是富翁的标配了，富翁那得是豪车了。

---

① 改革开放四十周年‖衣食住行大变样. http://www.sohu.com/a/276930022_100008702 [2019-06-20]；要闻‖改革开放四十周年——衣食住行的沧桑巨变. https://www.sohu.com/a/282845217_795521[2019-06-20]；改革开放40年 衣食住行看变迁. http://www.sohu.com/a/272279549_733063[2019-06-20]；纪念改革开放四十周年：40年变化从饮食说起. http://news.ifeng.com/a/20181205/60183703_0.shtml[2019-06-20].

（1）食品支出比例大幅度下降

中国城乡居民恩格尔系数明显下降，居民生活水平明显提高。恩格尔系数是一个衡量食品支出总额占个人消费支出总额比重的指标，恩格尔系数越小，说明居民生活水平越高。根据国家统计局发布数据，2017 年，中国城乡居民恩格尔系数为 29.3%，首次处于富足状态^①，比 1978 年的 63.9%下降了 34.6 个百分点；城镇居民恩格尔系数为 28.6%，比 1978 年的 57.5%下降了 28.9 个百分点；农村居民恩格尔系数为 31.2%，比 1978 年的 67.7%下降了 36.5 个百分点。

中国老百姓感受最深的莫过于自家餐桌的变化——从"填饱肚子"到"吃出健康"。1978 年，城乡居民以主食消费为主，膳食结构非常单一，而现在城乡居民饮食更加注重营养，主食消费明显减少，膳食结构日渐趋于合理，食品消费结构不断改善。20 世纪七八十年代，能吃饱就不错了，长年吃高粱米饭和馒头，当生活极度不好时，白高粱米都是一种奢侈，只有红高粱米；馒头的颜色是有些黑的小麦色，只有过年的时候吃白馒头。那个时候人们盼望着过年，因为过年时，可以吃好多肉，吃得肚皮圆滚滚的。现在饮食种类越来越丰富多样，人们开始追求健康的饮食结构，饮食习惯从改革开放初期的饱餐型向营养型、新鲜型、简便型转变。

（2）穿衣日渐时尚化

1978 年，居民对穿衣的要求单纯是为了保暖御寒，其中明显的特征就是"一衣多季""自制或裁缝做衣"，这种现象在农村更为普遍。根据国家统计局发布数据，1978 年，农村居民人均购买棉布、化纤布、呢绒和绸缎合计 18.3 尺^②，人均购买棉花 0.4 千克，人均购买毛线及毛线衣裤仅 0.02 丁克，人均购头胶鞋、球鞋和皮鞋仅 0.3 双。

改革开放 40 年来，城乡居民的穿衣需求发生了三大变化，即从"保暖""御寒"向"好看""舒适"转变，从"一衣多季"向"一季多衣"转变，从"自制或裁缝做衣"向"购衣买衣"转变，对衣服的需求更加关注其材质、样式和色彩的搭配，人们穿衣开始追求名牌化、时装化和个性化，衣着支出比例大幅度增长。

---

① 联合国根据恩格尔系数的大小，对世界各国的生活水平设置了一个划分标准，即一个国家平均家庭恩格尔系数大于 60%为贫穷；50%～60%为温饱；40%～50%为小康；30%～40%为相对富裕；20%～30%为富足；20%以下为极其富裕。

② 1 尺≈0.33 米。

根据国家统计局发布数据，2017 年，城镇居民人均衣着支出 1758 元，比 1978 年增长 40.6 倍，年均增长率为 10.0%；农村居民人均衣着支出 612 元，比 1978 年增长 40.5 倍，年均增长率为 10.0%。

（3）居住条件和质量显著提升

1978 年，中国实行的住房制度是福利分房①，绝大多数城镇居民都居住在租赁单位或者房屋管理部门提供的房屋中，很少有居民能够拥有一套属于自己的房屋，一般是一家三四口人，甚至老少三代一起吃、住、生活。根据国家统计局发布数据，1984 年，城镇居民居住公房的户比重为 88.2%，而居住自有房的户比重不到 10%。人口多、住房面积小是当时住房的普遍情况。改革开放 40 年来，国家非常重视居民居住条件的改善，大力增加了民用住宅建设的投资，最近几年更是通过建设廉租房和经济适用房解决了中国居民住房困难的问题。随着棚户区改造和贫困地区危旧房改造项目的加快推进，许多居民家庭告别低矮、破旧、简陋的住房，迁入宽敞明亮、设施齐全的楼房，居住环境得到显著改善。根据国家统计局发布数据，2017 年，城镇居民、农村居民人均住房建筑面积分别比 1978 年增加了 30.2 平方米、38.6 平方米。2017 年，城乡居民居住在钢筋混凝土或砖混材料结构住房的户比重为 93.5%和 65.0%，分别比 2013 年提高 1.7 个百分点和 9.3 个百分点。

（4）交通出行日益方便

曾几何时，中国是名副其实的"自行车王国"，自行车是主要的交通工具。那时的人们绝大多数都骑自行车或步行上下班。永久、凤凰、飞鸽等自行车知名品牌风靡中国。当时，有一辆自行车就像现在有一辆轿车，骑"永久"就像开"奔驰"一样有面子，而有一辆"凤凰"就像现在有"宝马"一样。现在，越来越多的居民把轿车作为自己日常生活、出行、谋生的工具，各大城市车流滚滚，而轿车太多，停车难又成了大问题。今天的我们，出去旅行可以坐时速高达 350 公里的"复兴号"高铁，还可以坐豪华轮船周游列国。

---

① 福利分房是新中国成立以后计划经济时代特有的一种房屋分配形式。在市场经济中，房屋是具有价值的，人们需要用货币去购买和交换。在计划经济中，人们所有的剩余价值都被国家收归国有，国家将这些剩余价值中的一部分给各企事业单位盖住房，然后按级别、工龄、年龄、居住人口辈数、人数、有无住房等一系列条件分给符合条件的一部分人居住。居住的人实际支付的房租远远低于建筑和维修成本，房屋的分配实际上是一种福利待遇。

第二节　新时代中国经济面临的挑战

2018 年 10 月 18 日，习近平在中国共产党第十九次全国代表大会上指出，中国特色社会主义进入了新时代。进入新时代，就意味着中国社会的主要矛盾已经转化为人民日益增长的美好生活需要和不平衡不充分的发展之间的矛盾。尽管中国已经取得了改革开放和社会主义现代化建设的历史性成就，但仍面临着一些困难和挑战，突出表现为资源短缺与环境压力以及结构性失衡[①]。

一、资源短缺与环境压力

1. 资源短缺

改革开放以来，中国经济快速发展，能源消费量随之不断攀升，2010 年中国成为世界上最大的能源消费国。"十二五"期间中国政府出台了一系列节能减排和保护环境的政策，能源消费量实现了有效控制并持续下降。目前，中国的一次能源[②]结构以煤炭为主，虽然近年来风电、光伏等可再生能源快速发展，对天然气的利用也有所增加，但煤炭消费在能源结构中的比重依然最高。

（1）人均资源占有量少，资源相对紧缺

中国资源种类齐全、资源丰富、分布广泛，但人口数量足够大，人均资源占有量少。2013 年，中国淡水、耕地、森林、煤炭、石油、铁矿石等重要资源的人均占有量均大大低于世界平均水平。中国人均可再生淡水资源拥有量仅为世界平均水平的 1/3；人均石油可开采储量、人均天然气可开采储量均不到世界平均水平的 1/10[③]。

---

① 重大结构性失衡是推进供给侧结构性改革以来首次提出的概念，"结构性"是其核心，需要着手解决的是重大结构性失衡问题，而非一般的结构性失衡问题。

② 按照能源的基本形态，可将能源分为一次能源和二次能源。一次能源是指自然界中以原有形式存在的、未经加工转换的能量资源，又称天然能源，如煤炭、石油、天然气、水能等。二次能源是指转化过形式的能源，是由一次能源经过加工或转换得到的其他种类与形式的能源，包括煤气、焦炭、汽油、煤油、柴油、重油、液化石油气、酒精、沼气、电力、蒸汽、热水、氢能等。

③ 中国经济的新常态及应对建议. http://theory.people.com.cn/n/2014/1125/c83865-26090843.html[2019-06-20].

（2）资源利用率不高，后备资源不足

中国正处于加快工业化进程的发展阶段，产业结构重工业化倾向严重。与国际先进水平相比，中国工业整体技术水平还存在一定差距，资源利用效率普遍偏低。据中国经济网披露，中国一吨煤产生的效率和美国的 28.6%、欧盟的 16.8%、日本的 10.3%差不多[①]。从满足中国经济发展速度的需求来看，后备资源不足。

（3）资源地区分布不平衡，组合错位

中国的煤炭资源储量丰富、分布面广。据中国第二次煤田预测资料，大别山—秦岭—昆仑山一线以北地区资源量约 2.45 万亿吨，占全国总资源量的 94%。其中，新疆、内蒙古、山西和陕西占全国资源总量的 81.3%[②]。石油资源主要以陆相油藏为主，主要含油气区如下：东部，主要包括东北和华北地区；中部，主要包括陕西、宁夏、四川和甘肃东部地区；西部，主要包括新疆、青海和甘肃西部地区；南部，包括江苏、浙江、安徽、福建、广东、湖南、江西、云南、贵州和广西；西藏区，包括昆仑山脉以南、横断山脉以西的地区；海上含油气区，包括东南沿海大陆架及南海海域。资源所处地区相对集中，运输成本较高，不利于中国经济的统筹发展。

2. 环境压力

中国政府已然把生态文明建设作为统筹推进"五位一体"[③]总体布局和协调推进"四个全面"[④]战略布局的重要内容，谋划开展了一系列具有根本性、长远性、开创性的工作，推动中国生态环境保护从认识到实践发生历史性、转折性、全局性变化。但从总体上看，当前中国生态环境保护仍滞后于经济社会发展，仍是"五位一体"总体布局中的短板，仍是广大人民群众关注的焦点问题，环境污染依然严重，环境压力居高不下，环境治理体系基础仍很薄弱。具体表现如图 1.5 所示。

[①] 中国资源不足制约发展 建设节约型社会重要紧迫. http://news.sina.com.cn/c/2005-07-15/14306444826s.shtml[2019-06-20].

[②] 中国煤炭资源分布及分布特点. https://www.docin.com/p-1581173549.html[2019-08-20].

[③] "五位一体"是十八大报告的"新提法"之一，是指经济建设、政治建设、文化建设、社会建设、生态文明建设共同发展。

[④] "四个全面"，即全面建成小康社会、全面深化改革、全面依法治国、全面从严治党。

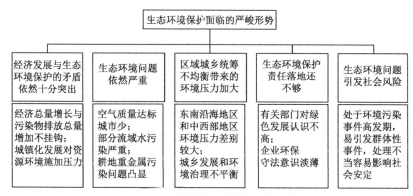

图 1.5　生态环境保护面临的严峻形势

二、结构性失衡

1. 内需与外需的不平衡

内需是内部需求，包括投资需求和消费需求两个方面，一般把对外国的出口看作外需。通常以最终消费占 GDP 的比重来衡量内需大小，以出口（或净出口）占 GDP 的比重来衡量外需大小。中国当前经济面临的突出问题是内需不足，严重依赖外需。联合国世界旅游组织（World Tourism Organization，UNWTO）发布的《世界旅游组织旅游亮点 2018 年版》显示，2017 年中国游客在出境游上花费 2577 亿美元，继续保持世界第一，这意味着中国居民的海外购买力越来越强，这也是中国当前经济内外需不平衡的一个重要体现。根据国家统计局发布数据，1980 年最终消费占 GDP 的比重为 77.3%，2017 年降至 57.6%；1980 年出口（或净出口）占 GDP 的比重为 1.8%，2017 年升至 8.6%。由此可见，中国内需逐步下降，外需稳步上升，内外需之间的结构性失衡问题越来越突出。

2. 消费与投资的不平衡

中国实行"高投资、低消费"、投资拉动主导型的经济增长模式，GDP 中投资比率过高，GDP 中资本形成率①自 1983 年以来没有低于 32%。与此同时，中国政府为了快速集中和利用土地、劳动力等资源要素，迅速形成和积累城市基础设施与产业资本，推动经济高速增长，将本应转化为农民消费的部分侵蚀为投资，

---

① 资本形成率也称投资率，是指一定时期内资本形成总额占 GDP 的比重。资本形成总额包括固定资本形成总额和存货增加两部分。

进一步加剧了消费与投资的不平衡。

3. 地区差距

为了方便比较，根据国家调整的中国区域经济发展布局，将全国 31 个省、自治区、直辖市（不含港澳台地区）分为东部、中部、西部、东北四大板块，如表 1.1 所示，从总体上来看，三个地区的城乡居民生活不断改善，基础设施建设、社会保障体系、收入增长率都稳步推进与提升，但是在实际发展过程中，中西部地区经济和社会发展水平与东部地区存在较大差距，近年来东北地区的经济又出现了增速明显下滑的问题。

表 1.1　中国四大经济区域

东部地区	中部地区	西部地区	东北地区
北京	山西	四川	辽宁
天津	安徽	重庆	吉林
河北	江西	贵州	黑龙江
上海	河南	云南	
江苏	湖北	陕西	
浙江	湖南	甘肃	
山东		青海	
广东		新疆	
福建		西藏	
海南		内蒙古	
		宁夏	
		广西	

资料来源：东中西部和东北地区划分方法. http://www.stats.gov.cn/ztjc/zthd/sjtjr/dejtjkfr/tjkp/201106/t20110613_71947.htm[2019-06-20]

（1）东中西部地区经济发展差距仍未明显缩小

根据国家统计局发布数据，中国城镇化率已接近 60%，东部地区城镇化率已达 65.94%，接近发达国家水平，而中西部地区仅为 52.77% 和 50.19%。同时，一些地区内部发展不平衡也较为严重，如京津冀地区，北京和天津发展较好而河北发展落后。即使在经济发达地区内部，也存在区域发展不平衡现象。广东经济发展在全国名列前茅，但粤东西北地区仍是全省发展的短板：一是交通基础设施存在发展瓶颈,粤东西北高等公路网络依然存在缺陷;二是产业发展水平相对较低,新办产业园区重数量、轻质量,主导产业和其他产业难以形成产业链;三是大量农村城镇化水平不够,公共服务层次较低。

(2)东中西部地区居民收入差距依然较大

2013~2016年,全国居民按东部、中部、西部及东北地区分组的人均可支配收入如表1.2所示。根据国家统计局发布数据,2016年全国居民人均可支配收入为23 831元,10个省份超过全国平均水平,其中仅排名第10位的内蒙古位于西部地区。西部省份青海、云南、贵州、甘肃、西藏排名最后5位,西藏为13 639元,甘肃为14 670元,分别仅相当于上海的25%和27%。

**表 1.2 2013~2016 年全国居民按东部、中部、西部及东北地区
分组的人均可支配收入**　　　　　　　　　（单位:元）

地区	2013 年	2014 年	2015 年	2016 年
东部地区	23 658.4	25 954.0	28 223.3	30 654.7
中部地区	15 263.9	16 867.7	18 442.1	20 006.2
西部地区	13 919.0	15 376.1	16 868.1	18 406.8
东北地区	17 893.1	19 604.4	21 008.4	22 351.5

资料来源:《中国统计年鉴2016》

4. 城乡差距扩大

特殊的城乡体制和城乡发展路径使得中国目前的城乡差距日益扩大。在改革开放中,政府大力发展工业,并且以农补工,通过工农业产品价格剪刀差①影响农民的收入,同时,农业税的征收也造成了农业的低利润。和城市相比,农村面临着经济不发达、体制不完善、基础设施不健全等一系列问题,城乡差距进一步扩大。城乡之间在收入、医疗、教育、就业、卫生、基础设施等方面仍存在较明显的差距。习近平曾明确指出,由于欠账过多、基础薄弱,我国城乡发展不平衡不协调的矛盾依然比较突出,加快推进城乡发展一体化意义更加凸显、要求更加紧迫②。

---

① 斯大林第一次把农业流入工业的超额税正式称为剪刀差。剪刀差的概念在20世界30年代被介绍到中国。剪刀差是指工农业产品交换时,工业品价格高于价值、农产品价格低于价值所出现的差额,因用图表示呈剪刀张开形态而得名。剪刀差表明工农业产品价值的不等价交换。如果价格背离价值的差额越来越大,称为扩大剪刀差;反之,称为缩小剪刀差。

② 习近平:让广大农民共享改革发展成果.http://politics.people.com.cn/n/2015/0502/c70731-26936605.html[2019-06-20].

在收入方面，虽然中国农村居民人均可支配收入增长相对较快，城乡收入差距不断缩小，但仍然保持着近 3 倍的较大差距。根据国家统计局发布数据，1983 年城乡居民人均可支配收入比为 1.82∶1，到 2009 年达到历史峰值 3.33∶1，到 2017 年仍然高达 2.71∶1。在教育方面，无论是教育的经费投入，还是教育质量和就学机会，农村较城市均存在一定的差距，多数农村学校缺乏必需的教学设施和优秀教师；在医疗方面，乡村的基层医疗机构仍处于缺医少药、技术水平低、医疗效果差的状态；在社会保障方面，中国的社会保障支出占 GDP 的比重以及养老保险覆盖率都不够充分，很难满足人民对社会保障的需求和人口老龄化的需要。

5. 产业结构性失衡

产业结构是指农业（第一产业）、工业（第二产业）和服务业（第三产业）在一国经济结构中所占的比重，产业结构的变化标志着一个国家经济的发展水平、发展阶段和重点方向。中国产业结构的发展方向符合经济发展的一般规律：第一产业占 GDP 的比重持续下降，第二产业占 GDP 的比重先上升后下降，第三产业占 GDP 的比重持续上升，并对第二产业占 GDP 的比重实现了反超。根据国家统计局发布数据，2017 年，中国三次产业增加值的结构比为 7.6∶40.5∶51.9，与中国目前发展所处的阶段比较吻合。实际上，中国产业结构性失衡主要表现在第二产业和第三产业内部。在第二产业内部主要表现为高耗能高污染等重化工业产能严重过剩，制造业大而不强，整体上仍处于全球价值链的中低端，难以适应国际国内的需求变化，产品质量不高，竞争力不强，缺乏有影响力的品牌和产品；在第三产业内部主要表现为整体竞争力不强，现代服务业发展不充分，对第一产业和第二产业的支撑力不足。

第三节　新时代中国经济的主要任务

新时代中国经济的未来怎么样？如图 1.6 所示，第一个节点是 2020 年，全面建成小康社会。按照 2016 年的美元计算，2020 年中国居民人均可支配收入应该能够达到 1 万美元，该数字非常接近世界银行（World Bank）定义的高收入国家的门槛，即 1.2 万美元。当然，全面建成小康社会的标准远不只收入水平这一项。按照购买力平价计算，2020 年居民人均可支配收入将会达到美国的 27%～30%。

2020 年的中国人可以非常自豪地说，我们没有拖全球经济发展平均水平的后腿，迈入平均水平之上。同时，2020 年绝不仅仅是收入水平提高，更重要的是将全面消灭贫困，把过去非常贫瘠的农村转变为现代化的富裕农村。第二个节点是 2035 年，基本实现社会主义现代化。就经济层面而言，跨入高收入国家行列，发展水平进入中大型国家 30 强，而且人均 GDP 将达到美国的 50%。按一般的发展规律，只要人均 GDP 达到美国的 50%，经济就会比较稳定，因为中国的人口数量是美国的 4 倍，折算下来，届时中国经济总量将是美国的 2 倍以上。到 2035 年，居民人均可支配收入水平将与西班牙差不多。居民收入水平得到提高，社会民主、法治、百姓的文明程度，都将会有更进一步的提升。第三个节点是 2050 年，建成社会主义现代化强国。中国经济发展水平进入中大型国家 20 强，居民人均可支配收入和法国差不多。人均 GDP 应该至少达到美国的 70%，中国经济总量是美国的 2.8 倍，这是一个很大的发展前景。2050 年的发展目标，绝不仅仅是经济发展水平，更重要的是社会不断进步，社会法治、民主、文明建设全面发展[①]。

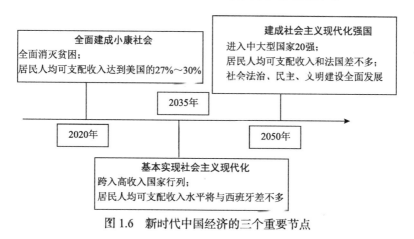

图 1.6　新时代中国经济的三个重要节点

一、由高速增长转向高质量发展

进入新时代，中国经济的基本特征是由高速增长阶段转向高质量发展阶段。从速度到质量的变化意味着今后经济工作的主旋律不再是速度，而是质量，从速度转向质量是一种理念的创新，也是思想的解放；从增长到发展的变化意味着今

---

① 李稻葵. 2018-01-14. 中国经济：新时代　新思维. 光明日报，第 6 版.

后不仅要重视量的增长，还要重视结构的优化。在中国国际经济交流中心常务副理事长郑新立看来，"高质量发展阶段"表现在产业结构上，是由资源密集型、劳动密集型产业为主向技术密集型、知识密集型产业[1]为主转变；在产品结构上，由低技术含量、低附加值产品为主向高技术含量、高附加值产品为主转变；在经济效益上，由高成本、低效益向低成本、高效益的方向转变；在生态环境上，由高排放、高污染向循环经济和环境友好型经济转变[2]。"高质量发展"的最终体现要落实到提高保障和改善民生上，以满足人民群众美好生活需要[3]。

1. 努力满足人民日益增长的美好生活需要

高质量发展是以人民为中心的发展，如果不能满足人民日益增长的美好生活需要，高质量发展就毫无意义可言。人民生活水平明显提高以后，不仅对物质文化提出更高要求，而且对民主、法治、公平、正义、安全、环境等方面也有更高的愿景，对美好生活的需要呈现多样化、多层次、多方面的特点。如果说改革开放之初要解决的是"从无到有""由少到多"，未来则要解决的是"从多到好""好上加好"。当前，需要加大公共服务供给的力度，正确对待人民群众关心的热点、焦点和难点问题，大力提高公共服务共建能力和共享水平。做出更有效的制度安排，深化教育领域综合改革，提高就业质量和人民收入水平，加强社会保障体系建设，坚决打赢脱贫攻坚战，推进实施健康中国战略，努力满足人民日益增长的美好生活需要。建设体现效率、促进公平的收入分配体系，逐步缩小收入分

---

[1] 劳动密集型生产是指单位劳动占用的资金数量较少，或资本有机构成较低的经济活动。在劳动密集型产品的成本中，劳动消耗所占的比重较大，物化劳动消耗（主要是指固定资产转移的部分）所占的比重较小。资源密集型产业也称土地密集型产业，是指在生产要素的投入中需要使用较多的土地等自然资源才能进行生产的产业。土地资源作为一种生产要素泛指各种自然资源，包括土地、原始森林、江河湖海和各种矿产资源。在传统工业化模式下，虽然生产力获得较大发展，创造了巨大财富，但对资源环境不合理地开发和使用，也使发展付出了沉重代价。技术密集型生产是指由于使用机器设备较多，生产技术和劳动生产率水平较高，而单位劳动占用的物化劳动较多的经济活动。技术密集程度的高低，一般与机械化、自动化程度和科学技术水平成正比，与操作人数成反比。那些综合运用现代化科学技术、需用较多科研时间和产品开发费用、生产高精尖产品的部门，如电子、航天、原子能等企业或行业均属此类。知识密集型产业是依靠和运用先进、复杂的科学技术知识与手段进行生产的产业，如原子能工业、宇航工业、电子计算机工业等。其特点是设备、生产工艺等建立在最先进的科学技术基础上，科技人员在职工中的比重大，劳动生产率高。

[2] 如何理解中国经济转向高质量发展（聚焦十九大报告·转向高质量发展阶段）. http://finance.people.com.cn/n1/2017/1031/c1004-29617524.html[2019-10-31].

[3] 中国经济，迈向高质量发展阶段. http://yss.mof.gov.cn/mofhome/mof/zhengwuxinxi/caijingshidian/renminwang/201710/t20171025_2735372.html[2019-06-20].

配差距，重点保障低收入人民基本生活，使全体人民感到幸福、安全、可靠，朝着共同富裕的目标大步前进。

2. 创新、协调、绿色、开放、共享

创新、协调、绿色、开放、共享是中国经济由高速增长阶段转向高质量发展阶段的新理念。高质量发展，是创新成为第一动力、协调成为内生特点、绿色成为普遍形态、开放成为必由之路、共享成为根本目的的发展。

实现高质量发展，必须以科技创新作为第一动力。中国共产党第十九次全国代表大会提出，创新是引领发展的第一动力，是建设现代化经济体系的战略支撑。推动高质量发展，提升供给体系质量，关键还是靠创新。如何以创新促进供给体系质量提升，如何进一步激发各类市场主体的创新创业活力？要提高原始创新能力，增强产业升级和质量提升的技术源头供给。同时，要加快科技成果转化，促进科技与经济的深度融合。此外，要促进互联网、大数据、人工智能等新技术与实体经济深度融合，加快培育新动能。

实现高质量发展，必须增强发展整体性、协调性。发展不协调已成为制约中国经济高质量发展的突出问题。增强发展的整体性和协调性是为了补短板，通过补短板克服发展瓶颈，求得各领域的相互配合、相互支撑，以实现经济健康稳定高质量地发展。如何进一步增强中国经济发展的整体协调性？必须准确把握中国特色社会主义事业总体布局，正确处理发展中的重大关系，促进经济建设各个环节相协调；坚持区域协同、城乡一体，实施乡村振兴战略和区域协调发展战略，打造凸显优势、动态协调的城乡区域发展体系，塑造区域协调发展新格局；促进新型工业化、信息化、城镇化、农业现代化协调发展，在提升国家硬实力的同时注重增强国家软实力，不断增强发展整体性。

实现高质量发展，必须全面推动绿色发展。习近平指出，绿水青山就是金山银山[1]。发达国家走的是先污染后治理的传统工业化道路，为经济发展付出了惨痛的代价。中国必须吸取发达国家的经验教训，加大力度推进生态文明建设，努力走出新型工业化道路。全面推动绿色发展，要深刻认识良好生态环境是最普惠的民生福祉，正确处理经济发展和生态环境保护的关系，坚决摒弃以损害甚至破坏

---

[1] 习近平譬画"绿水青山就是金山银山"：划定生态红线 推动绿色发展. http://cpc.people.com.cn/n1/2017/0605/c164113-29316687.html[2019-06-20].

生态环境换取经济增长的做法，坚持节约优先、保护优先、自然恢复为主的方针，坚持在发展中保护、在保护中发展，让良好的生态环境成为经济社会持续发展的支撑点。

实现高质量发展，必须发展更高层次的开放型经济。高质量发展不能闭门造车，也不能局限于自产自销。随着经济全球化进程的不断推进，各国经济社会发展也渐渐相互关联、相互影响。立足当下，国际经济合作和竞争局面正在发生深刻变化，只有发展更高层次的开放型经济，才能更充分地利用比较优势和在全球范围内配置资源，从容应对国际经贸摩擦，不断提高参与国际经济合作和竞争的能力，以高水平开放推动高质量发展。

实现高质量发展，必须发展更好的共享型经济。共享发展的出发点和落脚点都根植于"人"，"人人参与、人人尽力、人人享有"，意味着要更加注重人自身的全面发展。没有共享发展，就容易丧失社会主义制度的优越性。共享发展为了实现人民对美好生活的向往，破解经济社会发展的不平衡不充分。具体参考专栏1.2。

专栏 1.2　刘易斯的经济增长理论[①]

（1）经济增长与经济活动

经济活动是人们为经济发展而做的种种努力，如降低生产成本、节约交易费用、提高生产效率等。经济活动是社会经济的细胞。经济活动的努力程度在不同的国家是不同的，在同一国家的不同历史时期也是不同的，其原因既在于人们对物质财富及其获取方式的评判不同，也在于可利用的自然资源的稀缺程度不同，还在于经济制度的实用性不同。例如，在经济落后、思想保守的落后国家，传统的宗教观、道德观、伦理观尚未得到解放，人们的生活受到严格的限制，人们鄙视金钱，看不起对物质财富的追求，他们只相信所谓的高尚的道德和尊贵的权力，在这种状况下，人们对物质财富的评价是很低的，人们就算很穷，也只会得过且过，而缺乏对工作的热情，不愿意去承担任何风险。这种情况在落后国家普遍存在，这也是其经济落后的原因。只有从观念上改变，才能有其他方面的发展。自然资源的稀缺同样会

[①] 阿瑟·刘易斯. 1996. 经济增长理论. 周师铭，沈丙杰，沈伯根，译. 北京：商务印书馆.

阻碍经济的发展。国家不同，其自然资源的稀缺程度也不同，因此许多国家只有根据本国的自然资源结构来制订经济发展计划。这样的计划，其合理性、有效性都要受到自然资源的客观限制，无法真正做到经济的协调发展。经济制度的实用性是另一个影响经济增长的原因。经济制度规定了一国经济发展的模式和进程，合理的经济制度将促进经济的发展，反之则阻碍经济的发展。

（2）经济增长与知识的增长和运用

知识是包罗万象的，对于经济来说，经济知识包括技术方面的知识和社会方面的知识，前者是内在的经济知识，后者是外在的经济知识，但它们同样对经济发展有影响。知识的增长是一个漫长的渐进过程，人类社会的发展过程就是知识不断增长的过程。随着科学技术的发展，越来越多的新知识涌现出来，它们是经济发展所必需的，因此现代人都应该努力去获取更多的知识。获取知识是为了运用知识。运用知识就是要将它转化为实实在在的生产力。虽然知识的运用会受到各种不利因素的限制，但有用的知识最终会发挥其作用。那么，如何使人们获得更多系统、有用的知识？刘易斯认为，应当发展教育。教育是一种人力投资，教育可以对国民素质的整体提高起到根本性的促进作用。教育的方式多种多样，内容也有很多种类，这些都是经济发展所必需的。

（3）经济增长和资本积累

资本只有不断增加才能给经济发展注入活力，资本犹如经济活动的血液。资本的积累要解决好三个方面的问题：一是资本的需求量和资本结构；二是资本的来源与运用；三是资本的转化过程。刘易斯认为，资本的需求量会受到资本成本、资本使用效率、技术水平、投资环境、人口状况等多方面因素的影响。在资本的来源上，为了解决发展中国家资本不足的问题，鼓励居民储蓄就是一种有效的办法，同时也可以争取外国投资。资本的转化过程是指将储蓄转化为投资的过程。这是资本积累的最后一步，也是最关键的一步，如果它没有完成，那么即使储蓄再多，也无法成为资本。资本的转化有时需要采取强制手段，也可以通过"有限责任制"的方式降低投资风险，以吸纳更多的资本。作为政府，同样可以贡献力量，如可以建立新的财政金融制度，以填补投资后私人资本市场留下的缺口，这样就进一步解决了储蓄转化为投资的后顾之忧。

（4）经济增长与经济制度

上述三大因素是决定经济发展的重要因素，但并不是说这三个条件改善到最佳状态时，经济发展速度就会达到最快。事实上，上述三个因素的作用效果究竟怎样，与一国经济制度有关。经济制度才是影响经济发展的最终原因。经济制度与经济发展之间存在密切的关系，它们是相互促进的，也是相互糅合的。这种相互促进，特别是经济制度对经济发展的促进会受到环境的限制，其实质在于是否能在最大限度内激励、协调人们的经济活动，使其自由地进行。经济制度也会随着经济的发展而显得落后，这时就需要改变，在这个改变过程中，制度的缺陷又在一定程度上影响了经济的发展。两者的相互糅合表现为社会制度的变化是呈周期性轨迹的，它和经济发展的加速、回升、停滞紧密结合在一起，处于互动状态。

二、完善社会主义市场经济体制

社会主义市场经济是中国发展的根本体制基础，是建设现代化经济体系的制度保障，对于提高经济发展质量和效益具有重大意义。中国共产党第十九次全国代表大会强调"坚持社会主义市场经济改革方向"，"加快完善社会主义市场经济体制"，并指出"经济体制改革必须以完善产权制度和要素市场化配置[①]为重点，实现产权有效激励、要素自由流动、价格反应灵活、竞争公平有序、企业优胜劣汰"。

第一，进一步完善产权制度。现代产权制度是社会主义市场经济体制的基石。新时代建设现代化经济体系，必须按照"归属清晰、权责明确、保护严格、流转顺畅"的产权制度改革要求，仍然坚持"两个毫不动摇"，即"毫不动摇巩固和发展公有制经济，毫不动摇鼓励、支持、引导非公有制经济发展"，着力加强产权保护。在市场经济活动中，应当合理有效配置产权，加快推进政企分开、政资分开、政事分开，推动经济布局优化和经济结构调整。要创新和完善以公平为核心的产权保护制度，实现产权有效激励，促进产权公平交易，以提高各类市场主体创新的动力。

第二，加快建设和完善要素市场。中国现代市场体系建设已经有了很大的进步，但与商品和服务市场相比，要素市场建设仍比较滞后，阻碍了劳动力、土地、

---

① 要素市场化配置要遵循社会主义市场经济规律，是在政府宏观调控下，依据法律法规，经过科学合理程序，运用价格调节的手段，通过市场竞争方式进行的要素配置。

资金、技术、信息等要素的自由流动。首先，深化劳动力市场改革，依法保障平等就业。打破城乡户口、地域、社会保障体系分割和身份、性别歧视，通过积极的就业投入政策和产业结构调整政策，使有能力在城镇稳定就业和生活的常住人口有序实现市民化，打造城乡一体化劳动力流动市场。其次，深化土地市场改革，加快建设城乡统一的建设用地市场。坚持农村土地集体所有权，实现同地同价，保证农民的土地承包经营权、宅基地使用权等市场价值的公平转化，保障农民土地权收益。最后，深化资本市场改革，促进多层次资本市场健康发展。规范发展股票市场、债券市场、期货及衍生品市场，提高直接融资比重。完善金融市场体系，将"为实体经济服务"作为出发点和落脚点，大力提高金融服务能力和水平。健全金融监管体系，完善相关法律法规制度，优化金融机构法人治理结构，加强功能监管和行为监管，防止系统性金融风险①爆发。

思考题

1. 学习本章之后，对比日常学习、工作和生活，你感受到中国经济的实际情况和发展变化了吗？这些发展变化得益于哪些政策举措？

2. 中国经济进入了新时代，你理解的新时代是什么样子的？与同学、同事交流后，你们认为中国经济是否真正进入了新时代？

---

① 系统性风险是指金融机构从事金融活动或交易所在的整个系统（机构系统或市场系统），因外部因素的冲击或内部因素的牵连而发生剧烈波动、危机或瘫痪，单个金融机构不能幸免，从而遭受经济损失的可能性。系统性风险包括政策风险、经济周期性波动风险、利率风险、购买力风险、汇率风险等。系统性风险不能通过分散投资加以消除，因此又被称为不可分散风险。

第二章　振兴中的乡村

全面实施乡村振兴战略、打赢脱贫攻坚战、加快推进农业农村现代化，在促进乡村全面振兴、实现"两个一百年"奋斗目标新征程中谱写我国农业农村改革发展新的华彩乐章！

——习近平于首个中国农民丰收节

你印象中的中国农民是怎样的？穿梭在田野中，开着拖拉机，或者挑着蔬菜在赶集的路上？华西村的村民此时正在五星级酒店喝着美式咖啡，享受着改革开放后农村的巨大转变。他们所在的酒店正是村办五星级酒店——江阴龙希国际大酒店，总投资超过30亿元。

　　在农村推行包产到户，家家户户忙得不亦乐乎时，华西村大胆地决定不分地，将所有土地集体承包出去，剩余村民转移到一个全新的领域——农村工厂。华西村的村民自己都没有想到，工厂建成第一年就赚了200多万元。随着各种类型工厂的兴起，华西村成为江苏省首个"亿元村"。1999年更是开创了"村庄上市"的先例，华西村股票在深圳证券交易所上市，成为"中国农村第一股"。华西村并没有就此止步，虽然起步在乡村，但是发展却不局限于乡村。近年来，华西村投资拓展金融投资、旅游服务、海工装备等服务业及新兴产业，还前瞻性地投资了来自美国斯坦福大学的团队，研发半导体激光芯片和人工智能芯片。

　　从一个以农业为主的小村庄，发展成农工商并举、立足高科技产品的"天下第一村"，华西村的发展是中国乡村的缩影。在改革开放的浪潮中，中国乡村日新月异，但是有一点不会变化，要想实现中国的全面小康，必须实现乡村的富强发展，乡村强，才能中国强。①

---

　　① 华西村风云四十年：一度村民吃不饱饭 如今总资产超500亿. http://finance.ifeng.com/a/20181123/16585853_0.shtml[2019-06-20]；号称"天下第一村"的华西村，现状如何？. http://www.sohu.com/a/237431522_401596[2019-06-20]；探访江阴华西村 感受天下第一村的魅力. http://travel.sina.com.cn/china/2013-12-11/1337236644.shtml[2019-06-20].

第一节 走进中国乡村

与世界其他国家相比，中国文化具有鲜明的"农耕文化"特征。大约在 7000 年前，中国的先民开始发展农业。3000 年前，中国已经形成以种植业为主的农业体系，并在农田附近聚居。这时以及之后的很长时间，世界上绝大多数其他地区都以游牧业为主。一直到 13 世纪，中国农业耕作精细程度和生产力水平均处于世界最高水平。

但是，直到 1949 年之前，中国农业的主体依旧是传统农业，生产效率低下。中国农民所说的"靠天吃饭"，意思就是农业产出过度依赖气候等自然条件。计划经济时期，中国对农田水利等基础设施进行了很大的投入，农业机械化水平得到很大提高，加上新的育种技术和化肥的使用，农业生产有了很大改进。但在计划经济体制下，农民在政府的组织下开展农业生产，辛勤的劳动未必得到更高的回报，从而挫伤了农民的生产积极性。

在中国改革开放的过程中，农村一直是改革的重点。40 多年来，农村改革取得了巨大的成就，农业牵头带动新产业蓬勃发展，农村经济不断释放活力，城乡差距缩小，农民生活水平得到显著改善。下面从农村生活情况、农业生产情况和基础设施建设三大方面介绍中国乡村的发展现状。

一、农村生活情况

中国一直以来都是一个农业大国，国家统计局 2017 年 2 月 28 日公布的《中华人民共和国 2016 年国民经济和社会发展统计公报》显示，2016 年末总人口为 138 271 万人，其中城镇常住人口为 79 298 万人，农村户籍人口为 58 973 万人。因此，了解中国，要从了解农村生活开始，关注人民，要从关注农民着手。根据国家统计局发布数据，截至 2017 年，中国乡村人口为 57 661 万人，比 2000 年减少了 23 176 万人，减少了 28.7%；2000 年，中国乡村人口占总人口的比重为 63.8%，2017 年下降为 41.5%，可以看出乡村人口部分向城市转移，但乡村人口在中国仍占较大比重；中国乡村就业人口为 35 178 万人，占总就业人口的比重为 45.3%，乡村就业人口中，18.6% 为私营企业乡村就业人口，13.8% 为个体乡村就业人口；乡村耕地面积为 134.9 万平方公里，林地面积为 252.8 万平方公里，牧草地面积为 219.3 万平方公里，园地面积为 14.2 万平方公里，其他农用地面积为 23.6 万平方公里。

人均消费支出均呈上升趋势，如图 2.1 所示，2017 年农村人均消费支出为 10 954.5 元。图 2.2 和图 2.3 展示了农村消费情况。在农村消费构成中，食品烟酒占比为 31%，居住占比为 21%，衣着占比仅为 5%，农村居民耐用消费品如家用汽车、空调、计算机等拥有量一直呈上升趋势。虽然农村生活水平一直在提高，但和城镇相比仍存在差距，国家统计局发布的 2017 年经济运行数据显示城乡收入倍差为 2.71。农村贫困发生率[①]从 2000 年的 49.8%，下降为 2017 年的 3.1%。

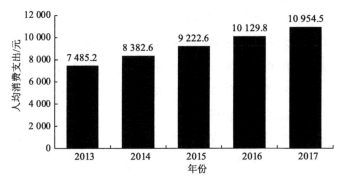

图 2.1　2013～2017 年农村人均消费支出

资料来源：根据国家统计局网站（http://www.stats.gov.cn）发布数据整理得出

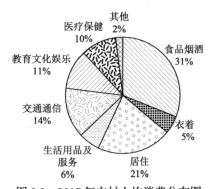

图 2.2　2017 年农村人均消费分布图

资料来源：根据国家统计局网站（http://www.stats.gov.cn）发布数据整理得出

---

① 农村贫困发生率是指农村贫困人口占农村总人口的比重，现行农村贫困标准为每人每年 2300 元（2010 年不变价格）。

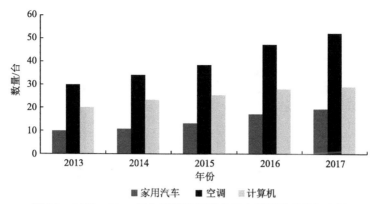

图 2.3 2013~2017 年农村居民每百户年末耐用消费品拥有量
资料来源：根据国家统计局网站（http://www.stats.gov.cn）发布数据整理得出

二、农业生产情况

在中国乡村，农业生产仍然是农民收入的主要来源。粮食收成的好坏直接影响到农民的财富，农业生产情况直接关系到广大农民的收入，直接带动了农村地区的经济发展。近年来，中国农业综合生产能力不断提高，农村经济发展繁荣。

1. 农产品产量

随着市场经济的不断发展和农村基本制度的深化变革，农产品产量逐年攀升，农作物种植面积不断扩大，保证了水稻、小麦等主要农产品的供给，满足了广大人民必要的物质生活需要。根据国家统计局发布数据，2017 年，农林牧渔业总产值为 109 331.7 亿元，比 2000 年增长了 84 415.9 亿元，增长了 3 倍多，从 2001年开始以 4.7%的平均增长率上涨。

中国乡村粮食生产的战略支撑为"以我为主、立足国内、确保产能、适度进口、科技支撑"，发展目标为"谷物基本自给，口粮绝对安全"，发展方针为"多予、少取、放活"。保障粮食安全生产的能力显著提高，物质基础逐渐雄厚，粮食综合生产能力在起点较高且连续多年增产的情况下，再上一个台阶。根据国家统计局发布数据，2017 年粮食总产量为 66 160.7 万吨，比 2000 年增长了 19 943.2 万吨，增长率为 43.15%。如图 2.4 所示，从 2007 年开始，粮食播种面积和粮食产量均呈上涨趋势，且粮食产量的上涨速度高于粮食播种面积的上涨速度。棉花、油料、肉类、水产品产量分别为 565.3 万吨、3475.2 万吨、8654.4 万吨、6445.3 万吨。

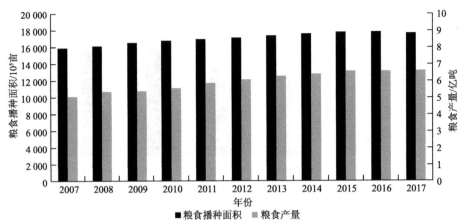

图 2.4　2007～2017 年粮食播种面积和粮食产量的变化趋势

资料来源：根据国家统计局网站（http://www.stats.gov.cn）发布数据整理得出

2. 农业生产布局

由于农业生产具有地域性、综合性和季节性，合理的农业分布十分重要。因地制宜才能发挥地区的自然优势，在提高当地经济效益的同时，不以牺牲环境和资源为代价。在"十二五"[①]期间，中国在综合考虑各地区地理生产条件后，提出了七区二十三带的农业战略格局，其中七大农业主产区为主体，二十三个农业带种植小麦、玉米、棉花等。七大农业主产区包括东北平原、黄淮海平原、长江流域、汾渭平原、河套灌区、华南、甘肃新疆等地。东北平原土地肥沃，是全球仅有的三大黑土区域之一，东北四省粮食产量占中国总产量的1/3，是中国重要的粮食、大豆、畜牧业生产基地。

为了实现农产品供给和居民需求的无缝对接，提高农产品质量和效率，形成结构合理的有效供给，各地区正在积极推进农业供给侧结构性改革[②]，重点从巩固提升粮食产能，调减玉米种植面积，优化畜牧渔业生产布局入手。根据国家统计局发布数据，2018 年全国谷物播种面积为 14.95 亿亩[③]，其中稻谷播种面积为 4.53亿亩，小麦播种面积为 3.64 亿亩，玉米播种面积为 6.32 亿亩。粮食种植结构有所

---

① "十二五"：中国是从 1953 年开始制定以五年为一个时间段的国家中短期规划的，第一个"五年计划"简称为"一五"，以此类推。"十二五"规划的全称是《中华人民共和国国民经济和社会发展第十二个五年规划纲要》，起止时间为 2011～2015 年。

② 供给侧结构性改革是指调整经济结构，使要素实现最优配置，提升经济增长的质量和数量。供给侧包括劳动力、土地、资本、制度创造、创新等要素。2018 年 12 月 21 日闭幕的中央经济工作会议认为，中国经济运行的主要矛盾仍然是供给侧结构性的，必须坚持以供给侧结构性改革为主线不动摇。

③ 1 亩≈666.7 平方米。

调整，黑龙江主动提出缩减冷凉区域水稻种植面积 249 万亩；湖南、江西一方面主动缩减质量较差的早稻和双季晚稻种植面积 796 万亩，另一方面增加产量高、质量优的中稻和一季晚稻种植面积 348 万亩。内蒙古、安徽等为了扶持大豆生产给予各项政策补贴，年末总计增加大豆面积 402 万亩。河北、贵州主动缩减玉米种植面积 765 万亩，大力生产其他经济作物。

3. 农业装备水平

自古以来，中国农民以勤劳著称，他们通过高强度的生产劳动获得食物和财富。随着社会的不断进步与发展，传统的劳作方式和人们日益增长的生活需求已不再匹配，提高农民劳动生产率、改善农业生产条件成为农业发展的必经之路。为了发展农业机械化，中国实施了农机具购置补贴政策。根据国家统计局发布数据，2017 年，农村拥有大中型拖拉机 670.1 万台，小型拖拉机 1634.2 万台，大中型拖拉机配套农具 1070 万部，小型拖拉机配套农具 2931.4 万部，与 2000 年相比，小型机器设备增长较为平稳，大型机器设备台数增长了近 10 倍。大中型农业机械的兴起，为规模农业和农业现代化打开了大门。2017 年，中国农业机械总动力为 98 783.3 万千瓦，比 2000 年增加了 46 209.7 万千瓦，增长率为 87.90%。科学技术是第一生产力，要想发展好农业，必须将农业发展和科技进步紧紧联系在一起。中国大力实施科教兴国战略，逐渐将设备驱动农业转化为科技驱动农业，加大在生物育种、动植物疫病防控方面的研究，其中"世界杂交水稻之父"袁隆平为解决中国人民的温饱和保障国家粮食安全做出了巨大贡献。2013 年 9 月 29 日，超级稻百亩示范片"Y 两优 900"中稻在湖南省隆回县羊古坳乡牛形村实现百亩平均亩产达 988.1 千克，创世界纪录。在农业遥感和信息化农业等领域不断取得突破，无人机被广泛应用到植保作业、林业检测等生产领域，其中大疆 MG-1 农业植保机的最大作业飞行速度为 8 米/秒，每小时作业量是人工作业的 40 多倍。同时，可精准控制药剂喷洒，在应对不同地形时选择不同操作模式，自动保持与农作物的间距。农业科技是农业发展的新方向，应大范围推广家畜可穿戴设备、机械远程系统、智能灌溉系统等先进农业技术，最大化科技在农业中的作用。

三、基础设施建设

农业的蓬勃发展和农民生活水平的提高，离不开农村基础设施的完善。农村基础设施是为农村人民生活、生产、发展提供公共服务的所有硬件，包括农村交通运输和通信设施、医疗设施和医护人员以及农业服务设施等。农村基础设施建设是新农村建设的基础，也是改善农民基础生活条件的重要措施。改革开放以来，农村基础设施建设不断加强，电气化有序推进。农村用电量由 1952 年的 0.5 亿千瓦·时增加到 2018 年的 9359 亿千瓦·时。实施农村饮水安全工程，乡村饮水状况大幅改善。2016 年第三次全国农业普查结果显示，47.7%的农户饮用经过净化处理的自来水[①]。国家卫生健康委员会发布了《2017 年我国卫生健康事业发展统计公报》，2017 年底，全国 3.16 万个乡镇共设 3.7 万个乡镇卫生院，床位 129.2 万张，卫生人员 136.0 万人（其中卫生技术人员 115.1 万人）。农村医疗和服务达到新水平，对于困难人员的救助工作一直稳步推进。农村广播节目综合人口覆盖率为 98.24%，接近全国平均水平 98.71%；农村电视节目综合人口覆盖率为 98.74%，略低于全国平均水平 99.07%；农村有线广播、电视实际用户数为 7504 万户；乡镇文化站数量为 41 193 个。除了衣食住行等生活需求外，农民开始重视文化需求，广播和电视的推广繁荣了农民的精神生活，为农村社会带来了新气象。

第二节　发展现代农业

农业现代化是传统农业到现代农业的转型，通过现代工业、创新技术和科学管理，打造高质量、高回报、低能耗的农业生产体系。中国先后发布了《全国现代农业发展规划（2011—2015 年）》《全国农业现代化规划（2016—2020 年）》等文件，为农业现代化提供了有力的政策支撑。土地制度改革是现代农业的制度基础，通过构建灵活的土地使用制度，打开了规模经营的大门，为农业的多样化发展增添了无限活力。

一、土地制度改革——土地流转

中国的改革是从农村开始的，农村改革的重点在于土地制度。1978 年，安徽

---

① 农村经济持续发展 乡村振兴迈出大步——新中国成立 70 周年经济社会发展成就系列报告之十三. http://www.stats.gov.cn/tjsj/zxfb/201908/t20190807_1689636.html[2019-06-20].

凤阳小岗村的 18 名农民按下"红手印"，自此农村改革正式拉开帷幕（图 2.5）。家庭联产承包责任制以"统分结合"[①]为经营体制，极大地调动了劳动人民的积极性，使农民踏上了温饱的道路。随着现代农业的逐渐兴起，一家一户为主体的小农经济略显无力，粮食产量的上涨遇到瓶颈。人们逐渐意识到，农业的出路在于农业现代化，而与农业现代化适配的土地制度是一切的基础，此时，土地流转政策势在必行。

图 2.5　安徽凤阳小岗村 18 名农民按下包产到户"红手印"的雕塑
雕塑由大连理工大学温洋教授创作

中国开始在土地制度领域进行大胆尝试和探索。将农村建设用地的使用权流转在广东、浙江、江苏、上海等地开始局部试验。同时，把重庆、成都两市列为统筹城乡综合配套改革试验区。改革期间，重庆成立了农村第一家土地交易所，并创造了九龙坡模式，即农民可以放弃农村的宅基地，在城市获得一套住房，或者农民放弃农村土地承包经营权，享受城市社保。成都出台了《集体建设用地使用权交易规则（试行）》[②]等土地流转政策，并成立了农村土地产权交易所。前期试点改革的成果为土地流转的全面实施起到了推动作用。2002 年，《中华人民共和国农村土地承包法》正式发布，农民土地承包经营权的流转以此为依据开始实

---

① 把集体统一经营和家庭分散经营结合起来，宜统则统，宜分则分，统分结合，这就是统分结合的双层经营体制。
② 成都市集体建设用地使用权交易规则（试行）. http://www.cdaee.com/jt/article/jyzn/jygz/201706/20170600078 514.shtml[2019-06-20].

行。文件中规定"通过家庭承包取得的土地承包经营权可以依法采取转包、出租、互换、转让或者其他方式流转"。

农村土地三权分置，即落实所有权、稳定承包权、放活经营权。在中国，农村土地所有权为集体所有；农村土地承包权为农民土地承包人所有，承包人可以占有、使用并从土地上获益，但不可以买卖，不能改变农村土地集体所有的事实；其他个人或组织可以通过与土地承包人谈判，从而获得土地经营权，这个过程就是土地流转。土地流转意味着土地承包者始终保留土地的承包权，只是将土地的经营权通过互换、交租、入股等方式转让给其他人，农村土地使用权流转模式如图 2.6 所示。支持农民将农村土地向合作社①、大型公司等流转，土地经营者通过经营土地，发展农业规模经营获得收入。《国务院办公厅关于引导农村产权流转交易市场健康发展的意见》强调，现阶段通过市场流转交易的农村产权包括承包到户的和农村集体统一经营管理的资源性资产、经营性资产等，以农户承包土地经营权、集体林地经营权为主，不涉及农村集体土地所有权和依法以家庭承包方式承包的集体土地承包权。

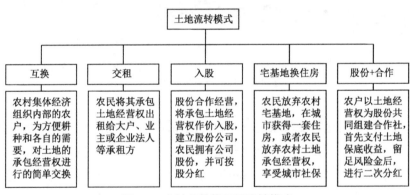

图 2.6　农村土地使用权流转模式

土地流转作为农村改革的突破口，起到了先行军的作用。如专栏 2.1 所示，土地经营权的放活，给农民带来了更多的工作选择和收入途径。一方面，农民可以用土地入股或者融资贷款，将自己从劳动生产中解放出来；另一方面，可以合并零散的土地，提高农业生产效率，实现农业规模化，加快推进现代农业的发展。如图 2.7 所示，土地流转面积逐年增加，2017 年达到 5.00 亿亩。

---

① 合作社是指劳动群众自愿联合起来进行合作生产、合作经营所建立的一种合作组织形式。

专栏 2.1 怡顺土地承包经营股份合作社[①]

2010 年 5 月，由村内农民以土地入股形式组建的怡顺土地承包经营股份合作社（简称合作社）正式成立，其位于崇州市桤泉镇生建村，主要从事粮食和经济作物的绿色化、规模化、品牌化经营。

按照入社自愿、退社自由和利益共享、风险共担的原则，农户自愿将确权后的 124.97 亩承包土地，按 0.01 亩折成一股，共折股 12 497 股，共同成立合作社。合作社的内部管理机构为理事会和监事会各 3 人，设理事长 1 人、监事长 1 人。其中，理事会负责统一组织生产经营，"种什么、如何种"；监事会负责对生产经营和财务收支执行情况进行监督。理事会、监事会由合作社的社员代表大会选举产生。

合作社与崇州国储公司签订合同，按照公司质量标准和订单要求组织标准化生产，现以种植富硒水稻和特色蔬菜、食用菌为主。合作社通过入社农民的土地承包经营权抵押融资借贷 4 万元，作为生产经营的启动资金。由理事会出面聘请崇州国储公司技术员杨复明为生产经理，并与生产经理签订了劳动报酬支付和收益预期协议。协议中约定，2010 年大春种植富硒水稻亩产指标为 400 千克，每亩生产费用控制在 510 元以内，超产、短产部分分别按 50% 奖励、赔付。实行种子、肥料、农药的"三统购"和机耕、机防、机收、田管的"四统一"。年终经营纯收入按 9:1 比例按股分红，即收入的 90% 用于土地入股分红，收入的 10% 作为公积金、风险金和工作经费。

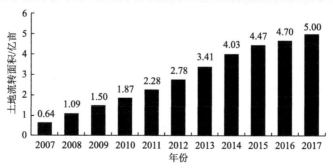

图 2.7 2007～2017 年土地流转面积

资料来源：《2018 年现代农业行业现状与发展趋势报告》

① 崇州市农村土地承包经营权股份合作社简介. http://fanwen.jianlimoban.net/1125161/ [2019-06-20]；"土地流转"——举起中国农村经济崛起的大旗. http://toutiao.manqian.cn/ wz_17RoGLk5lMZ.html[2019-06-20]；成都市《全市加快农村产权流转推进土地规模经营主要模式》. http://ishare.iask.sina.com.cn/f/33p6VlfRN83.html [2019-06-20].

二、中国农业现代化的现状

中国农业在发展中一直面临着四个问题:①农业流通方式仍以传统批发-零售模式为主,流通环节多、效率低、成本高;②2017 年,果蔬产品和肉禽冷链物流运输率仅为 5%和 15%[①],冷链物流基础设施不健全;③中国农产品标准化与品牌化发展滞后;④社会服务体系不健全,服务内容单一,总体服务水平偏低。发展农业现代化能够解决农业困境,给农业发展打开新的道路。诺贝尔经济学奖得主舒尔茨在《改造传统农业》中提到,农业是国民经济的重要组成,但是传统农业无法成为经济增长的强大动力,发展中国家要想实现现代化,必须将传统农业向现代农业转型,具体如专栏 2.2 所示。

专栏 2.2　舒尔茨的发展现代农业理论[②]

（1）什么是传统农业

舒尔茨在《改造传统农业》中提到,完全以农民世代使用的各种生产要素为基础的农业可以称之为传统农业。显而易见,传统农业的产出和回报低,对于人们来说没有吸引力。人们通常认为传统农业产出低是因为农民不够聪明,生产要素配置率低。但舒尔茨认为,农业中生产要素配置效率很高,已达到均衡,产量低的原因是,在现有的技术条件下,已经不能再高了。舒尔茨通过经济学方法证明出,在传统农业中,劳动的边际生产率和资本的边际生产率都十分低,以至于农民没有动力去做更多的劳动,进行更多的储蓄。同时,舒尔茨认为农业中不存在隐蔽性失业理论,农业劳动力的减少必然带来农业生产率的下降,即不存在部分农业劳动力的边际生产率为零。

基于以上观点,舒尔茨提出了传统农业的基本特征:①技术状况长期保持不变,农业生产要素的供给和技术条件不变;②农民没有改变传统生产要素的动力;③农民的储蓄为零,没有投资的经济能力。在传统农业中,传统的生产要素配置处于均衡状态,新的生产要素长期不能被引入。

---

① 2017 年中国冷链物流行业发展前景分析. http://chinaidr.com/tradenews/2017-09/115594.html[2019-06-20].

② 西奥多·W. 舒尔茨.1987. 改造传统农业. 梁小民,译. 北京:商务印书馆.

（2）为什么要发展现代农业

农业对于一个国家的经济发展十分重要，但是发展中国家的传统农业是不能对现代经济增长做出贡献的，只有将其改造为高生产率的现代农业才可以成为经济增长的原动力。舒尔茨通过收入流价格理论分析了传统农业落后的原因以及发展现代农业的必要性。收入流价格理论是指经济增长的核算是以收入为基础的，收入由一定数量的收入流所组成，收入流的数量增加，经济就会增长，但是收入流的来源有价格，收入流的价格越高，资本收益率越低。所以，一个价格低廉的收入流是经济增长的最佳来源。

在传统农业中，假定获得和持有持久收入流来源的偏好与动机保持不变，则收入流的需求曲线为一条水平线；假定技术状况保持不变，持久收入流的供给，即每年得到的货币数量是固定的，则供给曲线是一条垂直线。在这种市场状况下，如果价格低于均衡价格，几乎没有人愿意提供收入流，但有大量的需求者，此时供不应求，价格就会上升达到均衡价格。这种调整不能引起任何经济增长，且均衡价格维持在一个较高水平上。所以结论是，在传统农业中，传统生产要素的供应和需求实现了均衡，同时实现了资源的有效配置，但收入流价格是高昂的。而在现代农业中，农民使用新的生产要素，新的生产要素的供应和需求没有实现均衡，收入流价格是低廉的。

（3）发展现代农业的措施

舒尔茨认为，改造传统农业向现代农业发展的关键是，引进新的农业生产要素，打破传统农业生产的均衡，降低农业收入流价格。为了引进现代农业生产要素，舒尔茨认为首先要通过市场的方式调动农民的积极性，以农户为基本生产单位，建立合适的所有制形式；其次，要从供给和需求两方面为现代生产要素提供条件，通过政府资助等方式扩大生产要素的市场空间；最后，在注重技术的同时，也要培养新型农民，加大人力资本投资，提高农民的专业技能水平。

根据发达国家的经验，农业开始现代化转型的最佳时期是当农业生产总值占GDP的比重小于10%时。图2.8为2007～2017年中国农业总产值的变化情况，由图可知，2007～2017年中国农业总产值占GDP的比重在10%以下，且呈总体下降趋势。

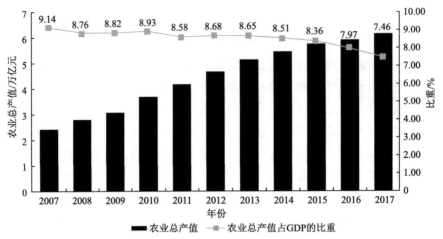

图 2.8　2007～2017 年中国农业总产值及其占 GDP 的比重

资料来源：根据国家统计局网站（http://www.stats.gov.cn）发布数据整理得出

　　中国的国情较为特殊，地少人多，人均耕地面积较少，无法使用美国的"大农场模式[①]"。在中国，小农户在农业经营主体中仍然占据大多数，中国走的是符合自身特色的农业现代化道路，并且已经取得了一定成效。农村在综合生产能力、农业技术装备水平、农业产业格局等方面均实现了新的突破，并且东部沿海、大城市郊区、大型垦区的部分县（市）已基本实现农业现代化，国家现代农业示范区已成为引领全国农业现代化的先行区。中国农业现代化已进入全面推进、重点突破、梯次实现的新时期。自 2012 年粮食产量突破 6 亿吨，粮食产量稳中有升，同时，粮食质量安全检测系统在各区域积极推进，"菜篮子"[②]产品实现了高质量供给。农田有效灌溉面积比重为 52%、主要农作物耕种收综合机械化率为 63%、良种覆盖率达 96%，在高科技设施和先进农业技术的带领下实现了农业的现代化与智慧化，农村网络覆盖面积不断扩大，"互联网+农业"成为农业的新势头，农业科技进步贡献率达 56%。农产品加工业得到重点发展，比农业总产值的 2 倍还多，人们对农业的认识有了根本性的改变，农村电商、生态友好型农业逐渐兴起[③]。以土地制度、经营制度、产权制度、支持保护制度为重点的农村改革深入推进，

---

　　① 美国地广人稀，机械化程度高，所以每个农场主可以管理上千亩田地。

　　② 农业部于 1988 年提出建设"菜篮子工程"，一期工程建立了中央和地方的肉、蛋、奶、水产和蔬菜生产基地及良种繁育、饲料加工等服务体系。

　　③ 国务院关于印发全国农业现代化规划（2016—2020 年）的通知. http://www.gov.cn/zhengce/content/2016-10/20/content_5122217.htm[2019-06-20].

家庭经营、合作经营、集体经营、企业经营共同发展,多种形式的适度规模经营比重明显上升。2017年底,新型农业主体已达300万家,包括家庭农场、农村合作社、农业型企业,社会化服务组织超过22万家,3000多万家农户得到扶持帮助,土地托管达2.32亿亩,农民综合素质显著提高,新型职业农民超过1500万人[①]。

三、推进农业现代化的举措

推进农业现代化,可以从建设现代农业产业体系、生产体系、经营体系三方面入手。其中,产业体系和生产体系能够转换农业经济增长动力,提升农业生产力水平和生产效率,经营体系能创新农业经营模式,激发市场活力。

1. 建设现代农业产业体系

现代农业产业体系主要包括农产品产业体系和三次产业融合发展体系。建设农产品产业体系的重点在于稳定粮食产量,增大畜牧业和经济作物所占比重,提高产品的品质和附加值,农作物种植向区域化和聚集化发展。推进农村三次产业融合发展,从纵向延伸产业链和横向拓展相关产业两个方面入手。产业的纵向延伸是指通过农业生产、加工、物流、仓储、营销模式打造农村产业链,实现加工多层次的转化增值。产业的横向拓展是指可以把产业链横向拉开,结合区域资源禀赋,推进农业与旅游、文化、养老等产业的融合。大力发展农家乐、休闲农庄、农业主题公园等农林渔各类休闲农业示范基地。创建1500个"一村一品"[②]示范村镇,开展"百县千乡万村"农村三次产业融合发展试点示范,打造一批农村产业融合领军企业,培育一批产业融合先导区。

2. 建设现代农业生产体系

现代农业生产体系是指用现代物质装备武装农业,用现代科学技术改造提升农业,不断改善农业生产条件,大力推进农业生产手段多样化,不断优化农业生

---

① 国家发改委:全国新型职业农民超过1500万人. http://news.cnr.cn/native/gd/20180420/t20180420_524205934.shtml[2019-06-20].

② 在一定区域范围内,以村为基本单位,按照国内外市场需求,充分发挥本地资源优势,通过大力推进规模化、标准化、品牌化和市场化建设,使一个村(或几个村)拥有一个(或几个)市场潜力大、区域特色明显、附加值高的主导产品和产业。

态环境。根据《全国农业现代化规划（2016—2020 年）》，为了给农业科技创新营造良好的条件，预计建设 200 个现代化科学实验基地，改善 200 个农业重点实验室创新条件，提升 200 个国家农业科学观测站基础设施水平。鼓励高校、研究院与农业公司对接，同时鼓励科研人员走出实验室，走进黑土地，鼓励企业在绿色农业领域的投资。通过技术转让、研发合作等方式，将科技成果转化为市场价值。发挥国家农业高新技术产业示范区、国家农业科技园区和国家现代农业产业科技创新中心的带头牵引作用，建设大约 1 万家农业高新技术企业。大力发展农业物联网，在对现有物联网改造的基础上，建设 10 个农业物联网应用示范省、100个农业物联网应用示范区、1000 个农业物联网应用示范基地。推进信息进村入户工程，到 2020 年，村级益农信息社基本覆盖我国所有行政村。改造原有国家农业科学数据中心，立足全球，建设农业数据调查分析系统。建设基于卫星遥感、航空无人机、田间观测一体化的农业遥感应用与研究中心。

3. 建设现代农业经营体系

中国目前的经营体系仍然以小农户为主，因此建设现代化农业经营体系应从培育新型经营主体和扶持小农户两方面入手。培育专业大户、家庭农场、农民合作社、农业企业等新型农业经营主体，形成职业农民队伍，发展多种形式适度规模经营，构建集约化、专业化、组织化、社会化相结合的新型农业经营体系，实现家庭经营、合作经营、集体经营、企业经营共同发展。扶持小农户，要采取有针对性的措施，把小农生产引入现代农业发展轨道。一方面，培育各类农业生产性服务组织，推进土地托管、代耕代种、统防统治等农业生产全程社会化服务，帮助小农户节本增效；另一方面，发展多样化的联合与合作，提升小农户组织化程度，并通过发挥新型农业经营主体的带动作用，帮助小农户对接市场。

第三节　乡镇企业的兴起

中国农村的发展一直以农业为主，直到乡镇企业的兴起打破了这一传统格局。乡镇企业弥补了农村工业的空白，同时转移了农村空闲劳动力，并为当地农业的发展和基础公共设施的建设投入了大量的资金，实现了乡村地区的以工补农，为加速中国的城镇化进程起到了重要作用。

一、乡镇企业的崛起

1. 乡镇企业的出现

乡镇企业的出现给中国经济结构带来了巨大的改变。刘易斯认为，发展中国家普遍具有二元经济结构，即城市工业部门和农村农业部门并存，在国家推动工业化的进程中，二元经济结构会转变成一元经济结构，具体如专栏 2.3 所示。对于中国来说，则有些不同，中国在发展过程中，农村工业部门，即乡镇企业出现了，中国呈现出三元经济结构[①]，即城市工业部门、农村农业部门和农村工业部门。

专栏 2.3　刘易斯的发展中国家二元经济[②]

发展中国家存在二元经济结构，分别是农村农业部门和城市工业部门。农业部门的特点是以传统方式生产，拥有较低的生产率，农业部门工资很低，只能维持基本生存；而工业部门以现代生产方式运作，拥有较高的劳动生产率，工业部门工资高于农业部门工资。刘易斯认为，农业部门存在隐蔽失业问题，有大量的剩余劳动力，再加上工业部门工资高于农业部门工资，那么自然会形成农业剩余劳动力向工业部门大量转移，且这种供应是无限的。劳动力的转移会为工业部门形成利润，促使工业部门投资扩张，进而继续吸引农业劳动力。而对于农业部门来说，农业劳动力的减少，会提高农业部门工资。最终的结果是，农村过剩劳动力全部转移至工业部门，两部门工资水平逐渐接近，发展中国家的工业化水平提升，农业部门生产率提高。

专栏图 2.3.1 为农业剩余劳动力转移过程示意图。OA 表示农业部门工资，OW 表示工业部门工资，有 $OW > OA$，工业部门的劳动力供给曲线为 WSS'，劳动力需求曲线为 DK 和 $D'K'$，随着工业部门资本量的增加，劳动力需求曲线向右移动。同时，DK 也是资本投入为 K 时的劳动边际产量曲线，随着劳动力的增加，边际产量逐渐减少。农业剩余劳动力转

[①] 李克强在 1991 年发表的论文《论我国经济的三元结构》中突破了刘易斯的二元经济模型，他认为中国的现状是城市工业部门、农村农业部门和农村工业部门三元结构。

[②] 阿瑟·刘易斯. 1989. 二元经济论. 施炜等译. 北京：北京经济学院出版社.

移模型分为两个阶段，在第一阶段中，劳动力供给曲线是完全水平的，即曲线为 WS。此时，保持工资为 OW 即可获得农村无限的劳动力。劳动力需求曲线和劳动力供给曲线的交点为均衡点，那么，当投入资本为 K 时，均衡点为 P，实际参与劳动的数量为 OL，工业部门的总产出为 ODPL，付给工人工资为 OWPL，利润为 DWP。工业部门会将得到的利润转化成资本投入到生产中，并没有增加劳动力的工资，因为此时劳动力供给是无限的，资本的增加导致劳动力需求曲线由 DK 移动到 D'K'。只要剩余劳动力没有被工业部门吸收完全，就会重复上述过程，使得工业部门规模不断扩大。在第二阶段中，资本和劳动力都是稀缺的，劳动力供给曲线向右上倾斜为 SS'。此时，农业剩余劳动力已经全部转移到工业部门，农业部门劳动边际生产率和工资收入提高，工业部门为了获取更多的劳动力必须提高工资，所以劳动力供给曲线向右上倾斜。

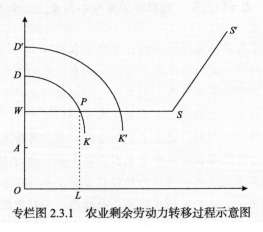

专栏图 2.3.1　农业剩余劳动力转移过程示意图

乡镇企业是由农村集体经济组织或农民投资，在乡镇地区创办的从事非农业生产的各类企业，其主要承担反哺农业、建设农村的义务。土地集体所有和城乡户籍制度导致中国乡镇企业具有如图 2.9 所示的特点。

乡镇企业的前身是社队企业[①]，农村家庭联产承包责任制解放了大量的劳动人民，为了吸收逐渐庞大的待业农村群体，社队企业随之兴起。1984 年，社队企业

---

① 社队企业是中国人民公社制度的产物，兴起于 1958 年的公社工业化，即在农业合作化和集体化过程中，由农村人民公社和生产大队、生产队办起来的集体所有制企业。

更名为乡镇企业。中国政府实行了星火计划[①]、乡镇企业实验区等一系列措施，改善了乡镇企业的发展环境，乡镇企业进入高速发展阶段。此时，乡镇企业已成为国民经济的一支重要力量，是国营企业的重要补充。随着乡镇企业的进一步发展，集体企业形式被打破，非集体乡镇企业如雨后春笋般出现。多样的经济形式和经营方式促进了乡镇企业生产规模的扩大与经济效益的增长。

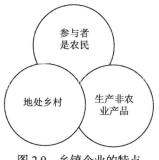

图 2.9　乡镇企业的特点

2. 乡镇企业的发展

经历了长时间的增长期后，乡镇企业开始出现低谷，乡镇企业产权制度改革随之展开。改革形式以推行股份合作制为重点，股份制、兼并、出售、破产等多种形式共同推进。在改制过程中，小型、微型企业大都出售和拍卖，中小型企业以股份合作制为主，大型企业多数选择股份制。中国加入世界贸易组织是乡镇企业走进国际市场的第一步。为了和国际市场接轨，乡镇企业调整企业制度和市场结构，以适应国际市场需求。同时，国内劳动力为乡镇企业带来了一定的成本优势，如专栏 2.4 所示。

专栏 2.4　美 的 集 团[②]

美的集团是中国家电企业巨头，海内外拥有 15 万名员工，市值近3000 亿元。谁能想到这样一个世界 500 强公司，就是从乡镇企业起步的。

---

① 1985 年 5 月，国家科学技术委员会向国务院提出了"关于抓一批短、平、快科技项目促进地方经济振兴"的请示，引用了中国的一句谚语"星星之火，可以燎原"，因而誉名为"星火计划"，意为科技的星星之火，必将燃遍中国农村大地。1986 年初，国务院批准实施这项计划。

② 从街道小厂到"美的"集团. http://www.sohu.com/a/160864778_283968[2019-06-20]；乡镇企业改组上市的先行者! 美的集团创始人何享健获改革先锋称号. http://www.sohu.com/a/283175370_729732[2019-06-20]；名人创业故事，美的创始人何享健白手起家到身价几十亿!. http://jiaju.f600.cn/gushi/36041.html[2019-06-20].

1968 年，美的集团创始人何享健还是一名乡镇干部，他带领 23 位居民，筹资 5000 元创办了北滘街办塑料生产组，刚开始只是生产药用玻璃瓶和塑料盖，后来生产发电机的小配件等，这是美的集团的前身。随着人们生活水平的提高，家用电器需求量增大，美的集团开始转变市场方向，定位于家电行业，并自主研发出"明珠牌"金属台扇，此时"美的"商标注册使用，美的集团正式成立。

1992 年，乡镇企业产权制度改革开始推行，国务院决定选择少数上海、深圳以外的优质股份公司到上海、深圳两家证券交易所上市，公开发行股票。美的集团主动请缨，争做股份制产权改革的"试验田"。这是美的集团发展路上很大的一次机遇，公司第二年就登陆深圳证券交易所，成为中国第一家由乡镇企业改组而成的上市公司。而后，美的集团又经历了管理机制变革，从集权式管理转变为五大事业部共存，企业开始走向股东、董事会、经营团队"三权分立"的经营模式。

如今，美的集团业务范畴早已不局限于家电领域，正在大力向综合性科技企业集团转型，成为横跨消费电器、暖通空调、机器人与自动化系统、智能供应链的大型科技集团。在改革开放 40 周年大会上，美的集团创始人何享健凭借"乡镇企业改组上市的先行者"，被授予改革先锋称号。

在乡镇企业的发展中，有两种具有代表性的案例——苏南模式和温州模式。这两种模式结合了地区特色，依靠发展乡镇企业实现了非农业化的发展，但二者在经济模式上又存在一定差异。

苏南地区位于长江三角洲中部，一般是指江苏省的苏州、无锡和常州等地，当地人口稠密，自然条件优越，同时又毗邻上海等发达地区。在苏南模式中，乡镇企业以工业尤其是非农副产品加工为主，体制大多为集体经济，政府组织协调资本、土地等生产资源，并任命企业负责人，同时广大农民集体参与其中。苏南模式的优点在于，企业能够较为容易地跨过资本积累的阶段，因为通过政府可以更容易地使用土地资源，或者利用政府信用贷款等。苏南模式中最为著名的是"天下第一村"华西村，在乡镇企业的带领下，华西村经济、文化、教育多方面繁荣发展。如今，为了适应市场需求的变化，华西村也逐渐从当年传统的制造业转向智能制造业领域。

温州地区位于浙江省东南部，和苏南地区不同的是，温州地区自然资源较少，并且人均耕地是浙江省最少的。匮乏的自然环境和有限的集体资源迫使温州人走上了"做生意"的道路。温州模式是指以家庭工业和专业化市场的方式发展非农产业，形成了独特的"小商品、大市场"格局。小商品是指生产规模、技术含量和运输成本都较低的商品；大市场是指温州人在全国各处建立的温州市场。温州模式通过发展个体私营企业，走的是以市场化促进工业化的发展道路；苏南地区则是借助乡镇企业的兴起，先实现地区工业化，再市场化。在苏南模式中，政府是组织者，对于企业的发展不可或缺，而在温州模式中，主导者是市场，政府作用微小。

二、乡镇企业的未来

乡镇企业的产值在农村总产值中占较大比重，农村的繁荣在很大程度上受到乡镇企业的推动。乡镇企业的发展使农民不断向城镇靠拢，缩小了城乡差异，是我国农村城镇化的重要动力。同时，乡镇企业是农民的"天然大学"，它改变了农民传统的经济观念和生活方式，培养出了一大批敢作敢为、有知识、有胆识的新型农民。近年来，虽然农村经济环境发生了一些变化，但是乡镇企业的本质没有变，乡镇企业坚持以农民为主体，以实体经济为主要形式，带动农村和农民走进第二、第三产业。和普通企业相比，乡镇企业肩负着反哺农业的重任和建设新农村的义务，对于推进农村振兴和城镇化进程意义重大。表 2.1 展示了新型乡镇企业的类型。

表 2.1　新型乡镇企业的类型

企业类型	类型介绍
产业融合型	通过农村三次产业融合发展，延长农业产业链，达到增产增收的目的
村企互动型	把企业优势与农村要素加以整合，变单纯的交换关系为利益共同体，发展公司化村庄、村企合一、在村办分厂、任经济顾问等
文化传承型	挖掘乡土文化，拓展农业的多功能性，开发区域特色产业，发展创意农业和休闲农业
专精特新型	与规模企业配套，发展先进制造业，企业间上下游衔接、立体式分工和集群化发展
返乡下乡创业型	利用返乡农民工、大中专学生、退役士兵、科技人员等积累的资金和经验，返乡下乡创办规模种养业、一般工商业和工艺产业
区域合作型	在国际范围内优化组合资源，参与国际产业分工和区域合作，落户在中西部农村

乡镇企业发展的道路上面临着巨大的挑战。首先，需要解决的是劳动力供应不足的问题，大量农民不愿意留在农村，纷纷进城打工，农村人口流失严重；其次，乡镇企业大都集中在一个领域，行业竞争激烈，传统乡镇企业的优势逐渐消失。面对挑战，乡镇企业可以从经营规模、管理制度和人才培养等方面入手发展成为新型乡镇企业，还可以利用政府的政策支持不断扩大经营规模，由劳动密集型转化为技术密集型，打造乡镇企业品牌，成为农村产业化龙头企业。践行"绿水青山就是金山银山"的观念，配合电子商务等新的商业模式，加快发展休闲农业和乡村旅游，拓宽产业融合发展途径，促进乡村经济多元化发展。同时，要完善企业管理制度，提高企业运行效率，使得乡镇企业制度跟得上企业规模。最后，举办乡村干部培训、农村电商队伍培训，建设乡村人才队伍，支持能人返乡、企业兴乡和市民下乡促进就业创业，推动城乡要素双向流动，实现人才、资源、产业向乡村汇聚，构建城乡融合发展的体制机制。

第四节　乡村振兴战略

农业、农村、农民是关系民生的重要问题，在发展的道路上，必须把农业放在优先位置。2017 年 10 月 18 日，习近平在中国共产党第十九次全国代表大会上首次提出了乡村振兴战略。2018 年，国务院发布《乡村振兴战略规划（2018—2022年）》，部署了乡村振兴规划这五年的重大工程。此时，乡村振兴战略已经被摆到更高的高度，实施乡村振兴战略，是实现中国人民共同富裕的必然要求。

一、乡村振兴战略的目标任务

实施乡村振兴战略，要坚持农业农村优先发展，按照产业兴旺、生态宜居、乡风文明、治理有效、生活富裕的总要求，加快推进农业农村现代化，如图 2.10 所示。产业兴旺是指在生产发展的基础上，拓展新产业，完善农业体系，优化农村产业格局，带动农村经济繁荣发展；生态宜居是指在治理环境污染的基础上，加大绿色产业发展，打造农村宜居环境；乡风文明是指在传承和发扬农耕文化的基础上，打造新时代的精神文明；治理有效是指完善农村各项基本制度，加强农村社会治理，使农民过上安心的生活；生活富裕是指在解决贫困的基础上，增加农民收入，提高农村消费水平，全面实现小康社会。

图 2.10　乡村振兴的五大要求

乡村振兴战略的目标，如图 2.11 所示。到 2020 年，乡村振兴取得重要进展，制度框架和政策体系基本形成。农业综合生产能力稳步提升，农业供给体系质量明显提高，农村三次产业融合发展水平进一步提升；农民增收渠道进一步拓宽，城乡居民生活水平差距持续缩小；现行标准下农村贫困人口实现脱贫，贫困县全部摘帽，解决区域性整体贫困；农村基础设施建设深入推进，农村人居环境明显改善，美丽宜居乡村建设扎实推进；城乡基本公共服务均等化水平进一步提高，城乡融合发展体制机制初步建立；农村对人才的吸引力逐步增强；农村生态环境明显好转，农业生态服务能力进一步提高；以党组织为核心的农村基层组织建设进一步加强，乡村治理体系进一步完善；党的农村工作领导体制机制进一步健全；各地区各部门推进乡村振兴的思路举措得以确立。到 2035 年，乡村振兴取得决定性进展，农业农村现代化基本实现。农业结构得到根本性改善，农民就业质量显著提高，相对贫困进一步缓解，共同富裕迈出坚实步伐；城乡基本公共服务均等化基本实现，城乡融合发展体制机制更加完善；乡风文明达到新高度，乡村治理体系更加完善；农村生态环境根本好转，美丽宜居乡村基本实现。到 2050 年，乡村全面振兴，农业强、农村美、农民富全面实现①。

---

① 中共中央　国务院关于实施乡村振兴战略的意见. http://www.gov.cn/zhengce/2018-02/04/content_5263807.htm[2019-06-20].

图 2.11　乡村振兴战略的目标

二、乡村振兴"七条路"

2018 年，中央农村工作会议提出走中国特色社会主义乡村振兴道路，必须走城乡融合发展之路、共同富裕之路、质量兴农之路、乡村绿色发展之路、乡村文化兴盛之路、乡村善治之路、中国特色减贫之路[①]。

1. 必须重塑城乡关系，走城乡融合发展之路

过去中国是城乡二元结构，城乡户籍制度给农民带来了许多不平等的待遇。随着《关于进一步推进户籍制度改革的意见》的公布，各省份开始逐渐推进户籍改革，农民可以和城市人口一样享受教育、医疗、就业、保险等方面的权益。同时，重点加强农村地区基础设施建设，鼓励人才和资本回流到农村，缩小城乡差距，建立全民覆盖、普惠共享、城乡一体的公共服务体系。

2. 必须巩固和完善农村基本经营制度，走共同富裕之路

坚持农村土地集体所有，巩固家庭承包经营基础性地位，落实土地承包关系，土地承包到期后再延长 30 年，稳定农村经济的长久发展。当前，小农生产在中国农业生产经营方式中占据着重要位置，在培育新型经营主体的过程中，绝不能挫伤小农户的积极性。可以通过发展生产性服务业，以及农民专业合作社等形式，将一家一户难以解决的困难逐步剥离出来，然后以托管等方式，交给农民专业合作社经营。同时，也要根据劳动力的流动情况，适度引导土地流转，逐步发展规模经营。

---

① 中央农村工作会议在北京举行 习近平作重要讲话. http://www.xinhuanet.com/politics/leaders/2017-12/29/c_1122187923.htm[2019-06-20].

3. 必须深化农业供给侧结构性改革，走质量兴农之路

中国的农产品正在从供给导向向需求导向转型，人们对农产品的需求，从"吃饱穿暖"转变为"吃得好，吃得健康"，为了适应市场需求，必须深化农业供给侧改革，把增加绿色优质农产品供给放在突出位置，打造农产品标准化生产，创建区域品牌农产品。如专栏 2.5 所示，传统农业的供给已经不能满足农业发展的需要，要推进农村地区三次产业融合，努力做强第一产业、做优第二产业、做活第三产业，如图 2.12 所示。

专栏 2.5　田园综合体[①]

2017 年，中央一号文件首次提出田园综合体的概念。田园综合体是培育新型农业经营主体，促进农村三次产业融合发展的支撑和主平台。田园综合体是以农业为主导，以农民充分参与和收益为前提，以农业合作社为主要建设主体，以农业和农村用地为载体，融合工业、旅游业、创意、地产、会展、博览、文化、商贸、娱乐等三个以上产业的相关产业与支持产业，形成多功能、复合型、创新型地域经济综合体，发挥产业价值的乘数效应[②]。

田园综合体具有主体多元化和功能复合化两大基本特征。主体多元化是指采用企业+政府的开发方式，让企业参与到乡村建设中，并将城市元素与乡村相结合；功能复合化是指农业+文旅+社区的综合发展模式，将多个功能组合到一个田园综合体中。2017 年，财政部发布《关于开展田园综合体建设试点工作的通知》，决定在河北、山西、内蒙古、江苏、浙江、福建、江西、山东、河南、湖南、广东、广西、海南、重庆、四川、云南、陕西、甘肃 18 个省份开展田园综合体建设试点工作。

---

① 田园综合体建设助力乡村振兴. http://www.northnews.cn/2019/0412/3074169.shtml [2019-06-20]；田园综合体：中央文件点名的下一个投资风口和发展重点. http://www. sohu.com/a/244156165_99921007[2019-06-20]；【重磅】史上最全国家级田园综合体十大案例详解. http://share.iclient.ifeng.com/shareNews?aid=50632960&fromType=vampire [2019-06-20].

② 乘数效应是一种宏观的经济效应，也是一种宏观经济控制手段，是指经济活动中某一变量的增减所引起的经济总量变化的连锁反应程度。

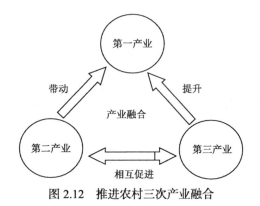

图 2.12 推进农村三次产业融合

4. 必须坚持人与自然和谐共生，走乡村绿色发展之路

绿水青山就是金山银山。实现乡村振兴，不能以破坏环境为代价，必须坚持人与自然和谐共生，必须走乡村绿色发展之路。实现农村的绿色发展，要从统筹山水林田湖草系统治理、加强农村突出环境问题的综合治理、发展循环农业和绿色农业三方面入手。过去，我国农村在取得发展的同时，也给农村环境带来了一定程度的污染。走绿色发展道路，能够优化生态环境，实现生态文明与物质文明和谐发展。绿色发展也是可持续发展，只有保证农村的生态环境，才能实现农村经济的长期可持续发展。

5. 必须传承发展提升农耕文明，走乡村文化兴盛之路

2017 年，中国休闲农业和乡村旅游各类经营主体已达 33 万家，营业收入近 6200 亿元，整体为上升趋势，但增速放缓①。为了进一步发展乡村旅游业，实现经济和文化共同繁荣，要把经济发展和文化建设结合在一起，将历史记忆、地域特色、民族特点融入乡村建设中。结合特色小镇、美丽乡村建设，深入挖掘乡村特色文化符号，盘活地方和民族特色文化资源，走特色化、差异化发展之路，为增强文化自信提供优质载体。大力推动农村地区实施传统工艺振兴计划，培育形成具有民族和地域特色的传统工艺产品，促进传统工艺提高品质、形成品牌、带动就业。积极开发传统节日文化用品和武术、戏曲、舞龙、舞狮、锣鼓等民间艺术、民俗表演项目，促进文化资源与现代消费需求有效对接。推动文化、旅游与

① 2017 年全国休闲农业和乡村旅游产值 6200 亿，多地创新高！. http://www.sohu.com/a/218033905_99916798[2019-06-20].

其他产业深度融合、创新发展。

特色小镇近年来发展迅速，对于促进乡村经济发展，传承乡村文化具有重要作用，如专栏 2.6 和专栏图 2.6.1 所示。2016 年发布的《关于开展特色小镇培育工作的通知》要求，到 2020 年，中国将培育 1000 个左右各具特色、富有活力的休闲旅游、商贸物流、现代制造、教育科技、传统文化、美丽宜居的特色小镇。

专栏 2.6　特色小镇①

　　特色小镇是具有明确产业定位、文化内涵、旅游和一定社区功能的发展空间平台，融合了产业、文化、旅游和社区四大元素，重点发展农业、物流、教育、科技、健康等产业领域。特色小镇一方面能优化产业结构，推进农业供给侧改革；另一方面可以加快城镇化进程，提高农村生活水平。

　　2014 年，浙江省首次提出"特色小镇"的概念，并将其作为重点工作，建立了余杭梦想小镇、丝绸小镇、云栖小镇等。2016 年，特色小镇在全国范围内推广，中央出台了《关于加快美丽特色小（城）镇建设的指导意见》，并充分发挥了金融在其中的作用。在先后发布两批次特色小镇后，2018 年，国家发展和改革委员会发布了《关于建立特色小镇和特色小城镇高质量发展机制的通知》。北京、上海、四川等地均出台了相关政策，河北、安徽等地还设置了特色小镇专项基金、奖金奖励等。专栏图 2.6.1 展示了特色小镇由探索到推广的过程。

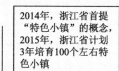

| 2014年，浙江省首提"特色小镇"的概念，2015年，浙江省计划3年培育100个左右特色小镇 | | 2017年，公布第二批276个特色小镇名单，提出了96个体育特色小镇试点名单 |

2016年，中国计划引导扶持发展近1000个特色小镇，并公布第一批127个特色小镇名单

专栏图 2.6.1　特色小镇由探索到推广的过程

① 2017 年我国特色小镇发展背景与相关政策分析. http://zhengce.chinabaogao.com/fangchan/2017/06212v0462017.html[2019-06-20]；中央经济工作会议首提特色小镇，深意何在？. http://www.xinhuanet.com/info/2017-12/21/c_136842257.htm[2019-06-20]；重磅：2017 上半年上市公司特色小镇项目汇总分析. http://www.askci.com/news/chanye/20170627/153452101676.shtml[2019-06-20].

除了政府机构的支持外,银行和企业也纷纷加入特色小镇的建设中。第一批特色小镇可以申请国家开发银行和中国建设银行的信贷支持,对于纳入全国小城镇建设项目储备库的优先推荐项目可以优先申请国家开发银行的中长期信贷支持。多家地产巨头参与了特色小镇项目,万科企业股份有限公司打造了华大生命健康小镇、军庄镇农业小镇、正定特色文化小镇;碧桂园五年内投资了 1000 亿元打造了惠州潼湖创新小镇,恒大集团建造了兰州国家足球特色小镇、恒大欧洲足球特色小镇。

6. 必须创新乡村治理体系,走乡村善治之路

乡村是我国最基本的治理单元,必须加强农村基层基础工作,建立健全党委领导、政府负责、社会协同、公众参与、法治保障的现代乡村社会治理体制,健全自治、法治、德治相结合的乡村治理体系。通过政策引导来加强乡村的治理建设,坚决将"村霸"和恶势力排除在村民委员会成员候选人之外。要建立健全乡村治理责任,加快推进乡村治理现代化,走乡村善治之路,给农民一个公平、公正、民主的农村。

7. 必须打好精准脱贫攻坚战,走中国特色减贫之路

精准脱贫①是实施乡村振兴战略的优先任务,根据 2019 年政府工作报告,2018年农村贫困人口减少 1386 万②,扶贫减贫初见成效。精准扶贫首先在于精准二字,具体来说就是扶持对象精准、项目安排精准、资金使用精准、措施到户精准、因村派人精准、脱贫成效精准。其次,要不断拓宽扶贫渠道,通过产业扶贫、教育扶贫等方式,高质量完成精准脱贫攻坚任务。产业扶贫是指以市场为导向,以经济效益为中心,以产业发展为杠杆的扶贫开发过程。产业是脱贫之基、富民之本、致富之源,一个地方要发展,就必须有产业的支撑。

贫困地区可以通过各类基地(园区)带动、龙头企业③带动、农民合作社带动、能人大户带动和贫困群众自我发展模式,推动形成"一村一品",实现持续稳定

---

① 2014 年 12 月 11 日闭幕的中央经济工作会议表示,在扶贫方面,要求实现精准脱贫,防止平均数掩盖大多数,要求更加注重保障基本民生,更加关注低收入群众生活。

② 政府工作报告——2019 年 3 月 5 日在第十三届全国人民代表大会第二次会议上. http://www.gov.cn/zhuanti/2019qglh/2019lhzfgzbg/index.htm[2019-06-20].

③ 龙头企业是指在某个行业中,对同行业的其他企业具有很深的影响、号召力和一定的示范、引导作用,并对该地区、该行业或者国家做出突出贡献的企业。

增收。壮大优势特色产业，打通扶贫农产品上行"最后一公里"，积极探索电商扶贫新模式，如专栏 2.7 所示。

专栏 2.7 农村淘宝获中国精准扶贫奖①

农村淘宝走上了一条数字化电商脱贫之路，并获得了中国精准扶贫奖。阿里巴巴网络技术有限公司（简称阿里巴巴）一年助销 541 亿元国家级贫困县农产品，一方面，打造"直供直销"供应链体系，让贫困县优质农货直达城市餐桌；另一方面，通过消费大数据分析，指导农业生产，帮助地方政府寻找、培育和壮大特色产业。2017 年 8 月，阿里巴巴专门打造了兴农扶贫频道，以支持国家精准脱贫。该频道采取政企共建模式，县级政府负责推荐当地优质农产品及运营企业，阿里巴巴则负责在淘宝、天猫、农村淘宝、聚划算等线上平台，以及盒马、大润发、易果、银泰等线下新零售渠道销售。2018 年，阿里巴巴兴农扶贫在全国 19 个省份落地，阿里全平台销售农产品超过 49 亿件，培育农产品品牌 1292 个，打造百万元单品 16 000 个，千万元单品 800 余个，其中国家级贫困县在阿里巴巴电商平台的商品交易总额已经达到 541 亿元。

阿里巴巴巧妙运用直播的方式帮助农产品走出去。根据阿里巴巴数据，2016～2018 年，阿里巴巴经济体助农平台先后培育"农民主播"达 10 万名。在首届农民丰收节，农村淘宝联合淘宝直播做了超过 7 万场直播活动，观看人数达到 1.8 亿人次，成交农产品 2.8 亿件，并沉淀出"贫困县县长+网红主播"的直播扶贫模式。

思考题

1. 你对中国乡村有多少了解？根据本章所学，乡村振兴应该从哪些方面入手，结合你对中国乡村的了解，提出自己的看法。

2. 中国发展现代农业的特色在哪里？你认为乡镇企业在中国乡村的地位是怎样的，乡镇企业未来将怎样发展？

---

① 农村淘宝获中国精准扶贫奖. http://www.sohu.com/a/285461622_115479[2019-06-20]；来了！看看阿里巴巴 2018 年扶贫做了啥. http://dy.163.com/v2/article/detail/E5DSLE 850518SDDV.html[2019-06-20]；直播卖千万农产品：农村淘宝覆盖全国 900 余县. https://www.admin5.com/article/20181207/888545.shtml[2019-06-20].

第三章　重塑活力的国有经济

　　国有企业是壮大国家综合实力、保障人民共同利益的重要力量，必须理直气壮做强做优做大，不断增强活力、影响力、抗风险能力，实现国有资产保值增值。

——习近平于全国国有企业改革座谈会

2016 年的《财富》世界 500 强排行中国家电网公司位列第二，超过中国石油天然气集团有限公司，成为中国第一大中央企业，国家电网公司在境外的投资全部盈利，可谓"百战百胜"。为了中国经济的综合发展，国家电网公司正在承担着一系列的社会责任，如国家电网公司长期投入在青海、西藏等地区的偏远农村的电网建设中。在青海，电网范围覆盖到了偏远的山间村落乃至几里地只有一户人家的草原，可是国家电网公司对此付出的人力、资源和金钱却很少有人注意到。国家电网公司工作人员曾感慨"坊间都说我们是垄断企业。如果守住西宁城和周边地区，我们会有很好的盈利，可是周边广大的山区和牧区怎么办？"青海的偏远牧区存在一个天然的难题，牧户之间的距离至少有一公里，平均每户通电的费用最高可达 10 万元。在青海的众多贫穷地区，国家电网公司因此而承担了更为厚重的责任。"只有通上了电，贫困地区才能发展产业，才能真正实现脱贫。"这是国家电网公司在扶贫之路上不变的信念和坚持。在海拔 4000 多米的青海省玛多县玛查理镇幸福牧家小区，昂赛欣喜地讲述通电后的变化，"自 2016 年用上大电网的电以后，我就买了两台搅拌机，把牧民多余的牛奶收购回来后，专门制作酥油"。原来骑马放牧的昂赛，是村里第一个把酥油变成商品产生经济效益的人。多年来，国家电网公司统筹城乡电网发展，提供电力普遍服务，着力提高偏远贫困地区农村电网供电保障能力，以电力扶贫带动和辐射产业扶贫，使电力扶贫成为改善贫困地区生产生活条件的关键举措，成为精准脱贫的重要动力。实际上，国有企业一直承担着国家重大战略社会责任，2015 年底，中国社会科学院企业社会责任研究中心发布的《中国企业社会责任报告白皮书（2015）》中指出，连续 5 年来国有企业都是社会责任报告发布的主力军。在扶贫领域，国务院国有资产监督管理委员会发布的数据显示，106 家国有企业结对帮扶了遍及 21 个省份的 246 个贫困县，占全国 592 个国家扶贫开发工作重点县的 42%，是中国消除贫困的重要力量。[①]

---

① 国企，社会责任的先行者——国企履行社会责任调研. https://finance.ifeng.com/a/20161226/15103277_0.shtml [2019-06-20]；国企社会责任报告发布 连续多年领先民营企业. http://legal.people.com.cn/n1/2015/1227/c188502-27980643.html[2019-06-20]；国家电网：履行社会责任 全力服务民生. http://www.cec.org.cn/yaowenkuaidi/2017-10-18/174092.html[2019-06-20].

第一节　国有经济的地位和作用

《中华人民共和国宪法》第七条规定，国有经济，即社会主义全民所有制经济，是国民经济中的主导力量。国家保障国有经济的巩固和发展。国有经济在中国的国计民生中占据主体地位，起着主导作用，这主要表现在对国民经济发展的正确导向以及对经济运行整体态势的控制和影响上。

一、国有经济的由来

即使在美国等西方国家，也存在很多由政府投资并管理的企业。例如，美国国家铁路客运公司（常用商标为 Amtrak）对国会负责，类似的公司在美国被称为联邦公司，在本质上相当于中国中央直属的国有企业。此外，各州政府（议会）管辖很多公共企业，如马萨诸塞州海湾交通管理局（Massachusetts Bay Transportation Authority），负责运营州内的通勤火车、地铁、公交、轮渡等，在本质上与中国地方政府管辖的国有企业完全一样。

西方发达国家的国有企业主要集中在能源、基础设施等领域，但一些发展中国家或"追赶型"经济体，国有经济的比重相对较高，国有企业经营的领域也更广泛。例如，新加坡淡马锡公司采用私人公司的形式运作，但管理的是国有资产，据某些媒体估算，新加坡淡马锡公司持有的股票市价占整个新加坡股票市场的47%，可以说几乎主宰了新加坡的经济命脉[1]。事实上，讲到国有企业改革，就会提及借鉴新加坡淡马锡公司的经验[2]。

在新中国成立初期，落后的中国为了迅速追赶发达国家，迫切想在一个很短的时间内形成相对完整的工业体系和国防体系，因此选择优先发展重工业。为了实现这个目标，政府有必要把全社会的资源集中起来，通过国有企业的形式，直接执行政府的指令，发展国家战略需要的重点领域，进而使得大量的国有企业应运而生。受马克思主义经济理论和苏联的影响，中国政府对国有企业的偏好更加强烈，通过

---

① 中国企业学不会的淡马锡：全球投资界的神话. http://www.sohu.com/a/239998939_788093[2019-06-20].

② 李荣融：淡马锡经验对中国国企改革的启示. http://m.sohu.com/a/116592335_460385[2019-06-20].

20 世纪 50 年代的社会主义改造，以公私合营等形式将很多私营部门收归国有。在改革开放前，乃至到 20 世纪末，国有企业一直都是中国政府重点支持发展的对象。

改革开放后，政府向市场下放经济权力，一些原来的政府部门转变为国有企业运作，如原来的邮电部，在 20 世纪 90 年代末 21 世纪初改组成为中国电信、中国移动等电信企业。同时，国有银行也发生了一系列变化，如专栏 3.1 所示。

专栏 3.1　国有银行的前世今生[①]

1979 年以前，中国实施计划经济，国内只有中国人民银行一家银行，几乎承办了所有的金融业务，当时的中国人民银行既是货币政策的制定者，又是所有信贷业务的承担者，统存统贷，存贷款利率由中国人民银行统一制定。中国人民银行垄断了整个金融业，银行业处于完全垄断市场。

1979～1984 年，中国工商银行、中国农业银行、中国银行、中国建设银行四家专业银行（商业银行的前身）成立，打破了中国人民银行完全垄断的市场格局，中国人民银行被赋予专门行使中央银行的职责。四大专业银行之间专业分工较为严格，客户服务对象相对固定、互不交叉，分别在工商企业、农村、外汇和基本建设四大领域的金融业务中占有绝对的垄断地位，不存在竞争对手，如中国农业银行对农村业务的占有量达 95%以上。专业银行虽具有信用中介、支付中介等功能，为企业和个人提供基本的存贷款服务，但当时中国经济发展较慢，银行功能也较难发挥，再加上专业银行还承担着大量的国家政策性使命，因此当时的四大专业银行也只是充当国家经营货币业务的部门。

1987～1988 年，一大批股份制银行创立，大大促进了专业银行积极参与市场竞争。专业银行信贷业务突破了原来的短期信贷领域，向中长期信贷领域扩张；业务交叉经营，扩大了对客户的服务范围——中国工商银行下乡、中国农业银行进城、中国银行上岸（开办国内业务）、中国建设银行进厂（发放周转性贷款），专业银行的服务功能不断增强，纷纷开办信托业务，从事风险较高的证券投资和揽存放贷等活动。政府主导的强大政策偏向，导致四大专业银行存在大量不良贷款和呆账、坏账。

---

① 一图看懂中国所有银行的前世今生！. http://www.sohu.com/a/253715867_99977119 [2019-06-20]；改革开放 40 年中国银行业的发展. http://www.bjqx.org.cn/qxweb/n392055c 1483.aspx[2019-06-20]；改革开放：银行业的激荡 40 年. http://www.sohu.com/a/282696189_ 100042088[2019-06-20].

　　1994 年，国家开发银行、中国农业发展银行和中国进出口银行三大政策性银行成立，承担了四大专业银行的部分政策性业务，四大专业银行开始作为国有独资商业银行真正从事商业性金融业务，实现国有专业银行向商业性银行的转变。1995 年《中华人民共和国商业银行法》的颁布实施促使四大专业银行开始向更具商业功能的银行转变，为更具市场化的银行业竞争奠定了基础。

　　2001 年中国加入世界贸易组织，承诺金融完全放开，国有商业银行向国有股份制银行转变的步伐明显加快。2004 年 1 月，国务院动用 450 亿美元的国家外汇储备，分别以 225 亿美元补充中国银行和中国建设银行股份制改造所需的资本金；2004 年 5 月和 6 月，中国银行和中国建设银行两次向信达资产管理公司和东方资产管理有限公司剥离不良资产，同年 8 月和 9 月成立中国银行股份有限公司和中国建设银行股份有限公司。

　　2006 年 6 月和 7 月，中国银行分别在中国香港和中国内地成功上市；2006 年 10 月，中国工商银行以 A+H 股同步发行、同步上市的方式，成功在香港和上海上市。国有商业银行逐渐走上了"商业化—股份改造、引进战略投资者—上市"这一渐进的发展道路。2008 年 6 月，中国工商银行已成为世界上最盈利的银行，中国工商银行、中国农业银行、中国银行、中国建设银行跻身于世界前三十大银行之列，如专栏表3.1.1 所示。

专栏表 3.1.1　中国四大行相关信息

银行名称	商标	世界 500 强排名	总资产/10^6美元	营业收入/10^6美元	利润/10^6美元	主营业务
中国工商银行		26	4 005 995.5	153 021.3	42 323.7	工商信贷业务
中国农业银行		40	3 233 013.2	28 550.4	122 365.5	农业开发和建设
中国银行		46	2 989 469.3	25 509.2	115 422.7	涉外信贷
中国建设银行		31	3 397 479.0	35 845.2	138 594.1	基本建设投资

资料来源：2018 年财富世界 500 强排行榜. http://www.fortunechina.com/fortune500/c/2018-07/19/content_ 311046.htm[2019-06-20]

二、国有企业的历史发展

新中国成立之初，中国以苏联模式①为模板，初步建立起高度集中的计划经济体制。计划经济是指建立在单一生产资料公有制基础之上，由政府通过行政手段，采取指令性计划配置资源的经济形态或经济体制。在计划经济体制下，为了实现资源的行政化配置，以解决社会生产什么、生产多少、如何生产、为谁而生产等问题，就必须建立一个庞大的由中央到地方的配置资源的各级政府。当时，国营企业在国家恢复生产、振兴经济的过程中发挥了难以替代的作用。

新中国成立初期的国营企业产生于计划经济背景下，计划经济时期的国营企业必然成为各级政府的附属物，形成"计划统包统揽，物资统配统价，职工统进统出，工资统级统调，财政统收统支"的大一统体制。计划统包统揽是指企业的一切经营活动，哪怕生产一颗螺丝钉、一粒纽扣，都必须纳入国家计划，否则就不能生产。当时普遍流行"计划就是法律"的说法，完不成计划或者不严格按照计划进行生产经营活动，都是违法行为，都要被追究责任。物资统配统价是指企业从事生产经营活动所需要的一切生产资料，包括机器设备和原材料等都要由国家统一分配、统一定价，并指定具体企业给予供应。职工统进统出，工资统级统调是指企业所需要的职工，都要由国家劳动和人事部门统一确定招收指标，并由企业按照分配到的招工指标，对特定的招工对象进行招收，职工退出企业，包括调动、退休、离职、辞退、开除等也都要经过政府主管部门批准，同时职工的工资级别和工资数额也要按照国家的统一规定执行。财政统收统支是指企业生产经营活动所需要的资金，包括固定资金和流动资金，都要由国家根据企业的生产经营活动统一核定、统一拨付。企业生产的产品全部交由国家统一计划调拨，企业除向国家缴纳营业税外，税后利润也都全部上缴国家，如果企业亏损，则全部由国家财政统一予以弥补，总之就是一个"统"字。在这种大一统的政策下，企业完全失去了作为自主经营、自负盈亏的经济组织的本来意义。这就是计划经济体制下"职工吃企业大锅饭，企业吃国家大锅饭"的国有企业制度。

---

① 从经济上来看，苏联模式表现为一个高度集中的计划经济体制，它以国家政权为核心，以党中央为领导者，以各级党组织为执行者，以国家工业发展为唯一目的，以行政命令为经济政策，以行政手段为运作方式。总之，这是一个有鲜明特点的经济体制，它限制商品货币关系，否定价值规律和市场机制的作用，用行政命令甚至暴力手段管理经济，把一切经济活动置于指令性计划之下。它片面发展重工业，用剥夺农民和限制居民改善生活的手段，达到高积累多投资的目的。

经过 1978～2017 年的不断探索和艰苦努力，中国的国有企业已从实行上述传统的"五大统一"的计划经济体制下的国有企业制度，转变为实行社会主义市场经济体制下的自主经营、自负盈亏的现代企业制度。著名经济学家蒋一苇 1979 年提出的"企业本位论"主张从改革国有企业入手，即按照解放生产力，发展生产力的要求，对传统国有企业逐步加以改革改造，并在改革改造国有企业的同时，以发展和解放企业生产力的要求为基准，逐步改革和构建宏观经济体制。1984 年 10 月，中国共产党第十二届中央委员会第三次全体会议通过的《中共中央关于经济体制改革的决定》，充分肯定了这种说法，从此国有企业就在"摸着石头过河"，在改革的实践中不断探索前进。回顾 1978～2017 年国有企业改革的历史进程，大致经历了以下几个阶段，如图 3.1 所示。

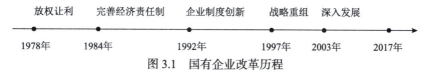

图 3.1　国有企业改革历程

1. 1978～1984 年：放权让利阶段

改革开放之前，国营企业在高度集中的计划经济体制下，是政府主管部门的附属物，是执行政府计划任务指令的一个生产单位，并不具备自主经营权，运营管理都完全依靠政府计划任务指令和行政调拨，这就使得生产和社会需求严重脱节，生产经营积极性严重受挫。

（1）利润留成

国营企业改革在起步探索阶段以"扩权让利[①]"为重点。1978 年 10 月，经国务院批准，四川省重庆钢铁公司、成都无缝钢管厂、宁江机械厂、四川化工厂、新都县氮肥厂和南充钢铁厂[②]共 6 家企业作为试点率先扩大企业自主权，揭开了国营企业改革的序幕。扩大企业自主权的第一步就是给 6 家试点企业一个"增产增收"的年度指标，完成指标后允许提留少量利润并给职工发放少量奖金，期望打破国家对企业的统收统支的分配体制，给企业一定独立的经济利益。1979 年 7 月 13 日，国务院下达了《关于扩大国营企业经营管理自主权的若干规定》等五个改

---

① 扩权让利是指扩大国有企业自主权和建立国有企业利润留成制度的改革。
② 国企改革 40 年回眸（2018-12）. http://www.cec-ceda.org.cn/cecm/view.php?id=5972[2019-06-20].

革管理体制的文件,选择在首都钢铁公司等 8 家企业进行扩大自主权试点。随后,扩大自主权试点在全国逐渐展开,全国试点企业到 1980 年 6 月底已经超过 6000家。国务院批准从 1981 年起,把扩大企业自主权的工作在国营工业企业中全面展开,在人、财、物、产、供、销等方面扩大企业的自主权。试点首先对企业实行利润留成制度,包括全额留成和超额留成。全额留成是指企业实现的全部利润都按一定的比例留给企业;超额留成是指核定企业实现利润的定额(一般以企业上年实际实现的利润为准),定额以内的利润不留成或少留成,超定额的部分留成或多留成。企业的留利资金按照一定的比例,形成企业的生产发展基金、福利基金和奖励基金,用于企业的生产发展、职工福利和奖励等。实行利润留成制度的最困难之处在于,利润留成比例和利润定额的确定问题。就留成比例而言,由于当时企业的盈利水平并不完全取决于企业自身的主观努力,按照同一个比例留成,既不合理,也不可行,而且还有少数亏损企业,更无法采取利润留成的办法。利润定额的确定同样存在类似问题。因此,最终只能采取一个企业一个比例或一个定额的办法,这不仅给管理带来了很大的困难,而且在确定留成比例和利润定额时,为了照顾左邻右舍的关系,还必须充分考虑企业的盈利水平,企业盈利水平越高或上缴利润定额越高,留成比例就越低,进而不能很好地起到激励先进的作用。尽管如此,但比起以往完全统收统支的分配制度还是大大前进了一步。

(2)盈亏包干[①]

随着改革的不断深入,针对利润留成中存在的弊端,同时为了确保国家财政收入任务的完成,1981 年山东省率先在国营工业企业实行了以利润包干为主要内容的经济责任制。利润包干是指把利润留成改为一定的利润上缴基数,利润上缴任务完成后,剩余的利润全部留给企业。与利润留成相比,利润包干不仅对国营企业的激励更大,而且更加有利于国家财政收入任务的完成,同时,对亏损企业也可以通过采取包亏的办法予以激励。1981 年底,全国工业交通工作会议在山东省济南市召开,会议学习和推广山东省实行工业经济责任制的经验,经济责任制由此在全国开展起来。由于利润包干同样需要确定每个企业利润上缴的基数,管理起来仍然十分繁杂,而且包干基数的确定仍然要考虑企业上年实际上缴利润的

---

① 企业盈亏包干是国家对企业实行经济责任制,在分配方面曾经采用的一种形式,即根据企业的盈亏情况,确定上缴国家的包干基数或补贴企业的基数。

数额，上年实际上缴的数额越高，核定的上缴基数就越高。

（3）利改税

1983 年，国务院决定全面停止以利润分成为主的经济责任制，全面实行利改税。利改税是指把以往企业上缴营业税后，以利润形式上缴国家的纯收入也改为税收上缴，这不仅可以更好地发挥税收的调节作用，而且也有利于规范国家和企业的分配关系。利改税在具体实施时又被分为第一步利改税和第二步利改税两步，具体情况如图 3.2 所示。经过利改税的调整，中国初步建立起适应多种经济形式、多种经营方式的多税种、多环节、多层次调节的税制体系。应该说，利改税是改革开放后我国工商税制的一次比较全面的改革。其主要缺陷是，企业调节税的征收仍然存在"鞭打快牛"的问题，不利于企业之间的公平竞争。

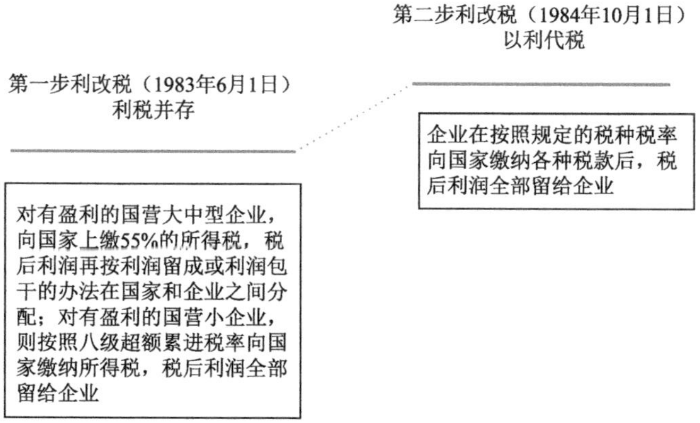

第二步利改税（1984年10月1日）
以利代税

企业在按照规定的税种税率向国家缴纳各种税款后，税后利润全部留给企业

第一步利改税（1983年6月1日）
利税并存

对有盈利的国营大中型企业，向国家上缴55%的所得税，税后利润再按利润留成或利润包干的办法在国家和企业之间分配；对有盈利的国营小企业，则按照八级超额累进税率向国家缴纳所得税，税后利润全部留给企业

图 3.2　利改税分两步走

2. 1985～1992 年：完善经济责任制阶段

1984 年 3 月，《福建日报》刊登了福建国营骨干企业 55 位厂长的呼吁书《请给我们松绑》，要求国营企业进一步放权。5 月，国务院发布《关于进一步扩大国营工业企业自主权的暂行规定》，进一步下放权力；10 月，中国共产党第十二届中央委员会第三次全体会议通过了《中共中央关于经济体制改革的决定》，提出增强企业活力是经济体制改革的中心环节，要确立国家和全民所有制企业之间的正确关系，扩大企业自主权，强调所有权和经营权是可以适当分开的。

在所有权与经营权分离的条件下，出现了承包经营责任制、租赁制①、资产经营责任制②等多种搞活企业的经营方式。

承包经营责任制的推广源于 1984 年，"承包国营企业第一人"马胜利毛遂自荐承包石家庄造纸厂并使其转亏为盈。承包经营责任制是一种企业经营制度，是在国营企业全民所有的前提下，坚持企业所有权和经营权适当分离的原则，以承包经营合同的形式，在确定国家与企业责权利关系的同时实现企业自主经营、自负盈亏。到 1987 年底，全国预算内全民所有制企业有 78%实行了承包经营责任制③。承包经营责任制的主要内容和形式是"两包一挂"，也就是企业向国家包上缴利润和技术改造任务的完成，国家对企业实行工资总额与经济效益挂钩。包上缴利润和技术改造任务的完成，这些都可以通过承包合同明确确定下来，但实行工资总额与经济效益挂钩，就涉及对经济效益指标的确定和考核问题，这些指标包括产量、品种、质量、资产增值率、劳动生产率、设备完好率、安全生产等，而且随着承包经营责任制的全面推行，考核指标还有逐步增多的趋势，因此企业的经营自主权不仅没有继续扩大，反而出现收缩的情况。

国营企业改革更加强调所有权和经营权适当分离下的企业经营机制的探索。一方面，继续完善实施企业经营责任制，1990 年，第一轮承包到期预算内工业企业有 3.3 万多家，占全部承包企业总数的 90%，以此为基础，1991 年第一季度末开始签订第二期承包；另一方面，积极探索租赁制、股份制等各种形式的经营机制模式，尤其是自 1984 年 7 月北京天桥百货股份有限公司成立以来，股份制试点

---

① 租赁制是我国国有企业的一种经营责任制，主要是指企业资产所有者将企业有期限、有条件、有偿地出租给使用者的一种经营方式和企业经营制度。其基本特征是所有权和经营权完全分离。在社会主义条件下，实行租赁制必须兼顾国家、企业、职工和承租方的利益。无论是出租方，还是承租方都必须执行国家的方针政策和法律法规，接受政府有关部门的监督。租赁制可以采取个人承租、合伙承租、全员承租、企业承租以及国家允许的其他承租经营形式。出租方通过招标投标方式选择承租方，并在自愿、平等、协商一致原则的基础上，用书面形式订立租赁经营合同。合同具有法律约束力。

② 资产经营责任制即资产经营承包责任制，是按照两权分离的原则，要求经营者的全部行为与国有资产保值、增值挂钩，通过签订承包合同，以资产关系处理利益关系，确定国家与地勘单位双向责、权、利的责任制形式。基本内容如下：其一，资产评估。对由国家投资决策所形成的企业资产进行模拟市场的社会评估，以解决现有资产实际效能与名义价格背离的矛盾。评估中，国家以明确的奖惩办法扶植专业化的或达到规模经济要求的企业和企业集团，调整企业的规模和协作结构。其二，收益分享。国家对国有资金及其增值具有无条件的法律所有权。据此分享全部国有资金的收益。其三，经营责任。在资产评估和分享原则确立之后，对企业运用资产的权利和责任的规定。

③ 国企改革 30 余年历程回顾 顶层设计出台开启新篇. http://news.hexun.com/2015-09-13/179058749.html[2019-06-20].

日益增多，1991 年全国已经有 3220 家股份制试点企业，1992 年底有 3700 家试点企业，其中 92 家在上海证券交易所上市①。

3. 1993～1997 年：企业制度创新阶段

实行以"两权分离"为主要特征的承包经营责任制，虽然在一定程度上调动了企业的生产积极性，促进了企业的发展，但国有企业经营中的根本问题尚未得到解决。1993 年 11 月，《中共中央关于建立社会主义市场经济体制若干问题的决定》为此前的国有企业改革进行了概括："十几年来，采取扩大国有企业经营自主权、改革经营方式等措施，增强了企业活力，为企业进入市场奠定了初步基础"，并要求"继续深化企业改革，必须解决深层次矛盾，着力进行企业制度的创新"。同时，首次提出"建立现代企业制度，是发展社会化大生产和市场经济的必然要求，是我国国有企业改革的方向"，要求"进一步转换国有企业经营机制，建立适应市场经济要求，产权清晰、权责明确、政企分开、管理科学的现代企业制度"。从本质上看，现代企业制度就是规范的现代公司制度，因此建立现代企业制度的提出，又开启了以公司制改革为核心的战略阶段。这一阶段，改革的重点是引导国有企业确立与市场经济相匹配的资本和产权观念，建立现代企业制度。

1993 年中国共产党第十四届中央委员会第三次全体会议以后，国有企业改革以建立现代企业制度为发展方向。1994 年 11 月，国务院批准了 100 家中央企业和 2343 家地方企业实行现代企业制度试点，到 1997 年，100 家中央企业中有 93 家转为公司制企业，其中多元股东持股的公司制企业有 17 家；2343 家地方企业中有 1989 家转为公司制企业，其中 540 家转为股份有限公司、540 家转为有限责任公司、909 家转为国有独资公司，这些公司制企业中 71.9% 的企业组建了董事会，63% 的企业成立了监事会，总经理由董事会聘任占 61%。1997 年中国共产党第十五次全国代表大会以后，国家提出要用三年左右的时间推进现代企业制度在大多数国有大中型骨干企业的实施。到 2001 年底，4371 家重点企业中有 3322 家企业实行了公司制改造，改制企业中有 74% 采用股权多元化形式，没有采用国有独资公司形式①。

---

① "新国企"是怎样炼成的——中国国有企业改革 40 年回顾. http://m.sohu.com/a/218341408_673573[2019-06-20].

4. 1998～2003 年：战略重组阶段

1998 年亚洲金融危机发生，中国经济进入需求不足的经济周期，国有企业的经济情况也不容乐观。在这一背景下，中国共产党第十五次全国代表大会和中国共产党第十五届中央委员会第一次全体会议提出，用三年左右的时间，使大多数国有大中型亏损企业摆脱困境，力争到 20 世纪末大多数国有大中型骨干企业初步建立现代企业制度[①]。1999 年下发的《中共中央关于国有企业改革和发展若干重大问题的决定》为国有企业改革做出具体部署，从战略上调整国有经济布局；坚持有进有退，有所为有所不为；坚持"抓大放小"；继续对国有企业实施战略性改组。经过努力，国有企业三年脱困的目标基本实现。根据国家统计局发布数据，到 2000 年底，1997 年亏损的 6599 家国有及国有控股大中型企业，已有 70%以上扭亏为盈；2000 年国有及国有控股工业企业实现利润 2392 亿元，为 1997 年的 2.9 倍。

2002 年 11 月，中国共产党第十六次全国代表大会提出，继续调整国有经济的布局和结构，改革国有资产管理体制，是深化经济体制改革的重大任务；建立中央政府和地方政府分别代表国家履行出资人职责，享有所有者权益，权利、义务和责任相统一，管资产和管人、管事相结合的国有资产管理体制；中央政府和省、市（地）两级地方政府设立国有资产管理机构。2003 年，国务院国有资产监督管理委员会挂牌成立，各级国有资产监督管理委员会也随之建立，国有企业多头管理、无人负责的时代正式成为过去，同时依靠委托-代理关系建立起对国有企业经营者的激励约束机制，切断了其他政府部门对国有企业的直接干预，初步实现了出资人职能的一体化和集中化。

5. 2004～2017 年：深入发展阶段

2005 年 4 月，中国证监会启动了股权分置改革[②]试点工作。到 2006 年末，股权分置改革基本完成，资本市场的功能逐渐回归，资本市场成为全国优质资产的吸纳器，为国有企业改革提供了一个全国范围的资源配置平台，企业之间的大额

① 中共中央关于国有企业改革和发展若干重大问题的决定. http://www.china.com.cn/chinese/archive/131784.htm[2019-06-20].

② 股权分置：A 股市场上上市公司的股份分为流通股与非流通股。流通股是指由股东所持向社会公开发行的股份，同时能在证券交易所上市交易；非流通股是指在公开发行前股份暂不上市交易。这种同一上市公司股份分为流通股和非流通股的股权分置状况，为中国证券市场所独有。

换股并购有了可能。这对于国有经济的战略性结构调整、非公资本参与国有企业改制、产业整合、上市公司做优做强，都产生了积极的影响。

2013 年国有企业改革进入全面深化改革时期。2013 年 11 月，中国共产党第十八届中央委员会第三次全体会议通过《中共中央关于全面深化改革若干重大问题的决定》，就下一步国有企业改革提出新的论断，包括"积极发展混合所有制经济""以管资本为主加强国有资产监管""准确界定不同国有企业功能""国有企业要合理增加市场化选聘①比例"等诸多重要内容。2014 年以来，国务院国有资产监督管理委员会在中央企业启动"四项改革"试点，同时，地方版的国有企业改革也在不断推进。据中国新闻网记者不完全统计，2015 年至少已有上海等 20 多个省份明确出台了国资国有企业改革方案②。进入 2015 年，国有企业改革全面推进，先后通过了《中央管理企业负责人薪酬制度改革方案》《关于在深化国有企业改革中坚持党的领导加强党的建设的若干意见》《国务院办公厅关于加强和改进企业国有资产监督防止国有资产流失的意见》，为全面深化改革提供了强有力的支撑。

三、国有企业的委托-代理问题

国有企业改革的不断实践加深了人们对国有企业的认识，时至今日，以张维迎为代表的大部分经济学家认为，国有企业的问题主要是委托-代理问题。20 世纪 30 年代，美国经济学家伯利（Berle）和米恩斯（Means）提出委托-代理理论，发现企业所有者兼具经营者的做法存在极大的弊端，在委托-代理的关系中，由于委托人（所有者：老板、股东、东家）与代理人（经营者：总经理、掌柜）追求的利益不同，委托人追求个人财富最大化，而代理人追求个人工资津贴收入、奢侈消费和闲暇时间最大化，这必然导致两者产生利益冲突，在没有有效的制度安排下代理人的行为极有可能损害委托人的利益，容易造成委托-代理问题。其实委托-代理问题很普遍，只要是所有权和经营权相分离，不管是国有企业还是其他企业，不管是中国企业还是外国企业，只要是规模较大的企业所有者大多已不能自己经营企业，必须委托一个有才能的人经营管理企业，进而产生了所有权和经营权的分离，这种分离导致所有者和经营者之间出现利益不对称问题，容易出现经

---

① 市场化选聘区别于行政化任命，在市场上通过正常的招聘渠道进行经理人的选择聘用。

② 国企改革 30 余年历程回顾 顶层设计出台开启新篇. http://www.chinanews.com/cj/2015/09-13/7520787.shtml [2019-06-20].

营者的道德风险、管理松懈和自主自立等代理问题。即使是成熟的市场经济国家，这个问题也没有彻底解决，如美国股市的监管公认是全球最规范、最严格的，但也冒出了安然事件，如专栏 3.2 所示。

专栏 3.2 安然事件[①]

安然事件是指发生于 2001 年的美国安然（Enron）公司破产事件，是美国历史上企业第二大破产案。安然公司曾经位列《财富》杂志"美国 500 强"的第七名，但是，2001 年 12 月 2 日，安然公司突然向纽约破产法院申请破产保护。2001 年初，一家有着良好声誉的投资机构首席执行官（chief executive officer，CEO）吉姆·切欧斯公开对安然公司的盈利模式表示怀疑。查看安然公司的财务报告可以发现，2000 年第四季度，"公司天然气业务成长翻升 3 倍，公司能源服务公司零售业务翻升 5 倍"；2001 年第一季度，"季营收成长 4 倍，是连续 21 个盈余成长的财季"……所有投资者为此欣喜，因为在安然公司，衡量业务成长的单位不是百分比，而是倍数。到了 2001 年第二季度，安然公司突然亏损了，而且亏损额甚至高达 6.18 亿美元！但是安然公司的高管却在每个季度费尽心思地掩盖亏损、虚增利润，以至到了不能自拔的地步。安然公司的股价屡创新高，而高管利用内部消息大肆炒作股票，操纵股价交易，使自己和朋友的上亿美元股本稳赚不赔，而安然公司和其他不知情的股票投资者却为此付出了惨痛的代价。直到 2001 年 11 月 28 日，公众才了解安然公司一直在隐藏其经营亏损，而这时安然公司的股价已经跌破 1 美元。

中国国有企业委托-代理问题的根源在于所有权和控制权的分离，同时国家强加给国有企业的各种政策性负担也加重了中国国有企业的委托-代理问题。

1. 多重委托-代理问题

与其他所有制企业不同，国有企业归全民所有，由国家代表全国人民行使资产所有权职能。然而国家不同于自然人和企业法人，并不能直接履行委托人的职能，只能借助政府行政体系的力量来实现国有企业的委托人职能，政府再

---

① 安然事件. https://baike.sogou.com/v254945.htm?fromTitle=%E5%AE%89%E7%84% B6%E4%BA%8B%E4%BB%B6 [2019-06-20]；美国安然公司破产案始末. http://www.pinlue.com/article/2018/09/1614/437224114142.html [2019-06-20]；安然事件，美国商业史上最大的骗局！. https://www.souid.com/archives/132391.html[2019-06-20].

进一步委托国有企业经理人经营国有企业，进而形成了多重委托-代理关系，具体参考专栏 3.3。

专栏 3.3　斯蒂芬·罗斯的委托-代理理论[①]

20 世纪 30 年代，美国经济学家伯利和米恩斯因为洞悉企业所有者兼具经营者的做法存在极大的弊端，于是提出委托-代理理论，倡导所有权和经营权分离，企业所有者保留剩余索取权，而将经营权利让渡。1973 年，斯蒂芬·罗斯发表了《代理经济理论：委托人问题》一文，最早给出了委托人-代理人这一概念的现代含义，而且用状态空间模型化方法对委托人-代理人关系的特征做了表述。斯蒂芬·罗斯认为，代理的实例遍及全世界，所有的契约协议，无论是雇主与雇员，还是地方与政府，都包含着重要的代理因素。就企业来说，企业的管理者本质上就是股东的一种代理人。何为代理关系呢？斯蒂芬·罗斯认为，当被确认代理人的一方在一个特定的决策问题领域内代替、代表或代理被确认为委托人的另一方，两方（或两方以上）的当事人之间就形成代理关系。换句话说，就是如果当事人双方其中代理人一方代表委托人一方的利益行使某些决策权，则代理关系就随之产生。

委托-代理理论建立在非对称信息博弈论基础之上。非对称信息是指某些参与人拥有但另一些参与人不拥有的信息。信息非对称可从以下两个角度进行划分：一是非对称发生的时间；二是非对称信息的内容。从非对称发生的时间来看，非对称可能发生在当事人签约之前，也可能发生在当事人签约之后，分别称为事前非对称和事后非对称。研究事前非对称信息博弈的模型称为逆向选择模型，研究事后非对称信息的模型称为道德风险模型。

委托-代理理论的主要观点认为：委托-代理关系随着生产力大发展和规模化大生产的出现而产生。其原因如下：一方面，生产力发展使得分工进一步细化，权利的所有者由于知识、能力和精力等因素不能行使所有权利；另一方面，专业化分工产生了一大批具有专业知识的代理人，他们有精力、有能力代理行使好被委托的权利。但在委托-代理的关系中，由于委托人与代理人的效用函数不同，委托人追求的是个人财富最大化，

---

① 伯利，米恩斯. 2005. 现代公司与私有财产. 甘华鸣，罗锐韧，蔡如海，译. 北京：商务印书馆；Ross S A. 1973. The economic theory of agency: the principal's problem. American Economic Review, 63: 134-139.

而代理人追求个人工资津贴收入、奢侈消费和闲暇时间最大化，这必然导致两者的利益冲突。在没有有效的制度安排下，代理人的行为很可能最终损害委托人的利益。

源于多层级，国有企业的委托-代理关系十分复杂，由全国人民代表大会、中央政府、地方政府、政府具体职能部门、企业经营管理人员和普通职工等构成，这远远比一般企业股东大会、董事会、经理阶层和普通雇员的结构要复杂得多。每多一层的委托-代理关系，必然会带来委托人对代理人监管的困难，监督难度就增加一些，代理人损害委托人利益的可能性也就增加一些，导致国有企业的发展就可能完全违背其最终所有者和委托人——全国人民的初衷，这种委托-代理关系的复杂层级是中国国有企业的特有现象，也是造成国有企业经营效率低下的重要原因之一。多重委托-代理关系结构如图 3.3 所示。

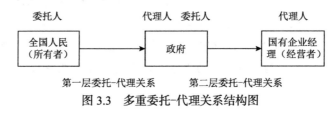

图 3.3　多重委托-代理关系结构图

2. 政策性负担问题

在成熟的市场经济中，企业经营不好，股东可以名正言顺地解雇经理人。对于上市公司，如果经营不善，股价大跌，就可能被恶意收购，管理人员可能被集体"炒鱿鱼"。国有企业经营不好，是否可以因此解雇总经理呢？答案是否定的，因为很有可能冤枉好人。例如，有的国有企业经理人确实兢兢业业，但企业就是经营不好，原因不在于其个人的能力和积极性，而在于国有企业确实困难重重——如人员冗余，但出于社会稳定的考虑，不让随便下岗；一些重工企业过去服务于国家计划，改革后产品不再有竞争力，但没有能力更新改造，称之为政策性负担。国有企业经营不好时，既有可能是经理人能力不够、积极性不足甚至腐败造成的，也有可能是政策性负担造成的。从理论上讲，国家只应该对国有企业由于政策性负担造成的亏损负责，但是国家很难区分政策性负担亏损和国有企业自身的经营性亏损。因此，不论亏损是由政策性负担造成的，还是由国有企业自身经营不善造成的，国有企业经理人都会将所有的亏损归咎于国家政策，导致在绝大多数情况下国家实际上不得不承担国有企业的全部亏损，这就更加加剧了道德风险、管理松懈、在职消费和其他代理问题，以及国有企业委托-代理问题，进一步造成了国有企业的经营不善。

第二节　国有经济的发展现状

中国国有企业历经 40 年的改革与发展，已全面走出计划经济的襁褓，成长为市场中强有力的竞争体，国有经济实力进一步增强，同时国有经济正逐渐向战略性新兴产业集中，在国民经济中发挥着重要作用并承担着国家最新的战略使命。

一、国有经济发展变化

改革开放以来，国有控股工业企业的利润总额均呈波动性上升趋势，表明国有企业改革效果以及其存在的不确定性。如图 3.4 所示，根据《中国统计年鉴 2017》，2007 年，国有控股工业企业利润总额为 10 795.19 亿元，是私营工业企业利润总额（5053.74 亿元）的 2.14 倍。2009 年，私营工业企业的利润总额（9677.69 亿元）超过国有控股工业企业的利润总额（9287.03 亿元）。2015 年，国有控股工业企业利润总额为 11 416.72 亿元，占私营工业企业利润总额（24 249.73 亿元）的 47.08%。

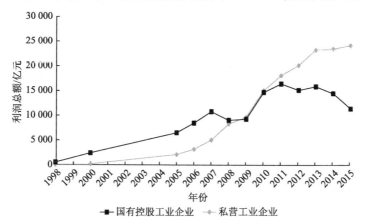

图 3.4　国有控股工业企业与私营工业企业利润总额对比

资料来源：《中国统计年鉴 2017》

二、国有经济向前瞻性战略性产业集中

国有经济（资本）在中国的国民经济中发挥着重要作用，围绕改革开放主线，国有经济布局经历了几次重大调整后正逐步向前瞻性、战略性产业集中，如图 3.5 所示。1978 年以前，国有经济占绝对主体地位；1979 年起，加大了向轻工业领域布局的力度。1982 年以后，重点布局能源、交通、原材料等基础设施和基础工业。1992 年起，国有经济有进有退，到 1995 年，对国有企业实施战略性改组，抓大放小，国有经济进一步集中于大型企业集团和关键产业，国有经济布局发生重大变革。1999 年，中国共产党第十五届中央委员会第四次全体会议明确国有经济逐渐向涉及国家安全的行业、自然垄断①的行业、提供重要公共产品和服务的行业以及支柱产业和高新技术产业的重要骨干企业集中，奠定了国有经济的布局基础，如表 3.1 所示。2012 年中国共产党第十八次全国代表大会以后，中国政府提出做大做强做优国有企业的总基调，在布局上，国有资本更加向国家安全和国民经济命脉产业以及前瞻性、战略性产业集中。

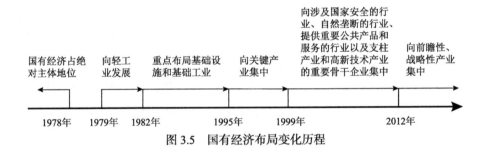

图 3.5　国有经济布局变化历程

表 3.1　国有经济需要控制的行业和领域

行业/领域	解读
涉及国家安全的战略性领域	例如，国防科技工业（核、航天航空、兵器、舰艇、军用电子），国家基础设施（如通信/广播网、电力网、铁路网及重要交通设施），城市重点基础设施（供水、供电、供气、干道），金融，大宗农产品及大型商品物流，对外贸易主渠道，以及战略物资储备等。这些领域的产品和服务担负着国家政治社会安全职能，是经济社会稳定发展的必要前提

---

① 自然垄断性是指由于存在资源稀缺性和规模经济效益、范围经济效益，使提供单一物品和服务的企业或联合起来提供多数物品和服务的企业形成一家公司（垄断）或极少数企业（寡头垄断）的概率很高。这种由于技术理由或特别的经济理由而成立的垄断或寡头垄断，被称为自然垄断或自然寡头垄断。

续表

行业/领域	解读
重要基础产业	例如，电力、电信、重要能源基地、重点石化、冶金行业。此类行业具有公益性质，或为经济社会的发展提供基础原料能源，需要巨额投资，因此应由国有经济保持优势地位
不可再生的战略资源领域	例如，重点矿山、油气资源等。随着不可再生资源对经济社会发展的制约日趋严峻，国家必须保有对此类战略资源的控制权或垄断权
国民经济支柱产业和高新技术产业	由中国资本与机构控制的各类支柱工业（如采矿、冶金、石油化工、装备/交通运输工具制造、特种建筑），以及高新技术工业（如新材料、新能源、电子通信、航空航天、生物医药等）

实际上，国有经济向战略性新兴产业发展早有迹象，在 2010 年举行的 "280 兆瓦光伏并网发电特许权" 项目招标中，中电集团以最低上网电价报价包揽全部 13 个项目，其他电力集团则在陆上风电、海上风电和光伏发电等领域抢占资源；中国石油化工集团有限公司则盯住了新能源汽车下游业务这块 "肥肉"，若未来电动汽车成为主流，中国石油化工集团有限公司和中国石油天然气集团有限公司仍可能共同垄断这一市场；中国中材集团有限公司投资 50 亿元在扬州打造新光源产业基地，计划培育新光源行业领军企业。事实上，大部分中央企业都进入了战略性新兴产业领域，并在节能建材、核能建设等细分领域取得突破。

三、国有企业承担新的历史使命

习近平明确指出，国有企业要做落实新发展理念的排头兵、做创新驱动发展的排头兵、做实施国家重大战略的排头兵[①]。因此，国有企业必须承担起新的历史使命，加快建设创新型中国，国有企业的新使命体现在以下几方面。

自主创新核心技术的重要主体。习近平指出，企业是创新的主体，是推动创新创造的生力军[②]。国有企业要努力成为技术创新决策、研发投入、科研组织和成果转化的创新型领军企业。主要表现在以下几个方面：①坚持市场和需求导向，突破关键共性技术、前沿引领技术、现代工程技术和颠覆性技术等相关领域；②通过体系建设形成创新长效机制，培育发展新技术、新产品和新业态；③提高创新成

---

① 习近平在广西考察时强调：扎实推动经济社会持续健康发展. http://www.xinhuanet.com//politics/2017-04/21/c_1120853744.htm[2019-06-20].

② 把握创新规律打造创新型领军企业. http://theory.people.com.cn/n1/2018/1225/c40531-30485476.html[2019-06-20].

果的转化率和应用率，完成技术突破、产品制造、市场模式和产业发展的"一条龙"转化。2012 年以来，中国中铁股份有限公司作为全国首批创新型企业，依托所拥有的 3 个国家实验室和 13 个国家认定的企业技术中心，建立了"两级四层"技术创新体系，掌握了一大批具有自主知识产权的核心技术，荣获国家科学技术进步奖和国家技术发明奖 19 项，其中特等奖 1 项、一等奖 4 项。

培养创新人才队伍的重要基地。习近平指出，我们要着力完善人才发展机制，最大限度支持和鼓励科技人员创新创造[①]。国有企业要勇于启用优秀青年人才，培养一支完备的创新人才梯队。创新人才队伍应包括具有国际水平的战略创新人才、科技领军人才、青年科技人才、高素质技术工人和创新团队。2013 年至今，中国中铁股份有限公司坚持党管人才，完善创新人才管理实施办法，2018 年已形成以 2 名院士、14 名国家级特殊贡献专家和国家勘探设计大师为引领，2.8 万名高级专业技术人才为骨干，10 万多名一线技术工匠为基础的三级科技创新人才队伍体系[②]。

推动产业转型升级的重要力量。习近平指出，推动传统产业转型升级，必须坚持以企业为主体，以市场为导向，以技术改造、技术进步、技术创新为突破口[③]。目前，新一轮科技革命和产业变革蓄势待发，许多颠覆性技术不断涌现，科技成果的转化和应用进一步促进产业转型升级。国有企业一定要培育新技术、新业态、新模式推动其生产、管理和营销模式变革，促进中国产业迈向全球价值链中高端。2012 年以来，中国中铁股份有限公司以技术创新带动了基础设施建设领域的颠覆性变革，全面系统地掌握了具有自主知识产权、适用于不同气候环境条件、不同轨道结构类型、涵盖时速 250～350 公里的高速铁路勘察设计、施工及关键装备等建造成套技术，铸就了"中国高铁"的金色品牌。在高端装备制造领域，中国中铁股份有限公司积极推动中国制造向中国创造转变，自主研制各型号架桥机、跨海大桥成套施工设备、智能焊接机器人、各类异形盾构等施工机械装备，使建筑施工方式产生了重大创新。

---

① 习近平会见嫦娥三号任务参研参试人员代表. http://politics.people.com.cn/n/2014/0106/c1024-24038668.html [2019-06-20].

② 争当新时代创新驱动发展的排头兵. http://theory.gmw.cn/2018-11/25/content_32039670.htm[2019-06-20].

③ 习近平在山西考察工作时强调 扎扎实实做好改革发展稳定各项工作 为党的十九大胜利召开营造良好环境. http://cpc.people.com.cn/n1/2017/0624/c64094-29359849.html[2019-06-20].

第三节 发展国有经济的重大举措

一、积极推行混合所有制

混合所有制在中国并不是一个新鲜的概念。混合所有制经济是指财产权分属于不同性质所有者的经济形式。在宏观层次上，中国实行公有制为主体，多种所有制经济共同发展的基本经济制度，既包括公有制经济，又包括非公有制经济；在微观层次上，不同所有制性质的投资主体共同出资组建混合所有制企业。2013年的中国共产党第十八届中央委员会第三次全体会议把混合所有制改革提升到了一个新高度。习近平在会上强调，积极发展混合所有制经济，"是新形势下坚持公有制主体地位，增强国有经济活力、控制力、影响力的一个有效途径和必然选择。[①]"国有企业混合所有制改革是指在国有控股的企业中加入民间（非官方）的资本，使得国有企业变成多方持股，但还是国家控股主导的企业，来参与市场竞争。混合所有制的目的不是"为了混合而混合"，而是增强国有企业的竞争力和活力，国有企业、民营企业"合"得来才能"混"得好。事实证明，发展混合所有制经济，有利于国有经济形成新优势、增添新活力，有利于民营经济借助国有经济平台更快成长。混合所有制企业探索实行员工持股，还能形成资本所有者和劳动者利益共同体，促进实现共同富裕。中国联合网络通信集团有限公司（简称中国联通）混合所有制改革如专栏3.4所示。

专栏 3.4 中国联通混合所有制改革[②]

中国联通作为第一家中央企业集团层面的混合所有制改革试点企业，承担着为混合所有制改革探索蹚路、积累经验的使命，通过引入战略投资者、控股股东老股转让、核心员工的股权激励三步完成。2017年8月16日，中国联通董事长王晓初在中期业绩发布会上公布混改方案，

---

① 发展混合所有制经济是新形势下坚持公有制主体地位的重要途径. http://politics.people.com.cn/n/2014/0918/c70731-25685340.html[2019-06-20].

② 联通成功改制为央企混改打开想象空间. http://www.fjii.com/jx/2019/0123/ 203226.shtml[2019-06-20]；中国联通混改工作历经两年多实践，"混"的任务顺利完成，"改"的工作正向纵深推进——从大公司回归创业公司. http://www.ce.cn/xwzx/ gnsz/gdxw/201901/09/t20190109_31216899.shtml[2019-06-20].

宣布将引入包括腾讯、百度、京东、阿里巴巴在内的多位战略投资者，认购中国联通A股股份，本次发行后，联通A股公司形成混合所有制多元化结构，其中中国联合网络通信集团占比36.7%，战略投资者占比35.2%，公众股东占比25.4%，员工持股2.7%。联通集团、中国人寿保险（集团）公司和国有企业结构调整基金持股比例总数超过51%，国有资本依然处于绝对控股地位，混合所有制改革并没有改变中国联通的国有企业性质。

中国联通混合所有制改革实施以来，在企业体制变化和业绩增长等方面的积极影响都在逐渐显现。据《经济日报》报道，中国联通混合所有制改革"混"的任务顺利完成，"改"的工作正在稳步推进。中国联通业绩显著提高，截至2018年第三季度，收入增长从混合所有制改革前的-5.3%提升到6.5%，利润同比增长95.9%，在历经近10年的业绩低迷后实现大逆转；发展结构持续完善，面向互联网触点的新业务模式（2I2C）收入占主营收入的比重超过12%，发展成为拉动企业效益改善的重要力量之一；资本杠杆率显著下降，资产负债率从混合所有制改革前的62.6%降至42.7%。混合所有制改革后，中国联通与腾讯、阿里巴巴、京东、百度等开展线上触点合作，首创"互联网+电信"的融合营销新模式。此外，中国联通还同时与多家民营企业在许多领域开展业务深度合作，探索完善"创新+资本"模式。中国联通通过引入具有协同效应和领先优势的战略投资者，使自己从"单兵种"模式和"一股独大"，向"集团军"模式和"产权多元化"升级转型，进而大大增强了中国国有基础电信企业的综合竞争力。在当前中央企业混合所有制改革持续深入的时刻，中国联通混合所有制改革的经验值得学习借鉴。

1. 分类推进国有企业改革

2015年发布的《关于深化国有企业改革的指导意见》把国有企业分为公益类国有企业、主业处于充分竞争行业和领域的商业类国有企业，以及主业处于关系国家安全、国民经济命脉的重要行业和关键领域、主要承担重大专项任务的商业类国有企业三类。不同类型的国有企业，将会有不同的国资监督管理机制、混合所有制改革方案、公司治理机制、国有经济战略性调整方向等，因此国有企业必须分类管理，具体情况如表3.2所示。

表 3.2　国有企业分类改革

国有企业分类	控股形式	重点考核
公益类国有企业	国有独资形式	成本控制；产品服务质量；营运效率；保障能力
主业处于充分竞争行业和领域的商业类国有企业	积极引入其他国有资本或各类非国有资本实现股权多元化，国有资本可以绝对控股、相对控股，也可以参股	经营业绩指标；国有资产保值增值；市场竞争能力
主业处于关系国家安全、国民经济命脉的重要行业和关键领域、主要承担重大专项任务的商业类国有企业	保持国有资本控股地位，支持非国有资本参股	经营业绩指标；国有资产保值增值；服务国家战略、保障国家安全和国民经济运行、发展前瞻性战略性产业以及完成特殊任务的考核

2. 组建国有资本投资运营公司

中国共产党第十八届中央委员会第三次全体会议《中共中央关于全面深化改革若干重大问题的决定》提出，要新建或改组建立国有资本投资运营公司。相应地，国有资产运营体系便由国有资产监督管理机构、国有企业变为国有资产监督管理机构、国有资本投资运营公司、国有企业三个主体，具体表现如图 3.6 所示。在这三个主体中，国有资产监督管理机构、国有企业的职责定位分别为履行出资人职责、从事生产经营活动。那么，国有资本投资运营公司究竟是什么？国有资本投资运营公司完全不同于集团公司。作为国有资产运营体系中的主体之一，国有资本投资运营公司是基于国有企业发展混合所有制的要求，同时其混合所有制是在集团公司层面上实行国有产权与非国有产权的共融，此时国有股权需要有明确的持有者和管理者。

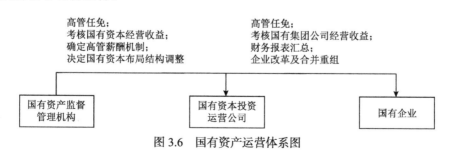

图 3.6　国有资产运营体系图

发展混合所有制就是让国有企业开放股权，实现由国有资本与非国有资本共融的股权多元化，而且这种股权多元化可以选择在二级及以下法人企业层面上实现，但更有意义的则是在集团公司层面上实现股权多元化。在这种情况下，混合产权国有企业中的国有股权必须要有明确的持股者，该持股者就是国有资本投资运营公司。混合产权国有企业可分为上市公司和非上市公司两类。上市公司中的国有股权由国有资本运营公司持有，非上市公司中的国有股权由国有资本投资公司持有。国有资本投资运营公司监督管理混合产权国有企业的经营状况，配置混合所有制国有产权比例，向国有资产监督管理机构提出进入或退出的方案，经国有资产监督管理机构批准后在公开资本市场或产权交易市场中采取适当的操作方式来实现。国有资本投资运营公司借助国有产权在混合产权国有企业中的进入或退出来调整国有资本的布局和结构，进而进一步调整国有企业或国有经济布局和结构。

二、完善国有企业内部经营管理体制

习近平在全国国有企业党的建设工作会议上指出，坚持党对国有企业的领导是重大政治原则，必须一以贯之；建立现代企业制度是国有企业改革的方向，也必须一以贯之①。

1. 坚持党对国有企业的领导

完善国有企业内部经营管理体制，建设中国特色现代国有企业制度必须坚持党对国有企业的领导，做到组织落实、干部到位、职责明确、监督严格。具体表现如下：①把党的领导融入公司治理各环节，把企业党组织内嵌到公司治理结构中，明确和落实党组织在公司法人治理结构中的法定地位。②要处理好党组织和企业其他经营管理主体的关系，明确权责边界，形成各司其职、各负其责、协调运转、有效制衡的公司治理机制。③要不断提高国有企业经理人思想政治素质和党性修养，增强对其的党性教育、宗旨教育和警示教育，严明政治纪律和政治规矩，从思想深处拧紧"螺丝"。④要突出监督重点，强化对关键岗位、重要人员，特别是"一把手"的监督管理，完善"三重一大"②决策监督机制，严格日常管理，整合监督力量，形成监督合力。

---

① 习近平在全国国有企业党的建设工作会议上的讲话. http://www.12371.cn/special/xjpgqdjjh/[2019-06-20].

② 三重一大制度是指重大事项决策、重要干部任免、重要项目安排、大额资金的使用，必须经集体讨论做出决定的制度。

2. 建立现代企业制度

现代企业制度是以市场经济为基础，以完善的企业法人制度为主体，以有限责任制度为核心，以公司企业为主要形式，以产权清晰、权责明确、政企分开、管理科学为条件的新型企业制度，如图3.7所示。

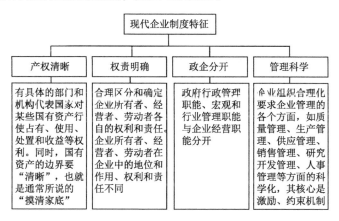

图 3.7 现代企业制度特征

（1）健全公司法人治理结构

在明晰产权关系的基础上，建立有效的公司法人治理结构，是建立中国特色现代企业制度的关键举措。公司法人治理结构主要由股东会、董事会（包括总经理层）和监事会三个机构组成，是现代企业所应具有的科学化、规范化的企业组织制度和管理制度。建立有效的公司法人治理结构主要从以下几方面进行。

理顺出资人职责，转变监督管理方式。股东大会是公司法人治理结构的最高权力机关。出资人根据本级人民政府的授权扮演国有资本"老板"的角色，对所出资企业依法享有资产收益、参与重大决策和选择管理者等股东权利，同时履行法律法规和公司章程规定的股东义务。

加强董事会建设，落实董事会职权。董事会是公司法人治理结构的决策机构，每届任期三年，对股东会负责，执行股东会决定，定期向股东会报告工作，依照法定程序和公司章程授权决定公司重大事项，接受股东大会和监事会的监督，认真履行决策把关、内部管理、防范风险和深化改革等职责。具体做法如下：①明确增强董事会的独立性和权威性，着眼于规范、务实、高效的董事会建设，国有独资、全资集团公司董事会一般由5～9人组成，集团公司权属企业董事会一般由

3～7 人组成，规模较小的可不设董事会，只设执行董事 1 人。②逐步建立外部董事制度，国有独资公司的外部董事人选由出资人机构向有关部门提名，按照规定程序任命；国有全资公司的外部董事人选由控股股东向其他股东推荐，再由股东会选举或更换；国有控股企业应有一定比例的外部董事，由股东会选举或更换。规范董事会议事原则，建立健全董事会会议的民主表决机制，建立规范透明的重大事项信息公开和对外披露制度，完善对董事会和董事的考核评价制度。

维护经营自主权，激发经理层活力。经理层是公司法人治理结构的执行机构，依法由董事会聘任或解聘，接受董事会管理和监事会监督。总经理对董事会负责，依法行使管理生产经营、组织实施董事会决议等职权，向董事会报告工作，董事会闭会期间向董事长报告工作。对经理层成员实行与企业经营相关联的差异化薪酬分配制度，充分激发经理层活力。

发挥监督作用，完善问责机制。明确监事会是公司法人治理结构的监督机构，依照有关法律法规和公司章程设立，对董事会、经理层成员的职务行为进行监督，监事会不参与国有企业的经营决策和经营管理活动；此外，增加职工监事，充分发挥监督力量。

（2）推行职业经理人制度

职业经理人制度是建立中国特色现代国有企业制度的重要内容之一，也是国有企业改革的一个重要保障。职业经理人制度是由职业经理人培养、评价、选聘、任用、薪酬、考核、激励、约束、监督追责、退出和流动，以及意识形态、价值观念、职业道德和诚信规范等方面的各种制度与实施机制组成的有机整体。

推行职业经理人“内部培养+外部引进”制度，完善现有经营管理者与职业经理人的身份转换，按市场化方式选聘和管理职业经理人，合理增加市场化选聘比例。市场化选聘是国有企业职业经理人制度建设的一项基础性工作，通过市场手段，挑选符合企业需要的管理和运营团队。将董事会、经理层由过去的“同纸任命①”改为分层管理，形成分类分层的企业领导人员管理体制，有效解决经营管理者“能上不能下、能进不能出”的问题，从根本上改变国有企业高管“亦官亦商”的局面。另外，对于国有企业而言，大量的现有经营管理者是企业潜在的职业经理人。从这一实际出发，国有企业推行职业经理人制度的重点应是将企业现有经

---

① 国有独资公司的董事、董事长由国有资产监督管理机构委派和指定，任免决定写在一张纸上。

营管理者转换为职业经理人身份，即国有企业现有经营管理者通过合理的方式、规范的程序转换为企业职业经理人身份，履行职业经理人权利和义务，对企业进行市场化运营管理，最大限度地促进企业可持续发展。将现有经营管理者转换为职业经理人身份，可使国有企业实行市场化的选人用人机制，实现人员能上能下、能进能出，收入能多能少，建立更加公平有效的激励机制，加速人才流动和优胜劣汰，进一步增强国有企业活力。

在国有企业推行职业经理人制度，实行市场化的选人用人机制，客观上需要市场化的薪酬制度，需要建立有效的激励和约束机制。如专栏 3.5 所示，作为市场中的经济人，职业经理人是追求个人收益最大化的个体，当个人目标与企业目标一致时，企业收益最大化就是个人收益最大化；相反，当个人目标与企业目标不一致时，他们可能会为了个人收益最大化而不惜损害企业利益。为了避免这种情况的出现，在国有企业中必须建立完善的职业经理人激励和约束机制，实行目标管理、岗位竞争、解聘威胁、构筑有效的信任机制等，要求把他们的收益与企业的未来收益联系起来，实现职业经理人与企业的发展目标相容，进而形成制度化的长期有效的激励机制。

专栏 3.5　"打工皇帝"：唐骏[①]

　　唐骏被中国媒体广泛誉为中国"第一职业经理人"和中国第一 CEO。"打工皇帝"唐骏 1994 年加入微软公司美国总部，先后担任微软全球技术中心总经理、微软中国公司总裁。2004 年，唐骏担任中国最大的互动娱乐公司——上海盛大网络发展有限公司总裁，并帮助其在美国纳斯达克成功上市，被华尔街誉为中国资本的第一人。2008 年，唐骏以"十亿"身价转会新华都实业集团股份有限公司出任总裁兼 CEO。

　　唐骏提出成功的职业经理人必须要遵循的八大"潜规则"：①低调进入，职业经理人要认清自己在公司永远不能是"老大"，董事长是职业经理人在企业中唯一要磨合的人；②看淡权力，职业经理人要做的第一件事情就是让创始人放心；③"夹心饼干决定"，对于职业经理人来说，成功不重要，避免失败才是最重要的；④财务干净，对于职业经理

---

　　① 唐骏. https://baike.baidu.com/item/%E5%94%90%E9%AA%8F/2144780?fr=aladdin[2019-06-20]；中国最成功的职业经理人——唐骏. http://www.doc88.com/p-660150121018.html[2019-06-20]；"打工皇帝"唐骏：职业经理人跳槽"潜规则". http://www.china.com.cn/education/txt/2008-05/05/content_15059874.htm[2019-06-20].

人来说，要想做人简单，就一定要在财务上干干净净；⑤不带旧部，不要把旧部带到新企业；⑥温和改进，职业经理人治理新企业宜采用渐进式的改良，喝汤药的中医疗法远好于动手术的西医治法；⑦不交朋友，对于职业经理人来说，要与老板和同事保持适度的距离，公私分明；⑧在最辉煌时离开。

思考题

1. 你了解中国的国有经济吗？你知道国有经济是怎么来的吗？国有经济对一个国家的经济发展有什么作用呢？

2. 结合你的感受，谈谈中国的国有企业想要取得更好发展，应该做些什么呢？

第四章　转型升级的民营经济

在全面建成小康社会、进而全面建设社会主义现代化国家的新征程中，我国民营经济只能壮大、不能弱化，不仅不能"离场"，而且要走向更加广阔的舞台。

——习近平于民营企业座谈会

2014 年 9 月 19 日晚，阿里巴巴在纽约证券交易所正式上市。令人奇怪的是，负责上市敲钟的人，并不是马云或者某位高层管理者，而是由来自不同行业的 8 名普通人完成了这一盛大的仪式。这 8 个人分别是两名网店店主、快递员、用户代表、农民电商、网络模特和云客服，还有 1 名是来自美国的农场主皮特·维尔布鲁格。农民电商王志强在村庄创业已经 6 年了，他一边通过网络购物，一边通过网络销售农产品和特产，在中国的很多乡村，都有农民集体开网店的情况，这种现象被称为"淘宝村"。8 名敲钟人虽然职业不同，但都是互联网销售的必要环节，正是千千万万个有梦想、想改变世界的普通人，才汇集成了势不可挡的互联网大潮。正如马云在上市时所说，我们奋斗了这么多年，不是为了让我们自己站在台上，而是为了让他们站在台上。

1999 年的某天，曾担任英语教师的马云带领 18 人在浙江杭州的一套公寓内创立了阿里巴巴。如今，阿里巴巴经营多项业务，包括淘宝网、天猫、支付宝、阿里云、蚂蚁金服、菜鸟网络等。淘宝网的出现改变了中国人的消费模式和消费观，网上购物成为人们的全新消费模式，2018 年的大型购物狂欢节——双十一，开场 2 分 5 秒，总交易额超 100 亿元，全天总成交额刷新纪录，达 2135 亿元。支付宝等支付平台提供了便捷的新型交易方式——移动支付，无纸币在中国成为常态。同时，阿里巴巴还是 2019 年《财富》世界 500 强和 2018 年世界品牌 500 强。阿里巴巴的成就代表着民营经济的崛起，中国的民营经济已经逐渐壮大，并且走向世界。

民营经济的壮大离不开一代代企业家的艰苦奋斗，更离不开良好的制度保证。随着改革开放的步步推进，人们从允许民营经济出现发展到如今的毫不动摇鼓励、支持、引导非公有制经济的发展。在全新的国际环境和经济形势下，民营经济必将抓住机遇，直面挑战，迎接新的未来。①

---

① 阿里上市当天，台上八名敲钟人都是谁？. https://www.huxiu.com/article/42942/1. html[2019-06-20]；阿里巴巴创业经历. https://ishuo.cn/subject/hfkwpu.html[2019-06-20]；2135 亿！十年天猫，2018 双 11 完美收官. http://www.sohu.com/a/278023997_115514 [2019-06-20].

第一节 什么是民营经济

民营经济是指除了国有和国有控股企业、外商和港澳台商独资及其控股企业以外的多种所有制经济的统称，包括国有民营经济、个体经济、私营经济①、混合所有民营经济、民营科技企业、农民专业合作社等类型。改革开放以来，民营经济从小到大，由弱到强，在稳定增长、促进创新、增加就业、改善民生等方面发挥了重要作用，成为推动经济社会发展的重要力量。

一、民营经济的过去

1. 民营经济的起源（1912～1949年）

中国的民营经济最早可以追溯到先秦时期，人们把那些做交易和贸易的人称为商人。现代意义上的民营经济出现在民国时期，并发展出大批个体工商和私营企业。一大批中国人白手起家，聚沙成塔，他们怀揣着实业救国的赤子之心，打造了民营经济的辉煌，并使得中国品牌走向世界。民营经济的兴起对当地的经济、社会和文化有着深刻的影响，民国时期的一些工厂甚至延续到今天仍被使用。荣氏兄弟（荣德生、荣宗敬）创办的企业是当时规模第一的民营实业集团，他们在上海、无锡、汉口、济南创办了大量企业，占据了中国面粉和棉纱的半壁江山。他们的"兵船牌"面粉曾是世界知名品牌，远销到欧美和东南亚等地。

2. 当代民营经济（1978年以后）

在改革开放之前，民营经济的发展并不顺利。1978年12月，中国共产党第十一届中央委员会第三次全体会议在北京召开，中国在所有权问题上打破了传统的所有制概念，民营经济重新发展壮大。1979年，温州的章华妹填写了营业执照申请表，并于次年取得了全国第一张个体工商户营业执照。此时，个体工商户已经不再是不光彩的职业，截至1987年，中国共有接近600万人成为城镇个体工商

---

① 私营经济是指以生产资料私有和雇工劳动为基础，并以盈利为目的和按资分配为主的一种经济类型。

户。1992 年 1 月，邓小平先后到武昌、深圳、珠海、上海等地视察，南方谈话给足了中国人民创业发展的信心，民营企业如雨后春笋般出现。

在《中华人民共和国宪法修正案》（1988 年）中，以文字形式落实了私营经济的合法地位，规定国家允许私营经济在法律规定的范围内存在和发展。私营经济是社会主义公有制经济的补充。国家保护私营经济的合法的权利和利益，对私营经济实行引导、监督和管理[①]。1993 年，中国共产党第十四届中央委员会第三次全体会议通过了《中共中央关于建立社会主义市场经济体制若干问题的决定》，文件指出社会主义市场经济体制是同社会主义基本制度结合在一起的；建立社会主义市场经济体制，就是要使市场在国家宏观调控下对资源配置起基础性作用。经济体制的日趋成熟，无疑给民营经济提供了广阔的发展空间，与此同时，民营经济也在经济增长、就业税收方面起着极其重要的作用。但相对于国有经济来说，民营经济仍然受到显性或者隐性的"歧视"，突出表现在市场准入方面。2010 年5 月，国务院发布了《国务院关于鼓励和引导民间投资健康发展的若干意见》（国发〔2010〕13 号），文件中提到，鼓励和引导民间资本进入法律法规未明确禁止准入的行业和领域。规范设置投资准入门槛，创造公平竞争、平等准入的市场环境。市场准入标准和优惠扶持政策要公开透明，对各类投资主体同等对待，不得单对民间资本设置附加条件[②]。图 4.1 展示了当代民营经济的发展史。

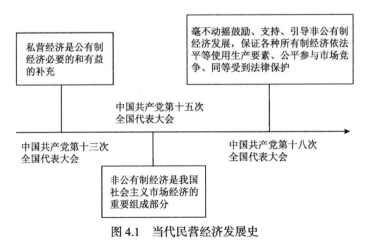

图 4.1　当代民营经济发展史

① 中华人民共和国宪法修正案（1988 年）. http://www.npc.gov.cn/wxzl/wxzl/2000-12/05/content_4498.htm [2019-06-20].

② 国务院关于鼓励和引导民间投资健康发展的若干意见. http://www.gov.cn/zhengce/content/2010-05/13/content_3569.htm[2019-06-20].

民营经济是一种特殊的经济形式，其特点是产权明确和经济利益独立。民营经济的产权主体多元化，可以集体投资，也可以个人创办，虽然自由性比较大，但产权关系明晰，有较为完善的利益分配机制。民营经济的运行机制为"自主经营、自负盈亏、自我发展、自我约束"，其较强的独立性，也促使企业必须有危机意识，不断提高自身实力，才能站稳脚跟，赢得市场份额。

二、民营经济的现在

截至 2017 年底，民营企业数量超过 2700 万家，个体工商户超过 6500 万户，注册资本超过 165 万亿元，出口占我国出口总额的 45%。民营经济具有"五六七八九"的特征，即贡献了 50%以上的税收，60%以上的国内生产总值，70%以上的技术创新成果，80%以上的城镇劳动就业，90%以上的企业数量[1]。民营经济是社会主义市场经济发展的重要成果，是推动社会主义市场经济发展的重要力量，是推进供给侧结构性改革、推动高质量发展、建设现代化经济体系的重要主体。

1. 逐渐壮大的民营企业

民营经济蓬勃发展，企业数量逐渐扩大，且增长速度较快，是我国企业发展的主力军。企业规模和投资额逐年上升，民营企业经营良好，具有良好的成长性。中国共产党第十八次全国代表大会以来，私营企业数量和注册资本对企业总量增长的贡献率分别达 98.9%和 69.8%[2]，是企业发展的主要推动力。2017年，私营企业和个体就业人数达 34 107 万人，和 2008 年相比增长了 20 427 万人，增长了 1.5 倍，如图 4.2 所示。根据国家统计局发布数据，私营企业全社会固定投资于 2013 年突破 10 万亿元，2017 年突破 20 万亿元，投资额为 203 474.93亿元，和 2008 年相比增长了近 5 倍。全国规模以上私营工业企业[3]为 215 138 家，资产总计 242 637 亿元，主营业务收入 381 034 亿元，利润总额 23 043 亿元。根

---

① 习近平：在民营企业座谈会上的讲话. http://www.gov.cn/xinwen/2018-11/01/content_5336616.htm[2019-06-20].

② 2018 中国民营企业 500 强调研分析报告. http://www.360doc.com/content/18/0829/22/35767144_782253160.shtml[2019-06-20].

③ 全国规模以上私营工业企业是指主营业务收入在 2000 万元以上的私营工业企业。

据《2018 中国民营企业 500 强调研分析报告》[①]，2017 年，有 61 家企业资产总额突破 1000 亿元，有 42 家企业营业收入总额超过 1000 亿元，有 18 家企业税后净利润超过百亿元。在企业利润水平持续上升，规模扩大的同时，经营效率也在提高。在世界 500 强企业中，我国民营企业由 2010 年的 1 家增加到 2017 年的 23 家，其中华为投资控股有限公司（简称华为）世界排名第 72 名，主要经营计算机、通信和其他电子设备，正威国际集团世界排名第 111 名，主要经营有色金属冶炼和压延加工。

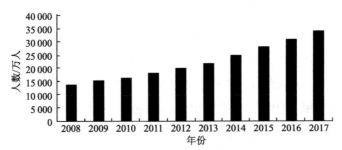

图 4.2　2008～2017 年私营企业和个体就业人数

资料来源：根据国家统计局网站（http://www.stats.gov.cn）发布数据整理得出

2. 不断优化的产业结构

民营企业着力提升发展质量，产业升级步伐不断加快，产业结构不断优化，有力支撑了民营经济持续健康发展。图 4.3 展示了 2017 年私营企业和个体各行业就业人数的构成。在民营经济中，第二产业始终占据主体地位，制造业作为主导行业，规模较大，但近年来增速有所放缓；批发和零售业占比较大、增长速度快，属于优势行业；其他归属服务业，虽然单项规模并不大，但发展势头较猛，属于新时期有潜力的发展行业。以互联网为载体的新兴产业正在加速成长，创新步伐加快，是民营经济新的发展方向。民营经济不断优化，其中第二产业资产规模占比继续降低，第三产业资产规模占比持续上升，各行业经营效益整体有所提升。

---

① 中华全国工商业联合会对参与调查的营业收入前 500 名的民营企业进行统计调研和分析，调研数据时间为 2017 年 1 月 1 日到 12 月 31 日。

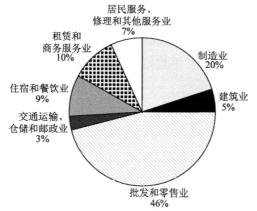

图 4.3　2017 年私营企业和个体各行业就业人数构成

资料来源：根据国家统计局网站（http://www.stats.gov.cn）发布数据整理得出

3. 大力发展的科技创新

民营企业着力获取关键技术，提高知识产权保护意识，积极参与各类行业标准制定，加大企业技术中心的建设投入，不断增强品牌建设意识，稳步提升自主创新能力。根据国家统计局发布数据，2017 年，私营企业规模以上工业企业研究与试验发展（R&D[①]）人员全年为 790 796 人，研究经费为 31 880 597 万元，R&D 项目数为 172 422 项，专利申请数为 270 129 件，有效发明专利数为 231 855 件，专利申请数中发明专利 84 468 件。和国有经济相比，民营经济的科研创新力度更大，R&D 项目数私营企业为国有企业的 27 倍，专利申请数为国有企业的 15 倍。民营经济的目标始终是利润最大化，为了在激烈的市场环境中生存，并且占据更大的市场，民营企业必须通过创新来提高自身优势，因此民营经济有更大的动机和动力投入到科技创新中。根据《2018 中国民营企业 500 强调研分析报告》，其中华为研发费用为 896.9 亿元，研发强度为 14.86%，浙江吉利控股集团有限公司研发费用为 182.7 亿元。民营企业的研发投资主要集中在工艺或流程改进、新技术和新材料开发两大方面，技术研发投资的重点在于解决企业发展中的现实技术问题。根据《2018 中国民营企业 500 强调研分析报告》，2017 年，民营企业 500 强中，有 120 家国家级企业技术中心、49 家行业重点实验室、40 家国家重点实验

---

① R&D 是指在科学技术领域，为增加知识总量，以及运用这些知识去创造新的应用而进行的系统的、创造性的活动，包括基础研究、应用研究、试验发展三类活动。国际上通常采用 R&D 活动的规模和强度指标反映一国的科技实力与核心竞争力。

室、26 家国家工程实验室、16 家国家工程研究中心。在品牌建设方面，民营企业 500 强中，拥有国内外商标总数高达 103 910 个，其中国内商标数为 80 913 个，国外商标数为 22 997 个，平均每家企业拥有商标数为 207 个。

4. 民营经济的社会贡献

民营经济是推动经济发展不可或缺的力量，是创业就业的主要领域、技术创新的重要主体、国家税收的重要来源，在中国社会主义市场经济发展、政府职能转变、农村富余劳动力转移、国际市场开拓等方面发挥了重要作用，如专栏 4.1 所示。中国经济发展能够创造中国奇迹，民营经济功不可没。2017 年，民营企业纳税额占全部纳税额的 52.7%，比上年提高了 1.9 个百分点，其中私营企业纳税额增速高达 32.7%，直接带动了民营企业的增长[①]。根据《2018 中国民营企业 500 强调研分析报告》，民营企业 500 强纳税总额达 10 254.1 亿元。华为、万科、恒大、碧桂园、浙江吉利控股集团有限公司和大连万达等公司纳税额均超过 300 亿元。

专栏 4.1　中国民营企业 500 强——华为[②]

1987 年，华为在深圳创立，那时候的华为还是一家生产用户交换机的香港公司的销售代理。而现在，华为已经拥有近 19 万员工，业务遍及 170 多个国家和地区。华为和运营商一起，在全球建设了 1500 多张网络，帮助世界超过 1/3 的人口实现连接。

华为是一家由员工持有全部股份的民营企业，居于中国民营企业 500 强榜首[③]。在全球建立了地区部、代表处及技术服务中心，销售及服务网络遍及全球。华为得以发展壮大是因为大力发展科技创新，将精力投入到研发中。早在 1995 年，华为就创立了知识产权部。2000 年起，华为国内专利申请量以每年翻倍的速度增长，于 2004 年超过 2000 件。在国外专利申请方面，累计专利合作条约（patent cooperation treaty，PCT）申请或国外专利申请已经超过 600 件，申请国内外商标也超过 600 件。华为是全球

① 2017 年民间投资与民营经济发展重要数据图示. http://www.sohu.com/a/222357350_368400[2019-06-20].

② 关于华为. https://www.huawei.com/cn/about-huawei[2019-06-20]；华为 30 岁了，任正非创立华为之初的创业故事. http://www.sohu.com/a/192402790_99970508[2019-06-20]；华为让更多的人感知中国（中国品牌 中国故事）. http://finance.huanqiu.com/roll/ 2015-03/5790862.html?agt=16361[2019-06-20].

③ 2018 中国民营企业 500 强调研分析报告. http://www.360doc.com/content/18/0829/22/35767144_782253160. shtml [2019-06-20].

领先的信息与通信技术（information and communication technology，ICT）基础设施和智能终端提供商，致力于把数字世界带入每个人、每个家庭、每个组织，构建万物互联的智能世界。在通信网络、信息技术（information technology，IT）、智能终端和云服务等领域为客户提供有竞争力、安全可信赖的产品、解决方案与服务，与生态伙伴开放合作，持续为客户创造价值，释放个人潜能，丰富家庭生活，激发组织创新。华为坚持围绕客户需求持续创新，加大基础研究投入，厚积薄发，推动世界进步。

华为有着民营企业的担当精神，致力于消除全球数字鸿沟，在珠穆朗玛峰南坡和北极圈内，在西非埃博拉疫区、日本海啸核泄漏、中国汶川大地震等重大灾难现场，都有华为人的身影；华为"未来种子"项目已经覆盖 108 个国家和地区，帮助培养本地信息与通信技术人才，推动知识迁移，提升人们对信息与通信技术行业的兴趣，并鼓励各国及地区参与到建设数字化社区的工作中。华为不仅为中国带来直接的税收贡献，促进大量就业，形成产业链带动效应，而且通过创新的信息与通信技术解决方案打造数字化引擎，推动各行各业数字化转型，促进经济增长，提升人们生活质量，增进人民福祉。

民营企业始终坚持践行共同富裕伟大理想，积极参与公益慈善、新农村建设等扶贫事业。1 万多家民营企业参与了精准扶贫项目"万企帮万村①"，它们通过发展乡村特色产业，解决了大量贫困户就业问题，并且进行公益捐赠，在农村建学校、建公园等，共 100 家民营企业获得了"全国'万企帮万村'先进民营企业"荣誉称号。四川易田电子商务有限公司作为中华全国工商业联合会扶贫平台运营商，深入贯彻落实习近平"精准扶贫，精准脱贫"的战略思想，自平台搭建以来，扶贫成果显著，截至 2018 年已帮扶贫困地区销售农特产品突破千万元。

三、民营经济面临的问题

近年来，民营经济得到了快速发展，为推动国民经济发展做出了重要贡献。

---

① 2015 年 10 月 17 日，中华全国工商业联合会、国务院扶贫开发领导小组办公室、中国光彩事业促进会正式发起"万企帮万村"。该行动以民营企业为帮扶方，以建档立卡的贫困村、贫困户为帮扶对象，以签约结对、村企共建为主要形式，力争用 3～5 年时间，动员全国 1 万家以上民营企业参与，帮助 1 万个以上贫困村加快脱贫进程。

但在复杂多变的国内外经济形势下，民营企业仍然遇到不少困难和问题。其中，外部的不利因素阻碍了民营经济的成长与发展，内部的治理结构也不再适应现代企业的发展。

1. 经济增长放缓

当前，我国经济发展从高速发展阶段转入高质量发展阶段，改革开放40年，中国经济实现了从过去的短缺经济年代到过剩经济年代的转变，以前是一个供不应求的"卖方市场"，因此改革开放后消费市场呈现出"排浪式"的态势，市场空间巨大，投资机会多，做企业不愁销路，民营经济繁荣发展，低成本的生产要素使中国成为"世界工厂"。随着价格优势丧失，资金成本提升、劳动力成本飞涨、全球经济持续低迷等内忧外困因素不断侵蚀利润，我国民营经济遭受了巨大打击。建立在低要素成本基础上的加工制造民营企业利润空间被急速压缩。虽然民营企业制造业创新欲望很强，但面临很多困难，转型升级的步子迈得很艰难。民营企业之困是结构之困，而非全局之困。低端制造业等劳动密集型产业的退出是大势所趋，也是全球产业迭代新阶段的客观规律。

在经济新形势下，传统行业发展缓慢，面临生产过剩问题，取而代之的是人们对高端技术产品的需求。大数据、云计算、新能源和人工智能等一大批新兴技术迅速发展，这就要求企业家从原来靠勤奋、吃苦和魄力更多地向靠知识和资本转变，探索和适应新的商业模式，拓展国际视野，树立跨国思维，实施国际化战略和资本运营。

2. 发展环境问题

尽管中国陆续出台了许多支持民营经济的相关政策，但民营经济的发展仍然受到各方面的阻碍。民营企业税负较高，企业生产成本高已有所共识。民营企业和国有企业、外资企业相比，要负担很高的税负。这直接限制了民营企业的发展，使其无法进一步扩大生产规模。由于营业税改增值税、税收征管力度趋严、抵扣链条不完整等，不少企业存在实际税负增加的情况，缺少抵押品的中小企业尤甚。此外，为节省成本，与国有企业和大型上市公司相比，中小民营企业缴纳社保一直不规范，在规范社保缴纳之后，中小民营企业受到的冲击会更加明显。

民营企业大多面临着融资困难的问题。中国的民营企业以间接融资——银行贷款为主，同时，从数量来说，中小企业是民营企业最重要的主体，而银行贷款对于中小企业来说十分不利。当前的银行贷款方式以抵押贷款而非信用贷款为主，而很多小微民营企业创立之初很难通过这种贷款方式获得资金，大部分都给了国有企业和大中型民营企业。此外，担保制度不健全、小微企业财税制度不健全等，也在一定程度上阻碍了民营企业融资。中小企业和大银行之间还存在严重的信息不对称，这一信息不对称状况主要表现为中小企业对自身的信用状况、项目前景、违约概率等拥有"私人信息"，而大银行对此则处于"无知"或"猜测"的状态。这正是现实中包括民营企业在内的中小企业从大银行贷款难的根本原因所在。

在很多领域，民营经济很难与国有经济竞争，民营经济在发展中存在各种显性和隐性壁垒，"玻璃门[①]""弹簧门[②]"现象普遍，尤其是在电力、铁路、港口、金融、保险、电信、石油等方面，市场准入壁垒较高，而一些领域即使对外资开发，也不允许国内民营经济进入，民营资本难以充分发展。除此之外，土地、财政预算等公用资源大部分流向了国有企业，无法达到利用市场机制合理配置资源的效果。

民营企业存在产权不清的问题，主要体现在：出资人之间产权不清；出资人与未出资管理者之间产权不清；出资人与普通员工之间产权不清。对于企业自身而言，企业在创办初期资产较少，产权意识薄弱，没有在管理者之间明确划分财产，当企业资产达到一定规模时，再想划分财产就变得十分困难；部分企业为了获得政策优惠，利用挂靠经营等方式，戴上国有企业的帽子，而企业发展壮大后与所属单位无法界定产权。在政策方面，民营企业的各类产权和产权关系缺乏有效的法律保护，利用公权力侵害私有产权以及违法查封、扣押、冻结民营企业财产等现象时有发生。近年来，知识侵权事件经常发生，民营企业缺乏进一步创新的动力。

3. 内部治理问题

民营经济经过几十年的发展，目前已经成为国民经济的重要组成部分，由于受传统文化和传统经济体制的影响，民营企业大多采用家族式管理模式[③]。然而，随着市场经济体制的不断完善和经济全球化程度的提高，这种原始的家族式管理

---

① 玻璃门是指民间投资"准入难"，即看上去似乎是没有限制，但实际上民营企业无法进入。

② 弹簧门是指某些民营企业刚刚涉足某一行业领域又被一些"硬性政策"弹出的现象。

③ 家族式管理是所有权与经营权合一的一种管理模式。家族式管理成为民营企业初创期进行资本原始积累的唯一选择，对民营企业顺利度过艰难的创业期起着重要作用。

已不适应现代企业发展的要求，甚至成为阻力，其缺陷也就随着民营企业的发展而逐步暴露出来。

从民营中小企业的治理结构来看，企业的所有者与经营者基本上合二为一，所有权和经营权高度统一，企业行为目标与所有者目标高度重合，几乎不存在任何偏离。随着企业的壮大，管理的不适应随之出现。企业发展壮大后，管理层在利益分配、发展决策等方面会出现分歧，进而导致企业内部出现分裂，轻则企业产生发展的震动，重则企业瘫痪。由于是家族式管理，经常出现家族内成员缺乏管理才能，无法胜任，而家族外成员缺乏认同，即使放权，也不能给其平等的待遇。这种权责不对应的做法，使有能力的经理人员对企业的邀请只能望而却步。因此，民营企业为了生存和发展，必须结合自身实际，探求科学的变革途径向现代化企业管理迈进。

第二节　重振民营经济的重大举措

2018 年 11 月 1 日，习近平在民营企业座谈会上强调"非公有制经济在我国经济社会发展中的地位和作用没有变！我们毫不动摇鼓励、支持、引导非公有制经济发展的方针政策没有变！我们致力于为非公有制经济发展营造良好环境和提供更多机会的方针政策没有变！"这在民营经济发展的关键时期，给广大的民营企业家吃了一颗"定心丸"，如专栏 4.2 所示。尽管民营经济在市场、融资方面遇到了一定的困难，但困难是发展中的困难、前进中的问题、成长中的烦恼，一定能在发展中得到解决。中国基本经济制度写入了宪法、党章，这是不会变的，也是不能变的，中国支持民营经济发展，并且走向更加广阔的舞台，所有民营企业和民营企业家完全可以安心谋发展。

专栏 4.2　习近平在民营企业座谈会上的讲话[①]

我国非公有制经济，是改革开放以来在党的方针政策指引下发展起来的。公有制为主体、多种所有制经济共同发展的基本经济制度，是中

---

① 习近平：在民营企业座谈会上的讲话. http://www.xinhuanet.com//politics/2018-11/01/c_1123649488.htm [2019-06-20].

国特色社会主义制度的重要组成部分，也是完善社会主义市场经济体制的必然要求。非公有制经济在我国经济社会发展中的地位和作用没有变！我们毫不动摇鼓励、支持、引导非公有制经济发展的方针政策没有变！我们致力于为非公有制经济发展营造良好环境和提供更多机会的方针政策没有变！我国基本经济制度写入了宪法、党章，这是不会变的，也是不能变的。任何否定、怀疑、动摇我国基本经济制度的言行都不符合党和国家方针政策，都不要听、不要信！所有民营企业和民营企业家完全可以吃下定心丸、安心谋发展！

面对困难挑战，我们要看到有利条件，增强对我国经济发展的必胜信心。一是我国拥有巨大的发展韧性、潜力和回旋余地，我国有13亿多人口的内需市场，正处于新型工业化、信息化、城镇化、农业现代化同步发展阶段，中等收入群体扩大孕育着大量消费升级需求，城乡区域发展不平衡蕴藏着可观发展空间。二是我国拥有较好的发展条件和物质基础，拥有全球最完整的产业体系和不断增强的科技创新能力，总储蓄率仍处于较高水平。三是我国人力资本丰富，有9亿多劳动力人口，其中超过1.7亿是受过高等教育或拥有专业技能的人才，每年毕业的大学生就有800多万，劳动力的比较优势仍然明显。四是我国国土面积辽阔，土地总量资源丰富，集约用地潜力巨大，也为经济发展提供了很好的空间支撑。五是综合各方面因素分析，我国经济发展健康稳定的基本面没有改变，支撑高质量发展的生产要素条件没有改变，长期稳中向好的总体势头没有改变，同主要经济体相比，我国经济增长仍居世界前列。六是我国拥有独特的制度优势，我们有党的坚强领导，有集中力量办大事的政治优势，全面深化改革不断释放发展动力，宏观调控能力不断增强。

从外部环境看，世界经济整体呈现复苏回暖势头，和平与发展仍是时代潮流。今年前三季度我国进出口保持了稳定增长势头，同主要贸易伙伴进出口贸易总额均实现增长。随着共建"一带一路"扎实推进，我国同"一带一路"沿线国家的投资贸易合作加快推进，成为我们外部经济环境的新亮点。

在我国经济发展进程中，我们要不断为民营经济营造更好发展环境，帮助民营经济解决发展中的困难，支持民营企业改革发展，变压力为动力，让民营经济创新源泉充分涌流，让民营经济创造活力充分迸发。

一、减轻企业税费负担，降低企业生产经营成本

从精简收费、降低税收和规范社保等方面减轻企业负担，降低企业生产经营成本。清理物流、认证、检验检测、公用事业等领域经营服务性收费，整治政府部门下属单位、行业协会商会、中介机构等乱收费行为。精简涉及民间投资管理的行政审批事项和涉企收费，规范中间环节、中介组织行为，减轻企业负担，推进涉企行政事业性收费零收费，降低企业成本。在税收方面，不断下调制造业增值税税率，扩大固定资产一次性扣除优惠政策范围，出台扶持高新技术企业、小微企业发展的普惠性税收政策。完善出口退税政策，加快出口退税进度。规范降低涉企保证金和社保费率，减轻企业负担。根据实际情况，降低社保缴费名义费率，稳定缴费方式，确保企业社保缴费实际负担有实质性下降，降低企业社保缴费负担。下调城镇职工基本养老保险单位缴费比例，各地可降至16%。稳定现行征缴方式，各地在征收体制改革过程中不得采取增加小微企业实际缴费负担的做法，不得自行对历史欠费进行集中清缴。

二、拓宽企业融资途径，解决融资难融资贵问题

融资问题一直阻碍着中国民营经济的发展，特别是中小企业常常因为融不到资而破产，截至2016年底，中国小微企业贷款余额约20.8万亿元，占贷款余额的比重不到20%[①]。因此，必须拓宽企业融资渠道，逐步降低融资成本，为民营企业提供良好的资金保证。在金融市场上，要逐步扩大市场准入，鼓励企业通过民营银行、债券股权、风险投资、小额贷款公司等方式融资。企业常常因为缺少抵押物等无法从银行贷款，归根到底是银行的创新服务意识不够。因此，要加强银行对民营企业的支持力度，建立符合民营企业特点的贷款政策，缩短企业融资周期，同时扩大担保物的许可范围。当地政府可自行设立政策性救助资金，扶持那些有前景但无资金的企业。对有股权质押[②]平仓风险的民营企业，采取特殊措施，帮助企业渡过难关，避免发生企业所有权转移等问题。此外，还设立了企业还贷

---

① 银行贷超平台如何通过资源优化配置扶助小微企业发展？. http://www.chinaesm.com/jinrong/2019/0527/99313.html[2019-06-20].

② 股权质押是指出质人以其所拥有的股权作为质押标的物而设立的质押。以股权为质权标的时，质权的效力并不及于股东的全部权利，而只及于其中的财产权利。

周转金，用于缓解企业还贷难问题；设立上市帮扶资金，鼓励符合条件的民营企业上市，上市指标要向民营企业倾斜；培育和支持高科技企业、战略性新兴产业企业挂牌中小板、创业板、新三板、科创板或区域股权交易市场[①]。对于上市、挂牌成功、上市再融资的企业分别给予一定程度的奖励。

2018 年 3 月 28 日，国家融资担保基金设立，首期募资不低于 600 亿元，采取股权投资、再担保等形式支持各省（自治区、直辖市）开展融资担保业务，带动各方资金扶持小微企业、"三农"企业和创新创业。2018 年 7 月 26 日，国家融资担保基金有限责任公司在北京注册成立，注册资本 661 亿元，经营范围包括再担保业务、项目投资、投资咨询、监督管理部门批准的其他业务[②]。

三、坚决破除各种不合理门槛和限制，营造公平竞争市场环境

2014 年 3 月 1 日起，全国全面推行注册资本登记制度改革，着力降低企业登记门槛，提高企业注册便利化程度，优化企业营商环境。中国营商便利度综合前沿距离分数由 2012～2013 年的 61.13 分上升到 2015～2016 年的 64.28 分，提高了 3.15 分，中国在全球营商便利度排名由第 96 名上升到第 78 名，提升了 18 名。其中，开办企业便利度前沿距离分数由 68.72 分上升到 81.02 分，提高了 12.30 分。中国在全球开办企业便利度排名由第 158 名上升到第 127 名，提升了 31 名[③]。虽然营商环境有所改善，民营经济发展空间得到极大拓展，但在市场环境方面，由于存在所有制歧视，民营企业仍面临准入困难。

为了营造公平竞争的市场环境，首先，要最大限度地开放市场准入，对民间投资要一视同仁，建立市场准入负面清单。进一步放开民营机场、基础电信运营、油气勘探开发等领域，消除基础设施和公用事业领域的市场壁垒，在医疗、养老、教育等民生领域出台更有效的举措，使得民营投资能够公平参与。其次，要清理地方保护和行政垄断行为，清理违反公平、开放、透明市场规则的政策文件，推进反垄断、反不正当竞争执法。最后，要进一步优化营商环境，将政府职能由审

---

① 区域股权交易市场是指为特定区域内的企业提供股权、债券的转让和融资服务的私募市场，是中国多层次资本市场的重要组成部分，也是中国多层次资本市场建设中必不可少的部分。

② 国家融资担保基金成立，财政部持股 45.39% 国家融资担保基金是什么？如何运作？. http://www.sohu.com/a/246630777_99921697[2019-06-20].

③ 党的十八大以来全国企业发展分析. http://www.sohu.com/a/200408317_373989[2019-06-20].

批转向市场监督与服务，无论是国有企业还是民营企业，让它们都能享受一视同仁的待遇。通过构建营商环境评价机制，编制发布《中国营商环境报告》，从而形成良性竞争格局，打造国际一流营商环境。

四、完善政策执行方式，构建亲清新型政商关系①

完善政策的制定和执行方式，在制定政策初期要将政策的负面效应考虑进去，根据实际情况对政策进行细化和调整。在政策实施时，要兼顾该政策与原有政策的相互作用，提高政策之间的协调性，推动各项政策落地、落细、落实，让民营企业从政策中增强获得感。在执行政策时，要一视同仁，对各类所有制企业实行统一标准。结合改革监督工作，对中央全面深化改革审议通过的产权保护、创业促进、公平市场竞争审查等有利于民营企业的改革方案实施情况进行监督。

构建亲清新型政商关系，大力支持民营企业发展，花更多时间和精力关心民营企业的发展、民营企业家的成长。政府与企业家的关系犹如"裁判"与"球员"的关系，既相互依存，又职责各异，应当有底线、有距离。构建新型政商关系，需要双方厘清边界、各司其职和相向而行的鼎力协作。"亲""清"两字，形象地道出了两者相处"亲密"而不失"分寸"的正常状态。要"亲"，即亲切真诚；要"清"，即清白坦荡。作为政府干部，在和民营企业家交流工作时，要明确自身角色，把握交往分寸。一方面，要积极主动地解决企业家的实际问题，踏实为企业服务；另一方面，要杜绝金钱交易，绝不以权谋私，让企业家专注于创业、专注于发展、专注于创造。作为民营企业家，要将个人志向与地方发展结合起来，多和当地政府沟通，讲真话，说实情。更重要的是，企业家要把持经营底线，廉洁从商，依法经商。

五、大力保护产权，为创业创新营造良好环境

有恒产者有恒心，经济主体财产权的有效保障和实现是经济社会持续健康发展的基础，具体参考专栏4.3。首先，要完善自然资源有偿使用制度，健全归属清

---

① 2016年3月4日下午，习近平看望出席全国政协十二届四次会议民建、工商联界委员并参加联组讨论，同时用"亲""清"两字阐明新型政商关系。

晰、权责明确、监管有效的自然资源资产产权制度，逐步实现各类市场主体按照市场规则和市场价格依法平等使用土地等自然资源。在征收征用土地、房屋时，不能将公共利益扩大化，要合理界定公共利益的范围。政府要细化和规范征收征用法定权限与程序，对于被征收者要给予合理补偿，完善国家补偿制度，遵循及时合理的补偿原则。其次，要加快建设知识产权保护体系，重点针对网购、进出口领域出台政策。逐步提高专利、商标注册审查质量和效率，全面推进商标注册全程电子化，对侵犯商业秘密，专利、商标、地理标志侵权，以及假冒、网络盗版侵权等违法行为开展集中整治。实施《"互联网+"知识产权保护工作方案》，引导电商平台运用"互联网+"高效处理侵权假冒投诉，在进出口环节知识产权保护工作中推进线上信息共享、办案咨询、案件协查。最后，要加快推进专利法修订实施工作，推动建立侵权惩罚性赔偿制度，解决知识产权侵权成本低、维权成本高问题。

专栏 4.3　科斯的产权定理①

科斯认为，市场机制的运行过程中存在交易成本，而明晰的产权制度能够降低交易成本。交易成本是运用价格机制的成本，是为了达成一笔交易所花费的时间和货币成本，包括事前签约、谈判的成本，讨价还价的成本，事后契约不能适应所导致的成本，以及为了彼此信任付出的约束成本等。企业是参与市场交易的组织单位，生产要素的交易会存在交易成本，而企业可以将几个生产要素整合在一起交易，所以企业的存在是因为其降低了交易成本。

产权不是指人与物之间的关系，而是指由于物的存在和使用所引起的人们之间相互认可的行为关系。产权是一组权利，包含所有权、使用权、收益权、处置权等，商品的买卖实质上是产权的交易或让渡。科斯第一定理指出，如果市场的交易成本为零，不论初始产权制度怎样设计，只要产权是明晰的，那么最终市场资源配置都会达到帕累托最优，且该过程是市场自动运行的。在这种情况下，初始的产权制度并不影响资源的最优配置。市场在运行过程中会存在外部效应，影响市场资源的有效配置。外部效应是指一项经济活动的发生会对非参与者产生影响，并且

① Coase R H. 1960. The problem of social cost. Journal of Law and Economics, 3: 1-44.

市场无法自发的消除，如工厂在生产过程中产生的噪声和污染是负的外部效应。当外部效应存在时，当事人可以互相商议，调整产权界定，那么就可以实现外部性影响内在化，进而消除它。

但是在现实世界中，交易成本不可能为零，当对权利进行重新界定时，需要付出一定的成本，因此只有在改变现有产权而带来的产值比付出成本高时，才会进行调整。因此，科斯第二定理提出，在交易成本不为零时，初始的产权制度会影响最终的产权分配，进而影响资源的配置效率。如果交易产权的成本过高，则可能会放弃对社会最有利的决定。在科斯第三定理中，假设政府能够以较低的成本从众多产权制度中选择一个最优的产权制度，并且能公平地执行它，那么最初明晰的产权制度安排会比市场自行交易产权更有利。

第三节　新一代的民营企业家

市场活力来自人，特别是来自企业家，来自企业家精神。民营经济之所以能从小到大、从弱到强，是与广大民营企业家辛勤劳动、不懈奋斗分不开的。随着新时代的到来，新一代的民营企业家逐渐走上舞台，习近平在民营企业座谈会上提到，新一代民营企业家要继承和发扬老一辈人艰苦奋斗、敢闯敢干、聚焦实业、做精主业的精神，努力把企业做强做优[①]。

一、从"富二代"到"创二代"

"创一代"赶上了改革开放的契机，白手起家，筚路蓝缕，创业成功。而"创二代"的环境则有所不同，他们出生时便有着优越的家庭环境，在父辈创业故事的影响下，完成自身"富二代"到"创二代"的转型。他们接受着良好的教育，大部分都有海外留学经历，知识层次都较父辈有很大提高，拥有更广阔的眼界和更丰富的学识，并经历有史以来最好的创业环境，他们正在用最前沿的思维和方式为中国经济带来新的活力。柳青是联想创始人柳传志的女儿，入选《福布斯》

---

① 习近平：在民营企业座谈会上的讲话. http://www.xinhuanet.com/politics/2018-11/01/c_1123649488.htm[2019-06-20].

"2018 科技行业最具影响力女性榜"。她本科就读于北京大学，硕士毕业于哈佛大学，是公认的学霸，一周工作时间有时甚至达 140 小时。柳青从高盛集团跳槽到滴滴，主导了轰动业界的事件，如滴滴打车与快的打车的合并以及收购优步中国。张康阳是苏宁创始人张近东的儿子，毕业于宾夕法尼亚大学，在苏宁挺进体育界时，张康阳担当重任，凭借出色的表现出任国际米兰足球俱乐部第 21 任主席，26 岁的他是欧洲豪门俱乐部最年轻的主席。同时，张康阳还负责苏宁小店的运营，在张康阳的管理下，苏宁小店发展为面向社区、城市中央商务区、交通站点等商圈社区的连锁便利店，可满足消费者购物、餐饮、本地生活服务等多种需求。

对于"创二代"来说，父辈是榜样，更是目标，他们努力拼搏，希望有一天能超越父辈，成为新一代的民营企业家。虽然他们思维活跃、不惧失败，但仅凭这些还不能完成企业传承和发展的历史重任，还必须深刻认识中国国情，继承和弘扬老一辈企业家的优良传统，坚定走中国特色社会主义道路的信念，自觉把自己融入中国民营经济发展的大环境中，把所学到的知识与企业发展实际结合起来，为民营经济的健康持续发展贡献力量。

二、开创新民营经济

在新时代背景下，民营经济转型升级是必然之路，新一代民营企业家的出现，恰恰接住了这个历史性的伟大任务。他们将新兴的产业、独特的商业模式和科学的管理作为武器，开创了民营经济的新局面。

1. 产业领域新

新一代民营企业家所处的时代和之前相比，已经发生了翻天覆地的变化。制造业虽然在民营企业中仍然是主导行业，但是对新一代民营企业家来说吸引力已经很弱。一方面，企业家知道传统行业已经失去了优势，在这个互联网、大数据的时代，必须赶上新兴产业的大潮，才能真正发展；另一方面，企业家性格中固有的挑战意识，也让他们蠢蠢欲动，那些未被开发的行业才是最具诱惑力的果实。

新的民营经济将聚焦到新一代信息技术、高端装备、新能源新材料、现代海洋、3D 打印、机器人等新兴产业，推动互联网、大数据、人工智能和实体经济深度融合。具体做法包括：①淘汰过剩产能，产业发展低碳化。重视产业发展低碳化，促进能源资源集约高效利用，加快淘汰民营领域落后过剩产能，淘汰冶炼、造纸、水泥、制革、化工、化纤、电镀等高耗能高污染领域的中小企业。②重点发展高新技术领域。通过外部引进、联建共建、整合提升等方式，建立研发创新平台，重点在人工智能、生命科学、量子技术、纳米科技、空天海洋、检验检测认证等领域，规划建设产业技术创新公共服务网络和重大创新平台。③传统行业的转型升级。运用互联网、物联网、智能化等技术，改造提升零售、食品、纺织服装、家具、陶瓷制品等民营经济传统优势行业，促进传统产业向智能化、高端化方向发展。

2. 经营模式新

每个胸怀大志、有志于在民营经济发展中有所建树的企业家，都是审时度势、大胆开拓、勇做转变经济发展方式的先行者。要紧紧抓住经济发展方式转变的机遇，认清形势、把握机遇，切实增强进取意识和忧患意识，主动调结构、转方式、上水平，不断提高市场竞争能力、抵御风险能力和可持续发展能力，发展平台型经济模式，推动商业模式创新。

互联网和信息技术的深度应用使企业组织管理趋向模块化、生产经营趋向虚拟化，新的商业模式不断涌现。其中，基于互联网技术应用的平台型经济模式成为重要的创新方向，针对民营经济而言，具体的发展模式如下：①以电商为平台发展营销新模式。民营企业利用电商平台的大数据资源，提升企业精准营销能力；利用移动社交、新媒体等新渠道，发展社交电商、"粉丝"经济等网络营销新模式。②以共享为理念发展经济新模式。民营企业在汽车、房产、餐饮、家政、旅游、医疗、交易等生活服务消费领域发展共享出行、共享空间、共享医疗健康、共享技能服务等共享经济。③民营企业扩大对外开放水平，进出口加大。通过参加境外展会、建设境外办事处、申请境外专利、注册境外商标等方式开拓国际市场，拓展民营企业多元出口市场。继续向境外转移优势产能，民营企业可以在境外设立生产加工基地，到资源富集国家和地区建设境外资源基地，通过并购实体经济、设立研发机构、建立营销渠道等方式，逐渐提高企业的国际市场参与度。

3. 管理制度新

在继承父业的过程中，新一代民营企业家开始展示自己的才能，"制度变革"成为其共同的理念。如专栏 4.4 所示，新一代民营企业家秉持着向管理要效率、向管理要效益的现代管理理念，引入现代管理技术，创新现代管理手段，以管理信息化推动企业的管理制度化和规范化建设。在混合所有制改革的政策下，新的民营企业开始通过资产收购、产权受让、交叉持股、合资合作等多种途径参与省属国有企业的改制重组，并与国有企业共同设立新民营经济领域混合所有制企业。制度变革还需要建立开放的产权结构，实现由单一化、个人化向多元化、社会化的转变。民营企业可通过吸收新的资金、技术、管理优化产权结构和治理机制，逐步打破封闭的产权模式，优化企业的法人治理结构，将企业产权与家族财产划清界限，实现产权结构的多元化发展；规模较大的民营企业进行所有权和经营权分离，逐步建立起规范的企业战略决策、权力制衡和风险控制机制。

专栏 4.4　中国燃气具巨头——万和集团有限公司①

　　"世界燃气具看中国，中国燃气具看广东，广东燃气具看万和"，万和作为中国生产规模最大的燃气具专业制造企业，曾连续14年占据中国燃气热水器市场第一的位置。1993年，卢础其创立了万和，并带领万和一步一步做强做大，成为中国仅有的两个"全球十大热水器品牌"之一。2015年，卢础其正式辞任万和电气董事长一职，退出企业的一线管理，卢础其的儿子卢宇聪正式接任万和电气总裁职务，开启了企业的传承与再次创业之路。

　　卢宇聪意识到，要想在世界市场争到一席之地，就必须从技术革新、品牌形象、营销方式多方面入手。在生产端，卢宇聪大力推进自动化、智能化改造的步伐，推出"零冷水"智能燃气热水器L7、创新烟灶联动厨电产品等一系列高端智能新品，与顺德职业技术学院（GE通用电气教育合作示范高校）就数字化工厂的制造执行系统项目开展战略合作，打造柔性高效、个性化定制的数字工厂。通过创新技术和服务的变革，带给消费者智能、健康、安全、舒适的极致生活体验，并以智能、高端产品带动行业升级。同时，卢宇聪与淘宝（中国）软件有限公司签订了《阿里智能平台服务协议》，双方将建立战略合作关系，推动发展全球化智能家居产品、系统和生态的建设以及市场渠道合作。而在营销方面，万

---

① 万和：中国燃气具行业的"实力派"与"大冠军". https://family.pconline.com.cn/873/8732080.html [2019-06-20]；厉害了！！！万和拿下"中国燃气具行业十强企业"第一名！. http://static.nfapp.southcn.com/content/201801/24/c930005.html[2019-06-20]；领衔"智造"时代 万和电气全面铺开智造通途. http://www.fsonline.com.cn/p/206688. html[2019-06-20].

和创新性地携手《今日头条》展开航天专题直播策划，引爆关注，并成为"中国航天事业战略合作伙伴"。

在卢宇聪的带领下，万和的全球化步伐从产品输出向品牌输出转变。万和作为里约奥运会奥运村燃气热水器的制造商，以优质的产品和体育营销推动品牌响彻国际，为奥运村供应了1万台燃气热水器。2018年，万和宣布与阿根廷国家足球队签约合作，成为阿根廷国家足球队的官方合作伙伴。从前，万和是燃气具市场销量第一，如今万和稳中求胜，实现了制造到智能，单一到多元，国内到国际的转型。

思考题

1. 中国民营经济是从何时开始的？你知道哪些中国的民营企业？你认为民营经济的存在对于中国经济的发展有什么样的作用？

2. 和国有经济相比，民营经济有什么特点？你认为中国对民营经济发展持什么样的态度？

3. 新时代背景下，民营经济遇到了哪些困境？你觉得民营经济应该如何转型升级？

第五章　新产业与新动能

以信息化培育新动能，用新动能推动新发展，以新发展创造新辉煌。

——习近平致首届数字中国建设峰会的贺信

北京外国语大学丝绸之路研究院采访了"一带一路"沿线 20 国的青年，做了个"你最想把什么带回你的国家？"的调查。调查显示，他们想要带回自己国家的四样东西其实在中国生活中经常可以看到，同时他们将这四样东西称为中国的"新四大发明"——高铁、支付宝、共享单车、网购。

1）高铁。高铁是各国青年的首选，大家深深感受到了这种高速出行的便利。尼泊尔姑娘那比娜对高铁非常着迷，她说，选高铁是因为我的国家地形特殊，只能走公路，但很容易发生交通事故。如果我们也有高铁，出行会变得很方便，而且快。她的愿望也许很快就可以实现，因为尼泊尔政府已表示希望中国加强沿线国家的设施联通和贸易畅通。

2）支付宝。许多国家的留学生都不假思索地选择支付宝，出门不用带钱包，只带一部手机就可以实现日常生活所需，这种便利在他们自己的国家是体验不到的。罗马尼亚的彼得刚到中国时，中国同学带他在北京"吃喝玩乐"逛了一整天，但没见同学掏一次钱。彼得心里纳闷，同学告诉他，现在中国很多地方都可以用支付宝扫码付款，根本不用现金。

3）共享单车。对于来中国的外国留学生来说，共享单车不仅为他们很好地解决了城市旅游中的交通困惑，而且方便了他们更深入地了解中国，成为他们深入了解、学习中国文化的交通工具，所以共享单车的入选也在意料之中。

4）网购。波兰的苏菲是一个典型的"宅女"，她说可以在淘宝买到任何自己想要的东西，还可以直接送到家里，送货的速度也很快。她说，如果欧洲有淘宝这样的东西就好啦。

不管是古代"四大发明"，还是现代"新四大发明"，都是中国人民的智慧结晶。高铁、移动支付、共享单车、网购，都是值得中国人民为之自豪的发明创造，它们改变了中国，影响着世界。中国人民有着无穷的创造力，可以预见中国以后也会继续创造更多让世界惊叹的"中国发明"。[①]

---

① 20 国青年选出了中国"新四大发明"！最想带回国的竟然是……. http://www.sohu.com/a/139604433_249601[2019-06-20]；"一带一路"沿线 20 国家青年评出中国"新四大发明". http://www.chinapeace.gov.cn/2017-05/11/content_11409226. htm[2019-06-20]；"一带一路"调查中国新四大发明，结果让人很意外. https://www.sohu.com/a/140961232_ 624079[2019-06-20].

第一节 为什么要培育新动能

2018年政府工作报告指出，快速崛起的新动能，正在重塑经济增长格局、深刻改变生产生活方式，成为中国创新发展的新标志。新动能日渐在中国经济发展的舞台上闪闪发光。

一、新动能的提出

新旧动能持续平稳转换是中国当前推进供给侧结构性改革的重要内容，李克强陆续在不同场合强调新旧动能转换的重要意义：2017年1月4日国务院常务会议上，李克强强调要加快新旧动能平稳接续、协同发力，促进覆盖一二三产业的实体经济蓬勃发展①；2017年3月5日政府工作报告中又提出要依靠创新推动新旧动能转换和结构优化升级②；2017年4月18日李克强在"贯彻新发展理念 培育发展新动能"座谈会上再一次强调，推动经济结构转型升级必须加快新旧动能转换。新动能覆盖一二三产业，重点是以技术创新为引领，以新技术、新产业、新业态、新模式为核心，以知识、技术、信息、数据等新生产要素为支撑，体现了新生产力发展趋势，是实体经济发展升级的强大动力③。2018年4月，习近平强调，要发展数字经济，加快推动数字产业化，依靠信息技术创新驱动，不断催生新产业新业态新模式，用新动能推动新发展④。同时，第三次工业革命的兴起将重新诠释产品竞争力的内涵，并从根本上改变竞争力所依赖的资源基础，最终影响各国在全球工业体系中的分工地位和现实利益，发达国家尤其是美国很有可能在制造业中再度领先，以中国为代表的新兴市场制造业会失去优势，因此中国必

① 李克强主持召开国务院常务会议. http://politics.people.com.cn/n1/2017/0104/c1024-28999121.html[2019-06-20].

② 政府工作报告——2017年3月5日在第十二届全国人民代表大会第五次会议上. http://www.gov.cn/premier/2017-03/16/content_5177940.htm[2019-06-20].

③ 李克强主持召开"贯彻新发展理念 培育发展新动能"座谈会. http://www.gov.cn/guowuyuan/2017-04/18/content_5186934.htm[2019-06-20].

④ 习近平在全国网络安全和信息化工作会议上强调 敏锐抓住信息化发展历史机遇 自主创新推进网络强国建设. http://paper.people.com.cn/rmrb/html/2018-04/22/nw.D110000renmrb_20180422_1-01.htm[2019-06-20].

须抓住第三次工业革命的契机加快促进产业升级。足见，培育壮大新动能、促进新旧动能转换是贯彻落实新发展理念、全面建成小康社会的战略选择，也是推进供给侧结构性改革、加快产业转型升级的现实需要。

李克强在 2015 年 10 月指出，当前我国经济正处在新旧动能转换的艰难进程中①。自此，新旧动能正式进入人们视野并屡屡被提及，2016 年以来，新动能已连续 3 年出现在政府工作报告中。2016 年政府工作报告指出"发展新动能加快成长"，"新动能对稳就业、促升级发挥了突出作用，正在推动经济社会发生深刻变革。②"2017 年政府工作报告指出"发展新动能不断增强"，"新动能正在撑起发展新天地。③"国家发展和改革委员会新闻发言人孟玮指出，据有关机构测算，新动能对经济增长的贡献已超过 30%，对城镇新增就业的贡献超过 70%。一些东部省份已经走出结构调整阵痛期，新动能正日渐成为经济发展的第一引擎，不断推动质量和效益的提升④。新动能提出历程如图 5.1 所示。

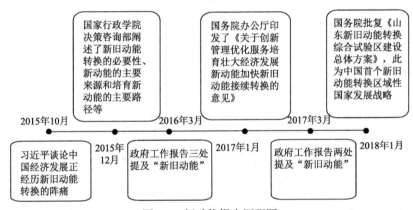

图 5.1　新动能提出历程图

资料来源：聚集发展新动能　大西安高速起舞. http://sn.people.com.cn/GB/n2/2018/0211/c378288-31243963.html [2019-06-20]；政府工作报告——2016 年 3 月 5 日在第十二届全国人民代表大会第四次会议上. http://www.gov.cn/guowuyuan/2016-03/17/content_5054901.htm[2019-06-20]；政府工作报告——2017 年 3 月 5 日在第十二届全国人民代表大会第五次会议上. http://www.gov.cn/premier/2017-03/16/content_5177940.htm[2019-06-20]

---

① 李克强：巩固经济基本面　培育发展新动能. http://www.xinhuanet.com/politics/2015-10/15/c_1116837998.htm[2019-06-20].

② 政府工作报告——2016 年 3 月 5 日在第十二届全国人民代表大会第四次会议上. http://www.gov.cn/guowuyuan/2016-03/17/content_5054901.htm[2019-06-20].

③ 政府工作报告——2017 年 3 月 5 日在第十二届全国人民代表大会第五次会议上. http://www.gov.cn/premier/2017-03/16/content_5177940.htm[2019-06-20].

④ 结构优化　迈向高水平供需平衡. http://www.gov.cn/xinwen/2018-02/27/content_5269025.htm[2019-06-20].

二、什么是新旧动能转换

2017 年 4 月，李克强在"贯彻新发展理念 培育发展新动能"座谈会上谈到推动经济结构转型升级必须加快新旧动能转换[①]。2018 年 4 月 26 日，习近平主持召开深入推动长江经济带发展座谈会指出，正确把握破除旧动能和培育新动能的关系；要以壮士断腕、刮骨疗伤的决心，积极稳妥腾退化解旧动能，破除无效供给，彻底摒弃以投资和要素投入为主导的老路，为新动能发展创造条件、留出空间，实现腾笼换鸟、凤凰涅槃[②]。新动能和旧动能是相对而言的，是动态转换的，是相对于不同的经济发展水平和产业生命周期而言的，具体理论可参考专栏 5.1。新动能是以技术创新为引领，以新技术、新产业、新业态、新模式为核心，以知识、技术、信息、数据等新生产要素为支撑，形成的引领经济持续健康发展的动力。旧动能是以高耗能、高污染的制造业与传统模式发展的三次产业为核心，以土地、资本、劳动力、矿产资源等传统生产要素为支撑，对区域经济贡献持续降低的动力。

专栏 5.1　产业生命周期理论[③]

产业生命周期理论是在产品生命周期理论基础上发展而来的。1966 年，弗农（Vernon）提出了产品生命周期理论，随后阿伯内西（Abernathy）和厄特巴克（Utterback）等以产品的主导设计为主线将产品的发展划分为流动、过渡和确定三个阶段，进一步发展了产品生命周期理论。在此基础之上，1982 年，戈特（Gort）和克莱珀（Klepper）通过对 46 个产品最多长达 73 年的时间序列数据进行分析，按产业中的厂商数目进行划分，建立了产业经济学意义上第一个产业生命周期模型。

产业生命周期是指行业从出现到完全退出社会经济活动所经历的时间。产业生命周期主要包括幼稚期、成长期、成熟期、衰退期四个发展

---

① 李克强主持召开"贯彻新发展理念 培育发展新动能"座谈会. http://www.gov.cn/guowuyuan/2017-04/18/content_5186934.htm[2019-06-20].

② 习近平主持召开深入推动长江经济带发展座谈会并发表重要讲话. http://www.xinhuanet.com/politics/leaders/2018-04/26/c_1122749143.htm[2019-06-20].

③ Gort M, Klepper S. 1982. Time paths in the diffusion of product innovations. Economic Journal, 92(367): 630-653.

阶段，如专栏图 5.1.1 所示。

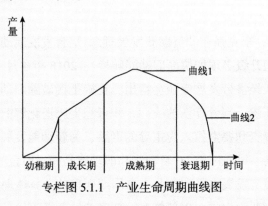

专栏图 5.1.1 产业生命周期曲线图

产业生命周期曲线忽略了具体的产品型号、质量、规格等差异，仅仅从整个行业的角度考虑问题。行业生命周期可以将成熟期划分为成熟前期和成熟后期。在成熟前期，几乎所有行业都具有类似"S"形的生长曲线，而在成熟后期则大致分为两种类型：第一种类型是行业长期处于成熟期，从而形成稳定型的行业，如专栏图 5.1.1 中的曲线 1；第二种类型是行业较快地进入衰退期，从而形成迅速衰退的行业，如专栏图 5.1.1 中的曲线 2。产业生命周期是一种定性的理论，产业生命周期曲线是一条近似的假设曲线。

识别产业生命周期所处阶段的主要指标包括市场增长率、需求增长率、产品品种、竞争者数量、进入壁垒及退出壁垒、技术变革、用户购买行为等。下面分别介绍产业生命周期各阶段的特征。

1）幼稚期：这一时期的市场增长率较高，需求增长较快，技术变动较大，行业中的用户主要致力于开辟新用户、占领市场，但此时技术上有很大的不确定性，在产品、市场、服务等策略上有很大的余地，对行业特点、行业竞争状况、用户特点等方面的信息掌握不多，企业进入壁垒较低。

2）成长期：这一时期的市场增长率很高，需求高速增长，技术渐趋定型，行业特点、行业竞争状况及用户特点已比较明朗，企业进入壁垒提高，产品品种及竞争者数量增多。

3）成熟期：这一时期的市场增长率不高，需求增长率不高，技术上已经成熟，行业特点、行业竞争状况及用户特点非常清楚和稳定，买方市场形成，行业盈利能力下降，新产品和产品的新用途开发更为困难，行业进入壁垒很高。

4）衰退期：这一时期的市场增长率下降，需求下降，产品品种及竞争者数目减少。从衰退的原因来看，可能有以下四种类型的衰退：①资源型衰退，即由于生产所依赖的资源的枯竭所引起的行业衰退。②效率型衰退，即由于效率低下的比较劣势所引起的行业衰退。③收入低弹性衰退，即因需求-收入弹性较低所引起的行业衰退。④聚集过度性衰退，即因经济过度聚集的弊端所引起的行业衰退。

中国宏观经济研究院产业经济与技术经济研究所所长黄汉权表示，在新一轮科技革命和产业变革过程中，新动能表现为以创新驱动、技术进步、消费升级为牵引，以知识、技术、信息、数据等新生产要素为支撑，以新技术、新产业、新业态、新模式为标志，以数字经济、智造经济、绿色经济、生物经济、分享经济等为主要方向，是一种不同于传统的物质生产、流通和交换模式的新生产力[①]。新动能核心内容解读如图 5.2 所示。

当下，加快培育壮大新动能、改造提升传统动能是推进供给侧结构性改革的重要着力点，也是促进经济结构转型和实体经济升级的重要途径。新旧动能的转换具体来说有以下含义：一是借助新动能的增量对冲传统动能的减弱，加快培育新技术、新产业，寻找新的经济增长点；二是借助大众创业万众创新、"互联网+"等创造出新业态、新模式来改造传统动能；三是借助新动能创造的"战略纵深"为传统动能升级赢得空间。第二产业背景下新旧动能的区别如表 5.1 所示。

表 5.1　第二产业背景下新旧动能的区别

项目	新动能	旧动能
能源利用	矿物能源的精细化利用或风能、太阳能、核能等物理能源为主导	以煤炭、石油、天然气等矿物能源粗放利用为主导
原材料	以对原子设计、分子制造的新材料以及深层循环利用为主导	以对矿物原材料一次性利用为主导
生产工艺	高度网络化、人工智能化	机械化
生产模式	资源-产品-废物-再生资源-再生产品	资源-产品-废物
资源约束	深层循环化生产，增加资源约束弹性	资源匮乏性生产

---

① 连续 3 年出现在政府工作报告中的"新动能"到底是什么. http://special.chinadevelopment.com.cn/2018zt/2018lh/lhxw/2018/03/1242622.shtml[2019-06-20].

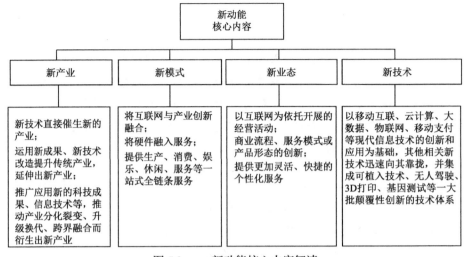

图 5.2　　　　新动能核心内容解读

新旧动能持续转换的关键是一定要处理好发展新兴产业和改造传统产业之间的关系，不能片面地把增加新动能理解为只是发展新兴产业。发展新兴产业和改造传统产业必须同时发展并重才能加快新旧动能持续转换。对于大数据、云计算等过去没有的产业，发展形成新兴产业是增加新动能，而改造提升传统产业，达到一个新的高度以后，形成新兴产业也同样是增加新动能。在培育发展新兴产业的同时，一刻也不能放松对传统产业的改造升级。同时，也不要把两者完全割裂开来、对立起来。

第二节　传统产业的改造

传统产业主要是指劳动密集型的、以制造加工为主的行业，如制鞋、制衣服、光学、机械等行业，传统产业中较明显的非传统行业如 IT，但若它们加上高新技术之后又是另一种局面，而且是未来的明星产业。2002 年发布的《关于用高新技术和先进适用技术改造提升传统产业的实施意见》中列举了如下传统产业：煤炭、石油、石化、化工、电力、钢铁、有色金属、机械、船舶、轻工、纺织、医药、建设、建材、交通运输、铁路、邮政、商贸流通等。改造提升传统产业，推动传统产业生产、管理和营销模式变革，促进传统产业焕发新的生机，是《中国制造

2025》和《2017 年政府工作报告》的重要内容，也是中国发展培育新动能的重大战略举措。

一、传统产业的起步、发展与衰落

在中国经济建设中，传统产业在相当长时间内都是中国国民经济发展的主体，是促进经济增长的基本力量，2002 年中国传统产业占国民生产总值的 90%以上，占工业增加值的 91%，占固定资产原值的 95%，占利润的 80%，占上缴税金的 95%，占从业人数的 94%，占出口的 87%，传统产业创造了大部分的产值、利税和就业机会，在中国经济发展中有着庞大的规模和雄厚的基础[1]。

1. 阶段划分

（1）传统计划经济体制下传统产业的发展（1953~1977 年）

新中国成立后，中国用了三年时间进行国民经济恢复工作，由于当时面临的国际国内政治、军事、经济环境再加上"苏联模式"的榜样作用，中国选择了重工业优先发展的模式，1953~1957 年第一个五年计划中国主要进行了以苏联援助的 156 个建设项目为中心，由 694 个大中型建设项目组成的工业建设[2]，重工业占工业总产值的比重由 1952 年的 37.3%上升到 1957 年的 45.0%。第一个五年建设的成就助长了骄傲的情绪，1958 年陷入了将工业发展简单理解为钢铁产量标准的泥潭，导致 1960 年轻工业产值和农业产值下降 9.8%和 12.6%[3]。必须指出的是，这一时期的农业和轻工业都属于传统产业。经过 25 年的建设，中国基本建立起较完整的工业体系，但严重忽视了农业、轻工业的基础作用，长期将农业剩余以"剪刀差"的形式输出到工业，一味地强调重工业优先发展，产业发展未能遵循产业发展规律，人为拔高产业层次，导致出现产业滞后的现状。

（2）体制过渡期传统产业的发展（1978~1990 年）

以中国共产党第十一届中央委员会第三次全体会议为标志，中国进入了一个以经济建设为中心的新时期，产业发展也经历了从重工业优先发展战略向轻工业

---

① 木云. 2002. 用高新技术和先进适用技术改造提升传统产业. 中国机电工业，（22）：21-22，29.
② 第一个五年计划（1953—1957）简介. https://finance.sina.com.cn/g/20090818/15266632519.shtml[2019-06-20].
③ 新中国成立后的产业结构历史演变. http://www.wodefanwen.com/lhd_20ja89zahf4n25q6n2cd_1.html[2019-06-20].

优先发展战略的转变。改革率先从农村开始，家庭联产承包责任制的实行，使农业生产潜力得到较大的发挥，农业的发展带来了农业剩余。在农业劳动力还不能自由流动的前提下，乡镇企业异军突起，这一发展模式符合产业升级规律：农业→农业加工业→轻纺工业。由于第一产业资源受制度约束不能顺利流入城市第二、第三产业，乡镇企业成为农业加工业和轻工业的载体，与此同时，作为重工业发展载体的国有大中型企业也因为制度等多方面的因素陷入困境，这一时期的产业发展呈现轻工业优先发展现状。

（3）社会主义市场经济体制下传统产业的发展（1991～2009 年）

"八五"期间，第二产业迅速增长，产业结构调整初见成效：以水利、能源、交通、通信为代表的基础设施产业得到增强，港口、机场、光缆等得到快速发展，汽车、石化和电子等国家支柱产业的生产力快速增长，形成了具有经济规模的年产 15 万辆轿车、45 万吨乙烯、300 万台彩电的生产基地，同时轻纺织品的产量大幅增加，既可以满足国内市场的需要，也在国际市场上发挥了比较优势，开始大量出口。"九五"期间，农产品中许多产品产量跃居世界前列，供给上实现了从长期短缺到总量平衡的转变，在主要工业品中，钢、煤、水泥、化肥、电视机等产量跃居世界第一位，发电量、棉布、化学纤维等产量居世界第二位，产业结构趋于优化，根据国家统计局发布数据，第一、第二、第三产业比重由 1995 年的 20.5：48.8：30.7 调整为 2000 年的 15.9：50.9：33.2，各产业内部结构也不断优化。

（4）新经济时期传统产业的衰落（2010 年至今）

过去十年，传统产业依靠低毛利、高周转的模式快速成长。但在需求增长放缓、人口红利消退和成本压力三重冲击下，过往增长模式受到挑战。兴业研究显示，传统产业体量大，但占 GDP 的比重正在逐步降低，从 2000 年的 41.84%降低到 2017 年的 36.78%；A 股上市公司中传统行业的市值占比也逐渐降低，整体市值占比由 2003 年的 71%降低到 2017 年的 56%①。根据国家统计局发布数据，2013～2015 年，全国共计淘汰落后炼铁产能 4800 万吨、炼钢产能 5700 万吨、电解铝产能 110 万吨、水泥（熟料和粉磨能力）产能 2.4 亿吨、平板玻璃产能 8000 万重量箱。在此基础上，2016 年、2017 年又化解钢铁产能 1.2 亿吨、煤炭产能 5 亿吨，

① 打破边界：传统产业的转型创新. https://www.qichacha.com/postnews_8e7f447ef7cd1130d15adbbd7c88b787.html [2019-06-20].

全面取缔 1.4 亿吨"地条钢"，淘汰、停建、缓建煤电产能 6500 万千瓦以上。

2. 原因剖析

总体来看，目前传统产业主要受技术进步、商业模式变更、消费升级和劳动力成本上升四大因素的冲击。

1）技术进步。受该因素冲击的行业最多，包括电子、照明、家电、文化、娱乐消费等多个大类行业，其中互联网和智能手机的普及是最重要的冲击因素。例如，ATM 的未来消亡如专栏 5.2 所示。可以预见，未来新能源的应用以及其他技术的成熟和普及，将继续替代当前的主流产品或行业，如燃油车或将被新能源汽车所替代，工业样品和小组件制造商或将被 3D 打印所替代，等等。受技术进步冲击的主要行业汇总如表 5.2 所示。

专栏 5.2　ATM 未来消亡？[①]

三年前，生产 ATM、POS 机的企业应该不会料到，打败自己的并不是竞争对手。随着移动支付的崛起，ATM、POS 机行业出现了翻天覆地的变化，2017 年 ATM、POS 机生产商的业绩均出现不同程度的下滑，个别公司的下滑幅度甚至超过九成。

最威胁 ATM 生死的因素是中国的第三方移动支付。2017 年 11 月 11 日，午夜钟声响过的第 7 分 23 秒，在线完成交易数就突破了 1 亿笔。越来越多的消费者现在都不带现金出门，仅靠手机就可以轻松搭上"网约车"，在街边早餐小摊上扫码买煎饼、豆浆，还可以缴纳家里的水电费、煤气费。

相对于纸币携带不便、难以保存小额交易凭证，又有假币风险和找零的烦琐，一刷即付的手机移动支付将非现金支付手段渗透到生活的方方面面，这大大降低了人们对 ATM 的依赖，如果没有现金需求，ATM 就失去了其最大的吸引力。现在越来越多的年轻人收到现金红包都觉得不如收到微信红包，微信红包的优点是省得再去银行 ATM 前存款。

---

① ATM 机的发展史：命运多舛，遭人嫌弃？. http://history.people.com.cn/n1/2017/1220/c372330-29718840-2.html[2019-06-20]；尴尬的 ATM 机：曾改变世界，如今正被"无现金时代"淘汰……. http://news.sina.com.cn/o/2018-01-30/doc-ifyqyqni5627358.shtml[2019-06-20]；银行 ATM 三大巨头倒塌，ATM 机会退出历史舞台吗？. http://news.rfidworld.com.cn/2018_08/f86ebafa5b889cce.html[2019-06-20].

2016 年，ATM 转账功能全面开启，却犹如一部叫好不叫座的电影，捧场者寥寥，在手机可以用来购买、充值、还款、跨行汇款（还没有手续费）的情景模式下，实在很难再找出理由回到 ATM 前排队。

2017 年起，ATM 国内市场的整体发展已呈现停滞和萎缩状态。国内商业银行的自助设备，特别是 ATM 布放量的放缓，给 ATM 生产企业的发展前景带来了巨大的不确定性。目前，ATM 已不再是资金交易的最优选择，即使它曾是一个改变了人们生活和银行金融模式的"跨时代"发明，也难以摆脱其诞生后仅仅 50 年，就被新技术掐住喉咙的命运。

表 5.2　受技术进步冲击的主要行业汇总

行业大类划分	受冲击业务及产品	主要冲击因素	行业改变类型
电子	数码相机	智能手机	衰退
	台式电脑	手提电脑、平板电脑	衰退
照明	白炽灯	LED、OLED*	衰退
家电	有线电视	新媒体	衰退
	电风扇	空调	衰退
金融工具	ATM**/柜台	移动支付、智能手机	衰退
通信	固定电话	手机	衰退
消费品	钟表/手表	手机	衰退
文化	纸媒	互联网普及	衰退
	实体书店/租书店	电子书	衰退
	办公用品	无纸化	衰退
	印刷	无纸化、电子书、数字媒体	衰退
	录像带/光盘	数字媒体	衰退
	图书馆/档案馆	数字媒体	衰退
	录音工作室	数字音乐、混音技术	衰退
服务业	港口及其运营	自动化技术	衰退
	传统人力资源外包	互联网、大数据	衰退
娱乐消费	电视购物	互联网、电商	衰退
	网吧	互联网普及	濒临消亡

续表

行业大类划分	受冲击业务及产品	主要冲击因素	行业改变类型
邮政基础服务	邮政业（书信）	邮件	濒临消亡
记录媒介	胶卷制造	数码相机、智能手机	濒临消亡
	照片冲印	数字技术	濒临消亡
制造业	工业样品/小组件制造商	3D 打印机	未来替代
电池制造业	铅酸蓄电池	锂电池	未来替代
出行	燃油汽车	新能源汽车	未来替代

* LED：light emitting diode，发光二极管；OLED：organic light-emitting diode，有机发光二极管；** ATM：automatic teller machine，自动取款机

2）商业模式变更。受该因素冲击的行业主要是受到"互联网+"[①]技术应用的影响，如对于旅游行业而言，旅行社基本均完成了从过去单一的线下门店经营，到目前以线上为主，并结合线下门店共同发展的模式转变；与此同时，零售、餐饮行业也受到了在线平台的巨大冲击。此外，随着互联网普及所带来的信息流通和交互的便利性，越来越多的内容工作者自建平台，以自媒体和新媒体等形式冲击着传统媒体。受商业模式变更冲击的主要行业汇总如表 5.3 所示。

表 5.3　受商业模式变更冲击的主要行业汇总

行业大类划分	受冲击行业	主要冲击因素	行业改变类型
旅游	传统旅行社	在线旅游平台	衰退
零售	传统便利店	无人超市、新零售	衰退
	传统百货	电商、新零售	衰退
餐饮	传统餐饮	外卖平台	衰退
文化	传统媒体	自媒体、新媒体	衰退

① "互联网+"是互联网思维的进一步实践成果，它代表一种先进的生产力，推动经济形态不断发生演变，从而激发社会经济实体的生命力，为改革、创新、发展提供广阔的网络平台。通俗地说，"互联网+"就是"互联网+各个传统行业"，但这并不是简单地两者相加，而是利用信息与通信技术以及互联网平台，让互联网与传统行业进行深度融合，创造新的发展生态。它代表一种新的社会形态，即充分发挥互联网在社会资源配置中的优化和集成作用，将互联网的创新成果深度融合于经济、社会各领域中，提升全社会的创新力和生产力，形成更广泛的以互联网为基础设施和实现工具的经济发展新形态。

3）消费升级。居民生活水平与消费能力的提高，对衣食住行等方面提出了更高的要求，因此不能满足居民更高消费需求的行业将趋于衰退。目前，最典型的是出行和食品行业。受消费升级冲击的主要行业汇总如表5.4所示。

表5.4　受消费升级冲击的主要行业汇总

行业大类划分	受冲击行业	主要冲击因素	行业改变类型
出行	传统自行车（不含共享单车）	摩托车、电动车、汽车	衰退
	摩托车	汽车、电动车	衰退
食品	碳酸饮料	健康饮品	衰退
	方便面	健康食品	衰退

4）劳动力成本上升。随着中国劳动力成本红利的消失，部分行业内企业为了降低人工成本而逐渐将工厂转移至东南亚等劳动力成本更低的国家，由此带来了行业的迁徙。目前，这类正在迁徙的行业内企业主要包括服装鞋厂、纺织厂、电子产品厂、塑料厂、玩具厂等，属于劳动密集型行业。受劳动力成本上升冲击的主要行业汇总如表5.5所示。

表5.5　受劳动力成本上升冲击的主要行业汇总

行业大类划分	受冲击企业	主要冲击因素	行业改变类型
服装	服装鞋厂	劳动力成本上升	迁徙
纺织	纺织厂	劳动力成本上升	迁徙
电子	电子产品厂	劳动力成本上升	迁徙
制造业	塑料厂	劳动力成本上升	迁徙
消费品	玩具厂	劳动力成本上升	迁徙

传统产业的改造和升级是中国目前急需解决的问题，是促进中国经济结构转型的重要途径，是推进供给侧结构性改革的重要着力点，还是构建现代化产业体系和实现工业强国战略目标的重要内容。传统产业的改造和转型升级，绝不是放弃传统产业，强大的传统产业是发展高新技术产业和战略性新兴产业等现代产业的基础和前提。在劳动密集型产业发展尚不充分时强行布局现代产业，实际上就是"拔苗助长"，就会在实践中出现"产业空洞化"的现象。

二、传统产业改造的重要举措

李克强作 2018 年政府工作报告时指出，发展壮大新动能。运用新技术、新业态、新模式，大力改造提升传统产业①。具体来说，运用新技术、新业态、新模式改造提升传统产业有如下两种模式：一是推动信息技术在传统产业的应用、改造和提升。例如，习近平在中国共产党第十九次全国代表大会上提出，推动互联网、大数据、人工智能和实体经济深度融合②，工业和信息化部也一直在推动工业化和信息化的两化融合。推动制造业与先进信息技术的融合，是加快"中国制造"提质增效升级的重要举措，有利于形成叠加效应、聚合效应、倍增效应，通过培育新模式、新业态，有利于加快传统制造业新旧生产体系的转换，进而实现产业转型升级。二是促进传统产业与新兴产业的融合发展。推动传统产业与新兴产业优势互补，形成有效的产业链③耦合④或产业间关联，拓展产业的转型升级空间。例如，传统产业与高新技术产业的融合发展，传统产业与现代服务业的融合发展，以及传统生产型企业向生产服务综合型企业转变。

1. 推动信息技术在传统产业的应用、改造和提升

（1）制造技术升级：智能制造的示范

智能制造以新一代信息技术为核心，配以新能源、新材料和新工艺，贯穿设计、生产、管理和服务等生产制造活动的各个环节。21 世纪以来，美国、德国和日本等发达国家在支持实体经济发展的一系列战略安排中都强调了智能制造的发展措施，中国在《中国制造 2025》中也明确了智能制造的重要性。发展智能制造不仅是中国传统产业转型升级的突破口，也是重塑中国制造竞争优势的新引擎。

---

① 政府工作报告——2018 年 3 月 5 日在第十三届全国人民代表大会第一次会议上. http://www.gov.cn/premier/ 2018-03/22/content_5276608.htm[2019-06-20].

② 习近平：决胜全面建成小康社会 夺取新时代中国特色社会主义伟大胜利——在中国共产党第十九次全国代表大会上的报告. http://www.xinhuanet.com//2017-10/27/c_1121867529.htm[2019-06-20].

③ 产业链分为狭义产业链和广义产业链。狭义产业链是指从原材料一直到终端产品制造的各生产部门的完整链条，主要面向具体生产制造环节；广义产业链则是在面向生产的狭义产业链基础上尽可能地向上下游拓展延伸。产业链向上游延伸一般使得产业链进入基础产业环节和技术研发环节，向下游拓展则进入市场拓展环节。产业链的实质就是不同产业的企业之间的关联，而这种产业关联的实质是各产业中的企业之间的供给与需求的关系。

④ 一般来说，某两个事物之间如果存在一种相互作用、相互影响的关系，那么这种关系就被称为耦合关系。

结合当前中国智能制造发展的空白，应围绕产品智能化、设备智能化和过程智能化三个层次重点布局：首先，产品的智能化是智能制造必须考虑的首要问题之一。智能制造如果不能生产出智能的产品，智能制造也就失去了时代的意义。产品的智能化，是通过产品中包含各种复杂程度不等的计算机系统，尤其是嵌入式系统来实现的。嵌入式系统不仅可以成为智能制造最重要、最具有代表性的技术，而且会形成一个庞大的产业链。目前，计算技术开始向各种产品领域渗透，正逐渐提升产品的智能化水平。智能产品的主要功能体现在以下三个方面：①传感，产品需要能感受外部情况变化，或者能整合产品内部的数据；②计算，包括产品本身的操作系统，以及产品使用的各种应用系统，如从数据分析到高端计算——人工智能；③联网，随着全球物联网的发展，产品可能具有雾计算、边缘计算和云计算相连接的功能。其次，生产过程（包括研发、设计）中每一个关键环节上的设备，一定要智能化。如果设备智能化实现不了，劳动生产力和劳动效率就不可能得到很大提高，企业可能就没有竞争力。最后，企业只有实现生产全过程的智能化，才能实现企业全局的智能化，才能实现智能化效益的最大化。

（2）生产方式转变：大规模定制的实现

大规模定制最早是在 20 世纪 90 年代提出的，并被戴尔（DELL）等企业在模块化程度较高的计算机产业进行了实践，但定制生产与成本管理之间的矛盾始终未得到解决。戴尔等企业的定制也仅仅停留在不断更换不同模块组件的阶段，尚未完成真正意义的定制，难以满足每个用户的不同需求。实际上，大规模定制的难点不仅是成本控制，信息传送的难度和产品需求的不同，同样也是造成大规模定制尚未取得成效的重要原因。计算机技术的广泛推广和应用将彻底改变大规模定制的实现路径，用户定制需求信息通过各种电商网站、企业主页、手机 APP 等方式被生产企业获取，而这种信息的传达是无时滞的。

智能家居定制。随着关键技术的突破、信息化基础设施的升级以及生产成本的大幅下降，信息家电和智能家电将替代传统家电，成为未来家居生活的重要组成部分。智能家居通过互联网技术将家中的各种电子设备连接到一起，能够实现家电控制、照明控制、电话远程控制、室内外遥控、防盗报警、环境监测、暖通控制、红外转发以及可编程定时控制。

互联网汽车定制。互联网汽车定制将在传统汽车硬件模块定制的基础上，增加软件定制和互联网组件定制的内容。通过全球定位系统（global positioning system，GPS）、射频识别（radio frequency identification，RFID）、传感器、摄像头图像处理等装置，车辆可将自身的各种信息传送汇聚到中央处理器来定制汽车计算机和系统，同时可计算出行驶最佳路线来定制互联网模块分析和处理相关信息。发展定制互联网汽车既可以加速中国传统汽车产业的转型升级，还可以减少交通事故的发生，提高交通设施的利用率，减少汽车尾气的排放。

特殊人群产品定制。特殊人群产品定制不仅需要满足产品的普通需求，还要满足特殊人群的定制化需要。定制产品主要包括如下两类：一是因工作需要而特殊定制的产品，如公安消防、城市管理和医疗卫生等行业使用的经过特殊设计的通信工具；二是为自身功能存在障碍的人群特殊定制的产品。根据联合国工业发展组织的预测，残疾人和老人将成为未来定制产品的重要市场，而这些定制产品大多由"传统产业+新科技"、"传统工业+新材料"和"传统工业+互联网"融合发展而来，这必定成为未来中国传统产业改造升级的重点领域之一。

（3）生产组织变革：网络化的协同制造

网络化的协同制造是新科技革命和产业变革中的现代生产组织模式，通过信息技术，使供应链内外产品设计、制造、管理和服务紧密合作，实现生产经营模式的优化，以达到资源最充分利用的目的。随着互联网的普及和成熟，网络化的协同制造对于突破中国传统产业发展的要素限制，激活传统产业的升级优势具有重要作用。在传统产业中，对土地和劳动力等资源要素具有刚性需求的制造环节，可以通过互联网支持下的网络化协同制造模式突破地域限制，将其转移到土地和劳动力相对富裕的地区或分解到更临近消费者的社区工厂。

发展众包生产。随着互联网经济的发展，在传统外包的基础上，更多的企业甚至个人能够更加有效地利用外部资源完成产品的制造，这对突破传统产业的发展瓶颈是极为有利的。小米等新兴互联网企业在开拓硬件产品市场过程中都充分利用了众包生产的理念，即将产品制造委托给国内其他地区乃至国外企业，同时还让用户深度参与平台构建和软件开发等重要环节。中国传统装备制造、汽车等重工业以及服装、食品等轻工业都应该充分运用众包生产的理念，加速传统产品的升级换代，充分发挥创新人才优势，进而满足消费者个性化的需求和多样化的需要。

发展众创空间。众创空间是为响应"万众创业、大众创新"的潮流,通过市场化机制、专业化服务和资本化途径构建的"低成本、便利化、全要素、开放式"的新型创业服务平台的统称。"威客①""极客②""创客③"等众创空间是新兴产业孕育发展的有效方式,同时可以为传统产业的改造升级提供有力的支持。众创空间可以充分利用国家自主创新示范区、国家高新区、科技企业孵化器、高校和科研院所的资源,着力发挥资源集聚效应,实现"创新+创业""线上+线下""孵化+投资"的结合,为创业者提供良好的工作空间、网络空间、社交空间和资源共享空间。目前,以"创客空间"为代表的众创空间在中国的运营效果良好,应积极引导众创空间为传统产业的改造服务、技术工艺升级和运营方式革新等提供支持。

2. 促进传统产业与新兴产业的融合发展

制造业服务化是促进传统产业与新兴产业融合发展的重大举措之一,制造业服务化是指制造企业从以制造为中心向以服务为中心转变,通过与新兴产业的融合更好地满足用户的需求。随着工业化的推进以及技术进步和市场环境的变化,在家电、汽车、通信设备制造、IT、机械制造等领域,通过增加服务,大力增强企业竞争力,进一步地,服务质量的差异也会在不同程度上影响企业绩效。例如,苏宁从传统电器零售企业成功转型为互联网零售企业,如专栏 5.3所示。

---

① 按照威客(Witkey)模式创始人刘锋给出的定义:威客模式是指人的知识、智慧、经验、技能通过互联网转换成实际收益,从而达到各取所需的互联网新模式,主要应用包括解决科学、技术、工作、生活、学习等领域的问题,体现了互联网按劳取酬和以人为中心的新理念。

② 极客是美国俚语"Geek"的音译。随着互联网文化的兴起,该词含有智力超群和努力的语意,又被用于形容对计算机和网络技术有狂热兴趣并投入大量时间钻研的人。现代的 Geek 含义虽然与过去有所不同,但大多还是相似的,现在的 Geek 更多有一种在互联网时代创造全新的商业模式、尖端技术与时尚潮流的意思。总之,极客是一群将创新、技术和时尚作为生命意义的人,这群人不分性别、年龄,共同战斗在新经济、尖端技术和世界时尚风潮的前线,共同为现代电子化社会文化做出自己的贡献。

③ 创客中的"创"是指创造,"客"是指从事某种活动的人,创客本指勇于创新,努力将自己的创意变为现实的人。创客(Mak-er)一词来自英文单词"Maker",源于美国麻省理工学院微观装配实验室的实验课题,此课题以创新为理念,以客户为中心,以个人设计、个人制造为核心内容,参与实验课题的学生即创客。创客特指具有创新理念、自主创业的人。在中国,创客与"大众创业、万众创新"联系在一起,特指具有创新理念、自主创业的人。

专栏 5.3　苏宁：从传统电器零售企业转型为互联网零售企业[①]

　　从前的苏宁是一个传统电器实体企业，而现在提起苏宁，大部分人首先想到的是"苏宁易购"。现在的苏宁已经实现了电商化，变成了互联网零售企业。苏宁易购集团股份有限公司副董事长孙为民说，一个直观上的例子是，互联网企业可以不看盈利看用户，只要有足够用户就可称为成功，至于盈利不盈利，亏损不亏损并不重要。而苏宁作为传统家电零售企业和上市公司，不盈利就无法再融资；如果连续3年亏损，就会被中国证监会摘牌。作为苏宁掌舵人，张近东敏锐地感到，互联网带来的这场变革不同以往，如果死守过去的条条框框，很可能会被时代无情地抛弃。于是，2009年起，苏宁开始了艰难的互联网转型。

　　2010年，苏宁易购上线。2011年，苏宁发布新十年战略规划，明确"科技苏宁、智慧服务"的战略目标。直至今日，苏宁高举的"智慧零售"大旗仍稳步行进在这套规划中。张近东说，归根到底互联网转型是一次技术升级，并不会改变企业经营本质。O2O（online to offline，在线离线/线上到线下）转型要避免陷入速胜论和速亡论！向互联网转型，更深刻的意义在于变革基因的养成和强化。张近东用八个字来概括互联网新苏宁"一体、两翼、三云、四端"。"一体"，是坚持苏宁的本体，即零售本质。"两翼"，是O2O性质，打造线上线下两个开放平台。"三云"，是围绕着一体（零售本质）将零售企业的"商品、信息和资金"这三大核心资源社会化、市场化，建立面向供应商和消费者以及社会合作伙伴开放的物流云、数据云和金融云。"四端"，是围绕着线上线下两翼平台，因时因地因人，融合布局POS端、PC端、移动端和电视端。苏宁的成功转型带动的是苏宁五大产业全面领跑，线上销售增速连超对手，O2O融合最为彻底、全品类爆发，手机销售、超市开店等增速领跑行业、品牌商户快速成长，线下农村电商千店连开。苏宁易购2017年年度报告显示，2016年公司实现商品销售2433亿元，同比增长近30%；实现营业收入1879亿元，同比增长26%；归属于上市公司股东

---

① 案例|互联网与传统企业融合会出现怎样的"化学反应"？——盘点9个传统企业转型的案例. http://www.360doc.com/content/18/0515/16/39966_754170335.shtml[2019-06-20]；传统企业转型互联网+，如何升级好转型新引擎. http://www.sohu.com/a/321531991_120153093[2019-06-20]；苏宁转型很任性 张近东用八个字概括成功. http://www. linkshop.com.cn/web/archives/2015/318844.shtml[2019-06-20].

的净利润 42 亿元，同比增长 498%，这是苏宁开启互联网转型以来业绩最好的一年。

与新兴产业的融合发展呈现三大趋势：一是制造业的智能化、数字化和网络化对服务投入提出了新的要求。虽然制造过程对劳动力等传统要素的需求越来越集约，但对产品设计、生产工艺和技术标准的需求日渐提高，这就需要更多的服务环节来支撑。二是产品中服务的比重不断提高。在信息网络技术应用的推动下，制造业产品中服务的比重不断提高，越来越多的制造企业将提供产品的相应服务作为差异化竞争的重要手段。三是价值链中的服务环节得到延长和加深。市场调查、设计开发、工艺改进、设备安装维护、机器调试、产品销售、售后服务、报废处理等环节在价值链中的比重越来越高。

第三节　战略性新兴产业的发展

战略性新兴产业对经济社会全局和长远发展具有重大引领带动作用，加快培育和发展战略性新兴产业已成为世界各个主要国家抢占新一轮经济和科技发展制高点的关键领域。

一、战略性新兴产业的提出

战略性新兴产业是以重大技术突破和重大发展需求为基础，能够引领经济社会长远发展的，知识技术密集、物质资源消耗少、成长潜力大、综合效益好的产业。战略性新兴产业的提出历程如图 5.3 所示。

2010 年 10 月发布的《国务院关于加快培育和发展战略性新兴产业的决定》明确了中国重点培育和发展的七大战略性新兴产业——节能环保产业、新一代信息技术产业、生物产业、高端装备制造产业、新材料产业、新能源产业、新能源汽车产业。七大战略性新兴产业发展重点如图 5.4 所示。根据《国务院关于加快培育和发展战略性新兴产业的决定》，到 2020 年，节能环保产业、新一代信息技术产业、生物产业、高端装备制造产业成为国民经济的支柱产业，新能源产业、新材料产业、新能源汽车产业成为国民经济的先导产业。

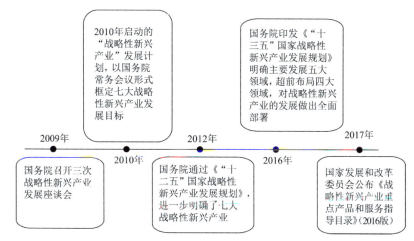

图 5.3 战略性新兴产业的提出历程

资料来源：温家宝主持召开三次新兴战略性产业发展座谈会. http://www.gov.cn/ldhd/2009-09/22/
content_1423493.htm[2019-06-20]；图表：《国务院关于加快培育和发展战略性新兴产业的决定》出
台. http://www. gov.cn/jrzg/2010-10/19/content_1725165.htm[2019-06-20]；国务院关于印发"十二五"
国家战略性新兴产业发展规划的通知. http://www.gov.cn/zwgk/2012-07/20/content_2187770.htm
[2019-06-20]；国务院关于印发"十三五"国家战略性新兴产业发展规划的通知. http://www.gov.cn/
zhengce/content/2016-12/19/content_5150090.htm[2019-06-20]；国家发展改革委公布《战略性新兴产业
重点产品和服务指导目录》2016 版. http://www.gov.cn/xinwen/2017-02/04/content_5165379.htm[2019-06-20]

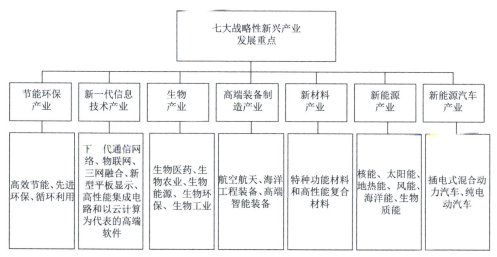

图 5.4 七大战略性新兴产业发展重点

1）节能环保产业。节能环保产业是指为节约能源资源、发展循环经济、保护环境提供技术基础和装备保障的产业。节能环保产业涉及节能环保技术装备、产品和服务等，产业链长，关联度大，吸纳就业能力强，对经济增长拉动作用明显。

加快发展节能环保产业，不仅是调整经济结构、转变经济发展方式的内在要求，还是推动节能减排，发展绿色经济和循环经济，建设资源节约型、环境友好型社会，积极应对气候变化，抢占未来竞争制高点的战略选择。

2）新一代信息技术产业。新一代信息技术包括下一代通信网络、物联网、三网融合、新型平板显示、高性能集成电路和以云计算为代表的高端软件六个方面，新一代信息技术的发展，是互相促进、不可分割的。其中，下一代通信网络、物联网、高性能集成电路、云计算是新一代信息技术重点发展的行业。从整体上看，上述细分领域技术发展均较为成熟，特别是云计算、大数据等产业，实现了大范围、多领域的商业应用。从未来看，新一代信息技术将会有以下几个趋势：①在 5G 实现商用和 IPv6（互联网协议第 6 版）发展后，传输技术与连接技术均实现突破，物联网领域将迎来新一轮爆发式增长；②在集成电路领域，企业将加快兼并重组的步伐，打造新一代的龙头企业和大型企业；③新一代信息技术将实现交叉融合，如 5G 与物联网交叉融合、集成电路与云计算交叉融合等。

3）生物产业。作为与国民息息相关的行业，生物产业包括生物医药、生物农业、生物能源、生物环保、生物工业，微生物工业为最早的生物工业。

4）高端装备制造产业。高端装备制造业又称先进装备制造业，是指生产制造高技术、高附加值的先进工业设施设备的行业。高端装备制造业是以新技术优化价值链高端和产业链核心环节，有利于推动工业转型升级，提升整个产业链的综合竞争力。加快发展高端装备制造业，不仅是提高中国产业核心竞争力的重要力量，还是抢占未来经济和科技发展制高点的战略选择，对于加快转变经济发展方式、实现由制造业大国向制造业强国转变具有重要的战略意义。

5）新材料产业。新材料产业包括新材料及其相关产品和技术装备，具体包含新材料自身形成的产业、新材料技术及其装备制造业和传统材料技术提升的产业等。相较于传统材料而言，新材料产业技术高度密集，研发投入更高，产品的额外附加值更高，生产与市场的国际性更强，应用范围更广，发展前景更好。新材料产业的发展水平直接影响一个国家的经济社会发展和科技进步，目前世界各国特别是发达国家都十分重视新材料产业的发展。

6）新能源产业。新能源是指刚开始开发利用或正在积极研究、有待推广的能源，如核能、太阳能、地热能、风能、海洋能、生物质能等。新能源产业主要是源于新能源的发现和应用。据调查，"十一五"期间，中国新能源呈跳跃式发展，中国新能源年利用量总计 3 亿吨标准煤，占能源消费总量的 9.6%。各种可再生资源开发利用规模明显增长，体现了中国新能源加速发展的趋势[1]。"十二五"期间，中国继续加快开发利用可再生能源，培育具有国际竞争力的可再生能源产业。

7）新能源汽车产业。新能源汽车是指除汽油、柴油发动机之外，能减少空气污染的所有其他能源汽车，新能源汽车产业与当前环保需求相吻合，必将成为未来汽车产业发展的中坚力量。习近平在上海汽车集团考察时就指出，发展新能源汽车是我国从汽车大国迈向汽车强国的必由之路[2]。《中国制造 2025》披露，到2025 年，中国新能源汽车年销量将达到汽车市场总需求的 20%，自主新能源汽车市场份额将达到 80%以上。中国新能源汽车产业发展可分为如下两个阶段：第一阶段，新能源汽车市场以混合动力汽车为主要发展方向，以燃料电池汽车等新能源汽车为辅助发展方向；第二阶段，在纯电动汽车技术成熟的基础上，纯电动汽车将逐步取代混合动力汽车和燃料电池汽车，完全占领新能源汽车市场，实现零排放。

《"十三五"国家战略性新兴产业发展规划》明确重点发展战略性新兴产业五大领域八大产业的发展方向和主要任务。五大领域为网络经济、高端制造、生物经济、绿色低碳和数字创意，八大产业为新一代信息技术产业、高端装备产业、新材料产业、生物产业、新能源汽车产业、新能源产业、节能环保产业、数字创意产业。

二、战略性新兴产业发展现状

目前，战略性新兴产业持续快速发展，政策环境持续优化，涌现了一大批重大创新成果，产业竞争力和创新力都取得了飞跃性增长[3]。

1. 总体发展势头强劲

（1）发展速度快

"十三五"以来，战略性新兴产业增速持续快于总体经济增速水平。2016 年和 2017 年，全国战略性新兴产业工业增加值同比分别增长 10.5%和 11.0%，高于同期规模以上全国工业增加值 40%以上。2016 年和 2017 年，全国战略性新兴产

① 新趋势！未来黄金十年，新能源时代已爆发式增长……. http://www.sohu.com/a/283130341_642964[2019-06-20].

② 习近平：发展新能源汽车是迈向汽车强国的必由之路. http://www.xinhuanet.com/politics/2014-05/24/c_1110843312.htm[2019-06-20].

③ 前沿|中国战略性新兴产业发展报告 2019. http://m.sohu.com/a/284856205_410558[2019-06-20].

业服务业营业收入同比分别增长 15.1%和 17.3%，高于同期全国服务业整体一倍左右。2018 年上半年，战略性新兴产业延续快速增长态势，其工业增加值同比增长 8.7%，高于同期规模以上工业 2.0 个百分点。战略性新兴产业上市公司同样实现快速增长，2016～2017 年其营收年均增速高达 17.8%，高于上市公司总体 4.3 个百分点。2017 年，战略性新兴产业上市公司营收占上市公司总体比重达 10%，较"十二五"期末提升 1 个百分点。

（2）盈利状况好

2016～2017 年，战略性新兴产业上市公司利润年均增速达 19.8%，比上市公司（剔除金融类）11.3%的整体增速高出近一倍。同期，战略性新兴产业上市公司利润率达 10.6%，比上市公司总体高出 50%。2018 年上半年，战略性新兴产业上市公司盈利表现依然良好，利润率为 9.3%，高于同期上市公司总体（剔除金融类）1.0 个百分点。

（3）投资活力高

"十三五"以来，战略性新兴产业企业成为全社会资金关注及投入重点。2017 年，战略性新兴产业重点行业完成固定资产投资 4.34 万亿元，2016～2017 年，投资额年均增速为 8.9%，高于同期全社会完成固定资产投资年均增速 1.9 个百分点。此外，2016～2017 年共有 203 家战略性新兴产业企业在 A 股融资上市，共募资 1273 亿元，占同期 A 股 IPO 募资总额的 33.6%。同期，超过 4000 家战略性新兴产业企业获得风险资本投资，投资额超过 8000 亿元，约占风险资本总投资额的 90%。

（4）企业信心足

国家信息中心战略性新兴产业千家企业景气调查显示，2017 年末企业家信心指数达 154.9，为"十二五"期末以来的最高值，而同期国家统计局调查的工业企业整体企业家信心指数仅为 123.9。2018 年上半年，在复杂严峻的国内外环境下，战略性新兴产业企业家信心指数保持高位运行，连续五个季度保持在 150 以上，处于较强景气区间。

2. 重点产业全面发展

（1）新一代信息技术和生物产业领头羊地位进一步巩固

"十三五"以来，作为战略性新兴产业中规模最大、创新最密集的两个产业领域，新一代信息技术产业和生物产业实现较快增长，持续发挥支柱作用。

一方面，信息消费带动电子信息产业延续快速发展态势。2016～2017年，规模以上电子信息制造业增加值年均增长 11.9%，高于同期全部规模以上工业增速 5.6 个百分点，2017 年电子信息制造业增加值占规模以上工业增加值的比重达 7.7%。2017 年，全国软件和信息技术服务业完成业务收入 5.5 万亿元，同比增长 13.9%，收入规模较"十二五"期末增长近 3 成；网民及手机网民规模分别为 7.72 亿人和 7.53 亿人，手机网民占比为 97.5%，较"十二五"期末提升 7.4 个百分点。此外，信息技术与经济社会各领域跨界融合不断加深，数字经济、平台经济和共享经济广泛渗透，移动支付、网络购物和共享单车的应用处于全球引领地位。信息消费从生活消费加速向产业消费渗透，成为创新最活跃、增长最迅猛、辐射最广泛的经济领域之一。

另一方面，随着中国经济的发展、生活环境的变化、人们健康观念的转变、人口老龄化进程的加快，与居民生活质量密切相关的生物产业近年来保持着持续快速增长的态势。2017 年，医药制造业主营业务收入达 2.8 万亿元，该指标 2016～2017 年年均增速达 11.1%，2018 年上半年增速继续升至 13.5%，分别高于同期工业企业整体 3.1 个百分点和 3.6 个百分点。2017 年，中国医疗器械市场规模达 4176 亿元，同比增长 13.0%，规模较"十二五"期末增长 35.6%；同时，在分级诊疗制度落地、鼓励国产器械发展、设立特别审批通道等诸多政策红利的带动下，中国医疗器械产业规模快速增长，一批优秀的国产医疗器械企业不断壮大，在国内市场的份额逐年提升。

（2）绿色低碳和数字创意产业增长新引擎作用突出

随着节能环保政策的加快推进落实，绿色低碳产业继续实现快速增长。2016～2017 年，节能环保产业上市公司营收总额年均增速达 32.1%，高于同期战略性新兴产业上市公司总体 15.1 个百分点，增速连续两年领跑。2017 年，节能服务产业总产值达 4148 亿元，同比增长 16.3%，产值规模较"十二五"期末增长 32.7%；合同能源管理项目形成年节能能力 3812.3 万吨标准煤，较 2016 年增长 6.5%，相应形成年减排二氧化碳能力超过 1 亿吨；废旧资源综合利用业主营业务收入达 4061.3 亿元，同比增长 16.9%，比 2016 年提升 10.4 个百分点。

"十三五"以来，中国新能源产业保持快速增长态势，在装机量不断攀升的同时，产业化技术水平逐渐提高，正从新能源大国向新能源强国快速转型。2017

年，电力发电新增装机中新能源占比首次超过 50%，新能源发电替代成效显著。截至 2017 年底，风电、光伏发电、生物质发电累计装机量分别为 1.64 亿千瓦、1.30 亿千瓦、1476 万千瓦，装机量较"十二五"期末分别提升 27.1%、201.1%、43.2%；2017 年三者发电总量占比达 7.8%，较"十二五"期末提升 2.9 个百分点。截至 2017 年底，中国投入商业运行的核电机组达 37 台，较"十二五"期末增加 7 台，规模位列世界第四，在建核电机组规模位列世界第一。大规模消纳新能源是世界性难题，与世界其他国家相比，中国在资源禀赋、能源结构和市场条件等方面存在很大不同，新能源消纳问题更为突出。但是，随着一系列促进新能源消纳政策的出台和支撑新能源大规模友好并网技术被攻克，新能源消纳难题得到明显缓解。2017 年，弃风电量为 419 亿千瓦·时，弃风率为 12%，同比下降 5.2 个百分点；弃光电量为 73 亿千瓦·时，弃光率为 6%，同比下降 4.3 个百分点。

新能源汽车由示范阶段进入快速普及阶段，行业景气度持续保持高位。2017 年，中国新能源汽车全年总销量为 77.7 万辆，同比增长 53.3%，销量较"十二五"期末增长 134.7%，连续三年位居世界首位；纯电动车和插电式混动车年销量分别达 65.2 万辆和 12.5 万辆，分别较"十二五"期末增长 163.5% 和 49.5%。虽然增速快，但 2017 年中国新能源汽车渗透率仍不足 3%，未来渗透率仍存在巨大的提升空间，预计"十三五"期末国内新能源汽车销量将超过 200 万辆，年均增速将超过 40%。

移动互联网与数字技术的快速发展驱动着我国数字创意产业爆发式增长。一方面，以数字音乐、网络文学、动漫、影视、游戏、直播等为代表的一大批新兴数字文化行业快速崛起，出现了一批极具爆发力的产业发展热点，这些典型行业在 2012～2017 年的年均增速超过 20%。2017 年，中国数字音乐市场规模达到 180 亿元，2016～2017 年年均增长 32.3%；截至 2017 年底，中国网络文学用户规模达 3.68 亿人，占网民总体的 45.6%，规模较"十二五"期末增长 23.9%；2017 年，国内游戏市场规模达到 2036.1 亿人，2016～2017 年年均增长 20.3%；2017 年，中国网络表演（直播）市场整体营收规模达 304.5 亿元，2016～2017 年年均增长 83.9%。另一方面，消费需求升级和创新发展驱动数字创意装备与创意设计产业实现高速增长。智能手机、智能电视市场渗透率超过 80%，智能可穿戴设备、智能家居产品、虚拟现实设备等新兴数字创意装备产品种类不断丰富。2017 年，中国智能可穿戴设备规模达 264.2 亿元，2016～2017 年年均增长 56.5%；2017 年，中国虚拟现实（virtual reality，VR）产业市场规模达 160 亿元，规模约为"十二五"期末的 10 倍。

（3）高端装备制造产业继续保持平稳较快增长

在产业升级需求和技术创新的引领下，高端装备制造产业在"十三五"以来实现平稳较快增长。2017 年，高端制造（含高端装备制造产业和新材料产业）上市公司营收总额达 6555.7 亿元，2016～2017 年年均增长 6.8%。在高端装备制造领域，航空装备、卫星及其应用、智能制造等重点子行业均表现良好，2016～2017年上述行业上市公司营收年均分别增长 10.6%、18.6%、23.3%。在新材料领域，随着上游原材料需求的快速增长，产业实现较快发展，"十三五"以来新材料上市公司营收年均增长 23.7%。

3. 区域发展各具特色

（1）东部地区领航发展

从上市公司营收数据来看，东部地区战略性新兴产业体量占到八成左右，是绝对的主体，如图 5.5 所示。2016～2017 年，东部地区战略性新兴产业上市公司营收年均增速达 16.7%，高于同期上市公司总体 3.1 个百分点，对同期整个战略性新兴产业增长的贡献度达 78.5%。国家信息中心景气调查数据显示，"十三五"以来战略性新兴产业行业景气指数持续回升，2017 年四季度东部地区行业景气指数达到调查以来最高点 160.9，较"十二五"期末提升 19.2。

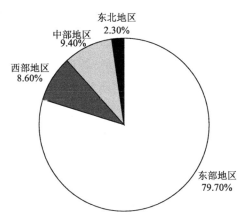

图 5.5 2017 年战略性新兴产业上市公司四大区域营收规模占比

资料来源：前沿|中国战略性新兴产业发展报告 2019. http://m.sohu.com/a/284856205_410558[2019-06-20]

东部地区战略性新兴产业的规模逐步壮大、创新能力和创新成果跨越性增长，不仅促进了地区产业和经济的高质量发展，而且辐射带动了全国战略性新兴产业的全面发展。

（2）中部地区异军突起

2016～2017 年，中部地区战略性新兴产业上市公司营收年均增速达 27.50%，约为同期上市公司总体的 2 倍，增长速度遥遥领先于其他区域，如图 5.6 所示。"十三五"以来中部地区的战略性新兴产业行业景气指数，2017 年四季度指数达 148.3，较"十二五"期末提升 19.8。

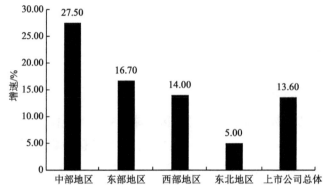

图 5.6　2016～2017 年战略性新兴产业上市公司营收年均增速（分地区）

资料来源：前沿|中国战略性新兴产业发展报告 2019. http://m.sohu.com/a/284856205_410558[2019-06-20]

（3）西部地区稳健前行

"十三五"以来，在战略性新兴产业特色优势集群快速发展的带动下，西部地区战略性新兴产业实现平稳较快增长，2016～2017 年西部地区战略性新兴产业上市公司营收年均增速达 14.00%，略高于同期上市公司总体，如图 5.6 所示。贵州的大数据、重庆的电子信息制造业等产业集群迅速发展，在全国范围内确立了较强的竞争优势，也成为地区经济发展的标志性成就。2017 年，四季度西部地区行业景气指数达 142.8，较"十二五"期末提升 24.1。

（4）东北地区蓄力待发

"十三五"以来，东北地区整体经济增长乏力，区域内战略性新兴产业发展速度仍在底部徘徊。2016～2017 年，东北地区战略性新兴产业上市公司营收年均增速为 5.00%，低于同期上市公司总体 8.60 个百分点，如图 5.6 所示。此外，2017 年四季度东北地区行业景气指数为 141.9,处于四大区域末位,景气状况相对较差。

但是，在《东北地区培育和发展战略性新兴产业三年行动计划》等政策支持下，东北地区一些省份战略性新兴产业实现较快增长，如吉林省表现突出，战略性新兴产业上市公司营收增速连续两年达到两位数以上，年均增速达 19.9%，超过同期上市公司 6.3 个百分点。可以看到，东北地区正在蓄力走出发展困境，产业结构、区域结构将进一步向好。

4. 创新体系强化升级

（1）激活创新发展源头

大力支持开展技术研发成果转化。以国家科技重大专项、国家重点研发计划和科技创新 2030 重大项目为主体，推进与战略性新兴产业发展紧密相关的重大技术研发。中国科学院也部署实施了"高比能量锂硫电池"等 41 项科技服务网络计划项目，为战略性新兴产业发展提供新技术支撑。国务院印发的《国家技术转移体系建设方案》《实施〈中华人民共和国促进科技成果转化法〉若干规定》，旨在加强对技术转移和成果转化工作的系统设计，形成体系化推进格局，进一步推动科技成果加快转化，为战略性新兴产业发展提供现实动力。财政部、科学技术部制定《关于研究开发机构和高等院校报送科技成果转化年度报告工作有关事项的通知》[①]，旨在建立年度报告制度，加强对科技成果转化执行情况的监督检查。

（2）完善创新平台布局

截至 2017 年底，已建成国家工程研究中心 131 家，国家工程实验室 217 家，国家地方联合工程研究中心（国家地方联合工程实验室）896 家，国家级企业技术中心 1276 家，国家工程技术研究中心 346 家，为战略性新兴产业培育发展提供了有效的技术研发平台、工程化平台和公共服务平台，支撑战略性新兴产业开展技术创新与产业化的条件更加完善。

（3）创新成果持续涌现

2017 年，中国战略性新兴产业发明专利申请量达 36.8 万件，比"十二五"期末增加 10.3 万件，相较于 2012 年的水平提高了近两倍。其中，来自海外的专利申请比重进一步降低，仅为 13.3%，比"十二五"期末降低了 4.3 个百分点。在新

---

① 财政部 科技部关于研究开发机构和高等院校报送科技成果转化年度报告工作有关事项的通知. http://www.most.gov.cn/tztg/201704/t20170411_132355.htm[2019-06-20].

一代信息技术领域，量子通信技术实现重大突破，在国际上首次成功实现了白天远距离（53 公里）自由空间量子密钥分发；京东方开发的高级超维场转换（advanced super dimension switch，ADSDS）技术是世界领先的超硬屏技术之一，提升了中国显示产业在全球高端显示领域的竞争力。在生物医药领域，中国独立研发的具有完全知识产权的"重组埃博拉病毒病疫苗"在全球首家获批。在高端装备领域，国产大飞机 C919 和中国制造的全球最大水陆两栖飞机 AG600 均首飞成功，航空领域取得重要突破。在新能源领域，中国在南海北部神狐海域进行的可燃冰试采获得成功，创造了天然气水合物试采产气时长和总量的世界纪录。

（4）创新氛围浓厚活跃

广泛深入推进大众创业万众创新。2017 年，国务院制定出台了《国务院关于强化实施创新驱动发展战略进一步推进大众创业万众创新深入发展的意见》，形成推动双创工作的顶层设计，为战略性新兴产业发展注入创新创业动力。截至2017 年底，全国批复建设双创示范基地共计 120 家，国家新兴产业创业投资引导基金成功参股上百只创业投资子基金，为推动战略性新兴产业创新创业提供了有力支持。"十三五"期间，成功举办全国双创活动周和"创响中国"等系列活动，在全国营造有利于创新创业的良好氛围。

5. 开放发展水平提升

（1）国际竞争实力增强

1）部分产业水平世界领先。中国新能源发电装机量、新能源汽车产销量、智能手机产量、智能电视产量、工业机器人产量、海洋工程装备接单量等均位居世界第一；在新一代移动通信、核电、光伏、高铁、互联网应用、基因测序、纳米技术等领域，也具备世界领先的研发水平和应用能力。

2）领军企业具备国际影响。2017 年，华为、阿里巴巴、腾讯等创新引领型巨头企业均入围世界 500 强，中国战略性新兴产业企业在世界 500 强榜单中占有25 个席位，数量较"十二五"期末增加 7 个。2018 年上半年，华为智能手机发货量超过 9500 万台，成为仅次于三星手机的全球第二大智能手机厂商。科学技术部火炬高技术产业开发中心统计显示，2017 年中国独角兽企业达 164 家，较"十二五"期末增加 94 家，形成了一批具有较强国际竞争优势的企业。

3）成为出口贸易主要支撑。2017 年，战略性新兴产业 26 个重点工业行业累计出口交货值达 4.2 万亿元，同比增长 14.5%，对中国整体规模以上工业出口增长的贡献率达 131.5%。其中，新一代信息技术产业累计出口交货值为 3.7 万亿元，同比增长 15.3%，对战略性新兴产业工业出口增长的贡献率达 93.4%。

4）积极制定和推广国际技术标准。例如，中国主导制定了手机（移动终端）动漫的全球标准。地面数字电视广播传输（digital television terrestrial multimedia broadcasting，DTMB）标准在巴基斯坦和东帝汶落地，并逐步走向世界。

（2）开展多层次国际合作

1）积极开展多边国际合作。例如，在二十国集团（G20）、金砖国家、亚洲太平洋经济合作组织（Asia-Pacific Economic Cooperation，APEC）等多边框架下，有关部门持续倡导"新工业革命""数字经济"相关发展理念和主张，初步建立了合作创新的国际框架。各部门着力构建区域技术转移协作网络，科学技术部、国家发展和改革委员会、外交部、商务部联合印发《推进"一带一路"建设科技创新合作专项规划》，并围绕科技人文交流、共建联合实验室、科技园区合作、技术转移 4 项行动制定具体实施方案。

2）积极开展与发达国家间的国际合作。国家发展和改革委员会落实《中华人民共和国国家发展和改革委员会与大不列颠及北爱尔兰联合王国商业、创新和技能部关于加强新兴产业合作的谅解备忘录》[①]；通过举办第八届中德经济技术合作论坛，围绕新兴产业领域达成 96 项相关合作。

3）积极开展与发展中国家的国际合作。例如，国家发展和改革委员会在中智经济合作与协调战略对话框架下加强中智信息通信领域合作，推进"中智电信合作及跨境海缆项目"；国家海洋局圆满完成科学技术部 2016 年度发展中国家技术培训班项目"海上丝绸之路国家海水利用技术培训班"，中标佛得角、文莱建设工程用海水淡化项目等。

4）积极开展与跨国公司的国际合作。例如，国家发展和改革委员会与 IBM 签订合作谅解备忘录；深圳市人民政府与美国思科公司围绕研究开发、人才培养、信息交流、采购等内容签署合作谅解备忘录。各地积极引导外商投资战略性新兴产业，一批战略性新兴产业外资企业落户中国，波音公司波音 737 完工和交付中心落户浙江省舟山市，空中客车公司 A330 宽体机完工和交付中心在天津启动建设。

---

① 我委积极推动中英全面加强新兴产业合作. http://gjss.ndrc.gov.cn/gjsgz/201510/t20151028_756305.html [2019-06-20].

5）积极开展人才领域国际合作。更加重视以人才开发体制机制改革促进人才引进，2017 年发布的《国务院办公厅关于推广支持创新相关改革举措的通知》，旨在逐步形成高层次外籍人才申请永久居留的政策渠道，为外国留学生在华就业、创业提供更大便利。

三、战略性新兴产业发展的重要举措

未来 5～10 年，是全球新一轮科技革命和产业变革从蓄势待发到群体迸发的关键时期。战略性新兴产业代表新一轮科技革命和产业变革的方向，是培育发展新动能、获取未来竞争新优势的关键领域。要把战略性新兴产业摆在经济社会发展更加突出的位置，以创新驱动、壮大规模、引领升级为核心，构建现代产业体系，培育发展新动能，提升创新能力，深化国际合作，加快发展壮大新一代信息技术、高端装备、新材料、生物、新能源汽车、新能源、节能环保、数字创意等战略性新兴产业，促进更广领域新技术、新产品、新业态、新模式蓬勃发展，建设制造强国，发展现代服务业，推动产业迈向中高端，有力支撑全面建成小康社会。《"十三五"国家战略性新兴产业发展规划》提出，到 2020 年，产业规模持续壮大，成为经济社会发展的新动力。战略性新兴产业增加值占国内生产总值比重达 15%，形成新一代信息技术、高端制造、生物、绿色低碳、数字创意 5 个产值规模 10 万亿元级的新支柱，并在更广领域形成大批跨界融合的新增长点，平均每年带动新增就业 100 万人以上。创新能力和竞争力明显提高，形成全球产业发展新高地。产业结构进一步优化，形成产业新体系。到 2030 年，战略性新兴产业发展成为推动我国经济持续健康发展的主导力量，我国成为世界战略性新兴产业重要的制造中心和创新中心，形成一批具有全球影响力和主导地位的创新型领军企业。

1. 主要发展五大领域

《"十三五"国家战略性新兴产业发展规划》明确重点发展五大领域八大产业的发展方向和主要任务。

1）推动新一代信息技术产业实现跨越式发展，拓展网络经济新空间。实施网络强国战略，加快建设"数字中国"，推动物联网、云计算和人工智能等技术向各行业全面融合渗透，构建万物互联、融合创新、智能协同、安全可控的新一代信息技术产业体系。到 2020 年，力争在新一代信息技术产业薄弱环节实现系统性突破，总产值规模超过 12 万亿元。

2）促进高端装备产业与新材料产业突破发展，引领中国制造新跨越。顺应制造业智能化、绿色化、服务化、国际化发展趋势，围绕"中国制造 2025"战略，加快突破关键技术与核心部件，推进重大装备与系统的工程应用和产业化，促进产业链协调发展，塑造中国制造新形象，带动制造业水平全面提升。到 2020 年，力争高端装备产业与新材料产业产值规模超过 12 万亿元。

3）加快生物产业创新发展步伐，培育生物经济新动力。把握生命科学纵深发展、生物新技术广泛应用和融合创新的新趋势，以基因技术快速发展为契机，推动医疗向精准医疗和个性化医疗发展，加快农业育种向高效精准育种升级转化，拓展海洋生物资源新领域，促进生物工艺和产品在更广泛领域的应用，以新的发展模式助力生物能源大规模应用，培育高品质专业化生物服务新业态，将生物经济加速打造成为继信息经济后的重要新经济形态，为健康中国、美丽中国建设提供新支撑。到 2020 年，力争生物产业规模达到 8 万亿～10 万亿元，形成一批具有较强国际竞争力的新型生物技术企业和生物经济集群。

4）推动新能源汽车产业、新能源产业和节能环保产业快速壮大，构建可持续发展新模式。把握全球能源变革发展趋势和中国产业绿色转型发展要求，着眼生态文明建设和应对气候变化，以绿色低碳技术创新和应用为重点，引导绿色消费，推广绿色产品，大幅提升新能源汽车和新能源的应用比例，全面推进高效节能、先进环保和资源循环利用产业体系建设，推动新能源汽车、新能源和节能环保等绿色低碳产业成为支柱产业，到 2020 年，力争产值规模达到 10 万亿元以上。

5）促进数字创意产业蓬勃发展，创造引领新消费。以数字技术和先进理念推动文化创意与创新设计等产业加快发展，促进文化科技深度融合、相关产业相互渗透。到 2020 年，力争形成文化引领、技术先进、链条完整的数字创意产业发展格局，相关行业产值规模达到 8 万亿元。

2. 超前布局四大核心领域

以全球视野前瞻布局前沿技术研发，不断催生新产业，重点在空天海洋、信息网络、生物技术、核技术等核心领域取得突破，高度关注颠覆性技术和商业模式创新，在若干战略必争领域形成独特优势，掌握未来产业发展主动权，为经济社会持续发展提供战略储备、拓展战略空间。

（1）空天海洋

近年来，中国"上天入海"不断取得技术突破。长征五号系列运载火箭飞天，增强了中国进入空间的能力；"蛟龙"入海，刷新了中国深潜纪录……。随着人类对空天海洋领域探索的不断深入，这一领域也成为中国战略性新兴产业前沿技术研发的重点布局领域。

1）中国要显著提升空间进入能力。突破大推力发动机、大直径箭体设计、制造与先进控制等关键技术，发展重型运载火箭，保障未来重大航天任务实施；发展快速、廉价、可重复使用的小载荷天地往返运输系统；超前部署具有高空间定位精度的空间飞行器自主导航和飞行技术研究。

2）中国要加快发展新型航天器。加强超高分辨率、超高精度时空基准、超高速安全通信、高性能星上处理、大功率电源、新型材料等关键技术研发，研制新型应用卫星。建立先进的载人空间科学实验平台和生命支持系统。发展空间飞行器轻量化小型化技术，推进应用型微、纳、皮卫星规范有序发展。部署和发射新型试验卫星。加快发展临近空间飞行器、可重复使用航天器等面向未来任务的新型航天器。

3）中国将加快航空领域关键技术突破和重大产品研发。超前部署氢燃料、全电、组合动力等新型发动机关键技术研究，提升未来航空产业自主发展能力。加快发展多用途无人机、新构型飞机等战略性航空装备；前瞻布局超音速商务机、新概念新构型总体气动技术、先进高可靠性机电技术、新一代航空电子系统、航空新材料及新型复合材料加工技术研究。

在海洋领域，发展新一代深海远海极地技术装备及系统。建立深海区域研究基地，发展海洋遥感与导航、水声探测、深海传感器、无人和载人深潜、深海空间站、深海观测系统、"空-海-地"一体化通信定位、新型海洋观测卫星等关键技术和装备。大力研发极地资源开发利用装备和系统，发展极地机器人、核动力破冰船等装备。

（2）信息网络

近年来，随着中国信息化建设不断推进，信息技术广泛应用，信息网络快速普及。信息网络在促进经济发展、社会进步、科技创新等方面发挥着重大作用，是中国未来战略性新兴产业发展的重大领域之一。

1）构建未来网络新体系。着眼于提升当前网络体系架构可扩展性、安全性、可管控性、移动性和内容分发能力，系统布局新型网络架构、技术体系和安全保障体系研究，开展实验网络建设，研究构建泛在融合、绿色带宽、智能安全的新型网络。

2）加强关键技术和产品研发。面向万物互联需求，发展物联网搜索引擎、E级高性能计算、面向物端的边缘计算等技术和产品。开展深度学习、认知计算、虚拟现实、自然人机交互等领域前沿技术研发，提升信息服务智能化、个性化水平。布局太赫兹通信、可见光通信等技术研发，持续推动量子密钥技术应用。

3）推动电子器件变革性升级换代。加强低功耗高性能新原理硅基器件、硅基光电子、混合光电子、微波光电子等领域前沿技术和器件研发，形成一批专用关键制造设备，提升光网络通信元器件支撑能力。统筹布局量子芯片、量子编程、量子软件以及相关材料和装置制备关键技术研发，推动量子计算机的物理实现和量子仿真的应用。加强类脑芯片、超导芯片、石墨烯存储、非易失性存储、忆阻器等新原理组件研发，推进后摩尔定律时代微电子技术开发与应用，实现产业跨越式发展。

（3）生物技术

近年来，中国政府对生物技术的支持力度正不断加强，从而大力提升了中国对科学家与企业家的吸引力。2017年，中国在工业生物技术领域已经成为实至名归的技术大国，技术专利的申请和核心期刊论文的发表均超越美国等发达国家，位居世界第一位。21世纪被称为生命科学和生物技术的时代，世界各个国家都在生物技术领域加大资金和人力投入。

1）坚持构建基于干细胞与再生技术的医学新模式。加快布局体细胞重编程科学技术研发，开发功能细胞获取新技术。完善细胞、组织、器官的体内外生产技术平台与基地。规范干细胞与再生领域法律法规和标准体系，完善知识产权评估与转化机制，持续深化干细胞与再生技术临床应用。发展肿瘤免疫治疗技术。

2）推进基因编辑技术研发与应用。建立具有自主知识产权的基因编辑技术体系，开发针对重大遗传性疾病、感染性疾病、恶性肿瘤等的基因治疗新技术。建立相关动物资源平台、临床研究及转化应用基地，促进基于基因编辑研究的临床转化和产业化发展。

3）加强合成生物技术研发与应用。突破基因组化学合成、生物体系设计再造、人工生物调控等关键技术，研究推进人工生物及人工生物器件临床应用和产业化。

推动生物育种、生态保护、能源生产等领域颠覆性技术创新，构建基础原料供给、物质转化合成、民生服务新模式，培育合成生物产业链。

（4）核技术

几十年来，中国核技术已广泛应用于工业、农业、医学、资源、环境、公共安全、军事、科研等诸多领域，取得了显著的经济效益和社会效益，早在2004年，中国从事核技术应用研究和生产的单位约300家，年总产值约400亿元[①]，随着新型技术的出现，这一领域也成为中国战略性新兴产业前沿技术研发的重点布局领域。

1）加快开发新一代核能装备系统。加快推动铅冷快堆、钍基熔盐堆等新核能系统试验验证和实验堆建设。支持小型和微型核动力堆研发设计与关键设备研制，开展实验堆建设和重点领域示范应用；积极参与国际热核聚变实验堆计划，不断完善全超导托卡马克核聚变实验装置等国家重大科技基础设施，开展实验堆概念设计、关键技术和重要部件研发。

2）发展非动力核技术。支持发展离子、中子等新型射线源，研究开发高分辨率辐射探测器和多维动态成像装置，发展精准治疗设备、医用放射性同位素、中子探伤、辐射改性等新技术和新产品，持续推动核技术在工业、农业、医疗健康、环境保护、资源勘探、公共安全等领域的应用。

3. 三大政策取向

（1）促进战略性新兴产业集聚发展，构建协调发展新格局

立足区域发展总体战略，围绕推进"一带一路"建设、京津冀协同发展、长江经济带发展，根据各地产业基础和特色优势，坚持因地制宜、因业布局、因时施策，加快形成点面结合、优势互补、错位发展、协调共享的战略性新兴产业发展格局。打造战略性新兴产业策源地，支持创新资源富集的中心城市形成以扩散知识技术为主要特征的战略性新兴产业策源地。壮大一批世界级战略性新兴产业发展集聚区，依托城市群建设，以全面创新改革试验区为重点，发展知识密集型战略性新兴产业集群，打造10个左右具有全球影响力、引领中国战略性新兴产业

---

① 我国首台手摇计算机展出 曾为原子弹研制立大功. http://news.sina.com.cn/c/2004-08-28/11323518971s.shtml[2019-06-20].

发展的标志性产业集聚区，推动形成战略性新兴产业发展的体制机制创新区、产业链创新链融合区、国际合作承载区。培育战略性新兴产业特色集群，充分发挥现有产业集聚区作用，通过体制机制创新激发市场活力，采用市场化方式促进产业集聚，完善扶持政策，加大扶持力度，培育百余个特色鲜明、大中小企业协同发展的优势产业集群和特色产业链。

（2）推进战略性新兴产业开放发展，拓展合作新路径

贯彻国家开放发展战略部署，构建战略性新兴产业国际合作新机制，建设全球创新发展网络，推动产业链全球布局，拓展发展新路径。

1）积极引入全球资源。抓住"一带一路"建设契机，推进国际产能合作，构建开放型创新体系，鼓励技术引进与合作研发，促进引进消化吸收与再创新。积极引导外商投资方向，鼓励外商投资战略性新兴产业，推动跨国公司、国际知名研究机构在国内设立研发中心。加大海外高端人才引进力度，畅通吸纳海外高端人才的绿色通道，为海外人才来华工作和创业提供更多便利。

2）打造国际合作新平台。积极建立国际合作机制，推动签署落实政府间新兴产业和创新领域合作协议。推动双边互认人员资质、产品标准、认证认可结果，参与国际多边合作互认机制。以发达国家和"一带一路"沿线国家为重点，建设双边特色产业国际合作园区，引导龙头企业到海外建设境外合作园区。创新合作方式，提升重点领域开放合作水平。加强国际科技成果转化和孵化、人才培训等公共服务体系建设。

3）构建全球创新发展网络。建立健全国际化创新发展协调推进和服务机制，加强驻外机构服务能力，利用二十国集团（G20）、夏季达沃斯论坛等平台开展新经济交流，充分发挥有关行业协会和商会的作用，搭建各类国际经济技术交流与合作平台。引导社会资本设立一批战略性新兴产业跨国并购和投资基金，支持一批城市对接战略性新兴产业国际合作，建设一批国际合作创新中心，发展一批高水平国际化中介服务机构，建立一批海外研发中心，构建全球研发体系，形成政府、企业、投资机构、科研机构、法律机构、中介机构高效协同的国际化合作网络。支持企业和科研机构参与国际科技合作计划、国际大科学计划和大科学工程，承担和组织国际重大科技合作项目。鼓励企业积极参与国际技术标准的制定。

4）深度融入全球产业链。推动产业链全球布局，在高端装备、新一代信息技术、新能源等重点领域，针对重点国家和地区确定不同推进方式与实施路径，推

动产业链资源优化整合。支持企业、行业协会和商会、地方政府和部门创新方式开展战略性新兴产业国际产能合作，推动国内企业、中外企业组团共同开拓国际市场，支持产业链"走出去"，将"走出去"获得的优质资产、技术、管理经验反哺国内，形成综合竞争优势。推动高端装备、新一代信息技术等领域龙头企业海外拓展，与国际大企业开展更高层次合作，实现优势互补、共赢发展。

（3）完善体制机制和政策体系，营造发展新生态

加快落实创新驱动发展战略，深入推进政府职能转变，持续深化重点领域和关键环节改革，强化制度建设，汇聚知识、技术、资金、人才等创新要素，全面营造有利于战略性新兴产业发展壮大的生态环境。

1）深入开展大众创业万众创新。打造众创、众包、众扶、众筹平台，依托"双创"资源集聚的区域、科研院所和创新型企业等载体，支持建设"双创"示范基地，发展专业化众创空间。依托互联网打造开放共享的创新机制和创新平台，推动企业、科研机构、高校、创客等创新主体协同创新。着力完善促进"双创"的法律和政策体系。持续强化"双创"宣传，办好全国"双创"活动周，营造全社会关注"双创"、理解"双创"、支持"双创"的良好氛围。

2）强化公共创新体系建设。实施一批重大科技项目和重大工程，加强颠覆性技术研发和产业化。创新重大项目组织实施方式，探索实行项目决策、执行、评价、监督相对分开的组织管理机制。构建企业主导、政产学研用相结合的产业技术创新联盟，支持建设关键技术研发平台，在重点产业领域采取新机制建立一批产业创新中心。围绕重点领域创新发展需求，统筹部署国家重大科技基础设施等创新平台建设，加强设施和平台开放共享。按照科研基地优化布局统筹部署，建设一批国家技术创新中心，支撑引领战略性新兴产业发展。加强相关计量测试、检验检测、认证认可、知识和数据中心等公共服务平台建设。成立战略性新兴产业计量科技创新联盟，加强认证认可创新。落实和完善战略性新兴产业标准化发展规划，完善标准体系，支持关键领域新技术标准应用。

3）支持企业创新能力建设。实施国家技术创新工程，加强企业技术中心能力建设，推进创新企业百强工程，培育一批具有国际影响力的创新型领导企业，引领带动上下游产业创新能力提升。加大对科技型中小企业创新支持力度，落实研发费用加计扣除等税收优惠政策，引导企业加大研发投入。

4）完善科技成果转移转化制度。落实相关法律法规政策，组织实施促进科技

成果转移转化行动。落实科技成果转化有关改革措施，提高科研人员成果转化收益分享比例，加快建立科技成果转移转化绩效评价和年度报告制度。引导有条件的高校和科研院所建立专业化、市场化的技术转移机构，加强战略性新兴产业科技成果发布，探索在战略性新兴产业相关领域率先建立利用财政资金形成的科技成果限时转化制度。

思考题

1. 通过学习本章，你觉得中国为什么会提出要培育新动能？

2. 你有接触到新兴产业吗？你觉得什么样的产业是新兴产业？

3. 新兴产业的发展对一个国家的发展有什么作用呢？中国是怎样支持新兴产业发展的？你了解其他国家的相关支持政策吗？

第六章　更协调的区域发展

　　强化举措推进西部大开发形成新格局，深化改革加快东北等老工业基地振兴，发挥优势推动中部地区崛起，创新引领率先实现东部地区优化发展，建立更加有效的区域协调发展新机制。

——习近平于中国共产党第十九次全国代表大会

农机中心外，金风送爽，稻浪滚滚，七星农场万亩大地号丰收在望，一排收割机正在实施联合作业。习近平步入正在收割的地块，察看水稻收获情况，同收割机驾驶员亲切握手，询问他们有什么困难和要求，叮嘱他们注意作业安全。习近平强调，农垦为保障国家粮食安全、支援国家建设、维护边疆稳定做出了重大贡献。要贯彻新发展理念，加快建设现代农业的大基地、大企业、大产业，深化农垦体制改革，全面增强农垦内生动力、发展活力、整体实力，更好发挥农垦在现代农业建设中的骨干作用。要加快绿色农业发展，坚持用养结合、综合施策，确保黑土地不减少、不退化。齐齐哈尔是老工业基地，拥有较完备的装备制造产业体系。2018 年 9 月 26 日上午，习近平在齐齐哈尔考察了两家国有大型装备制造企业。在中车齐车集团有限公司，习近平听取了企业发展历史、生产、销售情况汇报，观看了正在进行的铁路货车疲劳和振动试验。企业负责人介绍说，企业产品出口 50 多个国家，总书记听了很高兴，勉励他们进一步拓展国际市场，在服务共建"一带一路"中取得新的更大业绩。习近平强调，装备制造业是国之重器，是实体经济的重要组成部分。国家要提高竞争力，要靠实体经济。齐车要乘势而为、乘势而上，加强自主创新，练好内功，不断推出新技术、新产品、新服务，永远掌握主动，不断做强做优做大。①

东北地区一直是中国重要的粮食基地，担负着解决全国人民温饱问题的重任，并且东北曾以工业带动了中国的经济。改革开放之后，东北经济逐渐落后于东部沿海地区。为了协调区域发展，缩小地区差异，提出了振兴东北老工业基地战略。在中国，区域发展差距依然存在，区域分化现象逐渐显现，区域发展不平衡不充分问题较为突出。为了促进区域协调发展，并且向更高水平和更高质量迈进，就必须建立更加有效的区域协调发展新机制。

---

① 习近平在东北三省考察并主持召开深入推进东北振兴座谈会. http://www.gov.cn/ xinwen/2018-09/28/content_5326563.htm[2019-06-20]；新华社论习近平东北考察重要讲话精神. http://www.xinhuanet.com/nzzt/80/[2019-06-20]；习近平在黑龙江考察，首站来到建三江. http://guoqing.china.com.cn/xijinping/2018-09/27/content_64171557.htm [2019-06-20].

第一节　中国区域布局

一、东、中、西、东北四大基础板块

中国可以分为东部地区、中部地区、西部地区和东北地区四大区域，东部地区最为发达，在发展、转型、改革方面都走在中国最前端；中部地区是中国经济发展的第二梯队，工农业基础雄厚；东北地区经济起步较早，重工业为中国的发展做出了历史性的贡献；西部地区疆域辽阔，资源丰富，是中国经济欠发达，需要进一步开发的地区。

1. 自然环境

中国位于亚欧大陆东部，太平洋西岸，地理位置独特，地形地貌复杂，气候类型多样。地势西高东低，自西向东呈现海拔差异明显的三大阶梯。地形种类多样，山地、高原、盆地、平原和丘陵均有分布。由东南沿海向西北内陆，水热条件空间分异明显。受地形地貌和季风环流影响，既有热带、亚热带和温带季风气候，也有温带大陆性、高原山地和海洋性气候。

东部地区包括河北、北京、天津、山东、江苏、上海、浙江、福建、广东、海南、台湾、香港、澳门，以及渤海、黄海、东海、南海四大国海。东部地区平坦低缓，以丘陵和平原为主，海洋资源种类繁多，海洋生物、石油天然气、固体矿产、可再生能源等资源丰富，开发潜力大。

中部地区东接沿海，西接内陆，按自北向南、自西向东排序包括山西、河南、安徽、湖北、江西、湖南六个相邻省份。中部地区历史厚重，矿产资源丰富，交通便利，其中山西被称为"煤铁之乡"，主要矿藏有煤、铁、铝、铜、耐火黏土、石灰岩、石膏等，现已探明的煤矿储量约占总量的1/3。

西部地区包括陕西、四川、云南、贵州、广西、甘肃、青海、宁夏、西藏、新疆、内蒙古、重庆十二个省（自治区、直辖市）。西部地区拥有广袤的土地资源，以及较高的人均耕地面积和绝大部分草原面积。但是高山广布，以山地、高原和盆地为主，没有大规模种植粮食的优势。西南地区有充足的雨水、多气候带和丰富的动植物资源；西北地区干旱少雨、光照充足；青藏高原具有独特的高原自然气候条件。因此，西部地区适合发展适应本地土地资源和自然条件的特色农业。

东北地区包括辽宁、吉林、黑龙江，温带季风气候，四季分明，夏季温热多雨，冬季寒冷干燥。土质以黑土为主，是综合性大农业基地的自然基础，森林覆盖率高。东北地区拥有矿产资源、石油资源、煤炭资源，其中金属和非金属矿产储量约占总量的1/4。

2. 经济结构

根据国家统计局发布数据，2017年各板块经济概况如下：

东部地区生产总值为447 835.5亿元，占全国总量的52.9%，其中第一、第二、第三产业分别为东部总产值的4.7%、41.6%、53.7%。工业产品产量较高，其中钢材、粗钢、汽车产量在四个地区中最高，分别为62 758万吨、45 990万吨、1308万辆，占总产量的比重分别为60.0%、55.3%、45.1%。货物进出口总额分别超过10万亿元，占全国进出口总额的80%以上。

中部地区生产总值为176 486.6亿元，占全国总量的20.8%，其中第一、第二、第三产业分别为中部总产值的9.0%、45.3%、45.7%。农产品产量较高，其中油料、谷物的产量在四个地区中最高，分别为1411.1万吨、19 387.8万吨，占总产量的比重分别为40.6%、31.5%。工业产品产量中等，其中原煤、粗钢产量在四个地区中位居第二，分别为11.4万吨、17 463.7万吨，占总产量的比重分别为32.3%、21.0%。

西部地区生产总值为168 561.6亿元，占全国总量的19.9%，其中第一、第二、第三产业分别为西部总产值的11.4%、41.2%、47.4%。西部地区农产品产量较高，其中，棉花产量在四个地区中最高，共计461.6万吨，占全国总量的81.7%，油料产量共计1147.6万吨，占全国总量的33.0%。工业产品种类多样，且产量丰富，其中，天然气和原煤产量在四个地区中最高，分别为1212.7亿立方米、32.3亿吨，占全国总量的81.9%、58.2%，水泥、原油产量在四个地区中位居第二，分别为78 793.2万吨、6422.2万吨，占全国总量的33.8%、33.5%。

东北地区生产总值为54 256.5亿元，占全国总量的6.4%，但东北地区人口相比其他地区较少，仅占全国总人口的7.8%。第一、第二、第三产业分别为东北总产值的11.1%、37.3%、51.6%。东北地区盛产大米、玉米、大豆、马铃薯、甜菜、高粱、温带瓜果蔬菜等，辽宁沿海地区还盛产海参、鲍鱼、牡蛎、对虾及各种鱼类。2017 年，黑龙江省粮食总产量位居全国第一，播种面积为 1182.71 万公顷，总产量为 6018.8 万吨。

综上所述，东部地区经济最为发达，领先全国，且以第二、第三产业为发展主力。2017 年，全国人均可支配收入为 25 974 元，东部地区人均可支配收入为 33 414 元，超过平均值 28.6%，东北地区人均可支配收入位居第二，为 23 900.5 元，中部地区和西部地区人均可支配收入均超过 20 000 元，且差距不大，具体如图 6.1 所示。

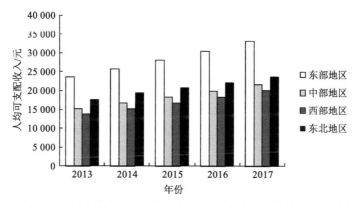

图 6.1　2013～2017 年东部地区、中部地区、西部地区、东北地区人均可支配收入
资料来源：根据国家统计局网站（http://www.stats.gov.cn）发布数据整理得出

3. 公共服务

根据国家统计局发布数据，2017 年各板块公共服务概况如下：

东部地区普通高等学校数量为 1012 个，占全国总量的 38.5%，本专科在校学生数量为 1053.9 万人，占全国总量的 38.3%；医院数量为 10 951.0 个，占全国总量的 35.3%，执业（助理）医师为 142 万人，占全国总量的 41.8%；邮政业务总量高达 7447 亿元，占全国总量的 76.3%。在四个地区中，学校、医院等公共服务数量东部地区均为全国最高值，其中北京大学、清华大学、浙江大学均位于东部地区。地方一般公共预算[①]支出为 72 869.2 亿元，占全国公共预算支出的 42%，具体如图 6.2 所示。

---

① 预算编制是对未来一段时间内公共部门收支进行测算和计划的活动。公共预算的过程分为预算编制、预算执行和决算。预算执行由本级财政部门负责，包括收入执行、支出资金拨付和预算调整三个环节。

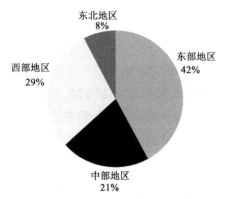

图 6.2　2017 年东部地区、中部地区、西部地区、东北地区公共预算占比
资料来源：根据国家统计局网站（http://www.stats.gov.cn）发布数据整理得出

中部地区、西部地区普通高等学校数量分别为 686 个、675 个，本专科在校学生数量分别为 763.7 万人、700 万人，学校及学生数量均占全国的 1/4 左右。中部地区知名大学如武汉大学、华中科技大学等，西部地区知名大学如重庆大学、四川大学、西安交通大学等。西部地区医院数量为 10 018 个，占全国总量的 32.2%，中部地区医院数量为 7076 个，占全国总量的 22.8%。

东北地区普通高等学校数量为 258 个，占全国总量的 9.8%，本专科在校学生数量为 235.9 万人，占全国总量的 8.6%，东北地区知名高校如哈尔滨工业大学、大连理工大学等；医院数量为 3011 个，占全国总量的 9.7%，执业（助理）医师为 27 万人，占全国总量的 8.1%。地方一般公共预算支出为 13 246.2 亿元，仅占全国公共预算支出的 7.6%。

二、主体功能区

主体功能区是为了促进四大基础板块协调发展，而提出的有利于构筑区域经济优势互补、主体功能定位清晰、国土空间高效利用、人与自然和谐相处的区域发展格局。基于不同区域的资源环境承载能力、现有开发强度和未来发展潜力，以是否适宜或如何进行大规模高强度工业化城镇化开发为基准，中国国土空间按照开发方式分为优化开发区域、重点开发区域、限制开发区域和禁止开发区域，如图 6.3 所示。

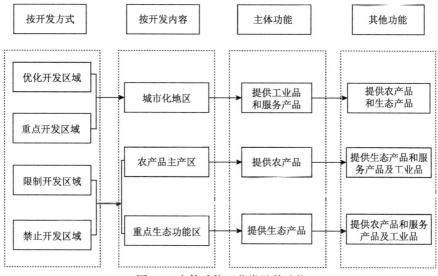

图 6.3　主体功能区分类及其功能

　　优化开发区域是指率先进行工业化和城镇化开发，但开发方式以优化为主要导向，在开发拓展的同时必须重视资源环境问题的地区。优化开发区域包括长江三角洲、珠江三角洲和环渤海地区等，这些区域的经济处于全国优势地位，且开发强度较高，人口密度大，如专栏 6.1 所示。

专栏 6.1　长江三角洲、珠江三角洲和环渤海地区①

　　长江三角洲是以上海为中心，位于长江入海之前的冲积平原，根据 2016 年 5 月国务院批准的《长江三角洲城市群发展规划》，长江三角洲城市群包括：上海，江苏省的南京、无锡、常州、苏州、南通、盐城、扬州、镇江、泰州，浙江省的杭州、宁波、嘉兴、湖州、绍兴、金华、舟山、台州，安徽省的合肥、芜湖、马鞍山、铜陵、安庆、滁州、池州、宣城 26 个城市。长江三角洲城市群经济腹地广阔，拥有现代化江海港口群和机场群，高速公路网较健全，公铁交通干线密度全国领先，立体综合交通网络基本形成。长江三角洲城市群正在建设面向全球、辐射亚太、

---

　　① 长三角区域一体化上升为国家战略 又一个大湾区呼之欲出. https://baijiahao.baidu.com/s?id=161627828634110678&wfr=spider&for=pc[2019-06-20]；珠三角：5 年投资超 1700 亿元. http://news.hebei.com.cn/system/2019/03/21/019525452.shtml[2019-06-20]；环渤海地区经济发展的基本状况. http://www.china.com.cn/economic/zhuanti/gyhjcbg/ 2007-09/11/content_8859294.htm[2019-06-20].

引领全国的世界级城市群。其目标是建成最具经济活力的资源配置中心、具有全球影响力的科技创新高地、全球重要的现代服务业和先进制造业中心、亚太地区重要国际门户、全国新一轮改革开放排头兵、美丽中国建设示范区。2019 年 1 月，上海首次提出"长三角一体化发展示范区"。

珠江三角洲位于广东省中部，新珠江三角洲城市群包括"广佛肇+清、云、韶"（广州、佛山、肇庆+清远+云浮+韶关）、"深莞惠+汕尾、河源"（深圳、东莞、惠州+汕尾+河源）、"珠中江+阳江"（珠海、中山、江门+阳江）三个新型都市区。大珠江三角洲地区还包括香港、澳门。珠江三角洲是有全球影响力的先进制造业基地和现代服务业基地，中国参与经济全球化的主体区域，全国科技创新与技术研发基地，全国经济发展的重要引擎，南方对外开放的门户，辐射带动华南、华中和西南发展的龙头，有"南海明珠"之称。

环渤海地区是以京津冀为核心、以辽东半岛和山东半岛为两翼的环渤海经济区域，主要包括北京、天津、河北、山东、辽宁，也就是三省两市的"3+2"经济区域。区域内包括北京、天津、唐山、秦皇岛、大连、烟台、威海、青岛、东营、保定、石家庄、济南、沈阳等多座城市。与珠江三角洲和长江三角洲不同的是，环渤海地区是一个复合的经济区，由三个次级的经济区组成，即京津冀圈、山东半岛圈[①]和辽宁半岛[②]圈。这里是与世界 160 多个国家和地区贸易往来的通道，从国外进口的设备、资金、商品都要从这里进入中国的北方市场。

重点开发区域和优化开发区域一样，都是中国区域开发的重中之重，开发内容相似，以工业化、城镇化为主，主要提供工业品和服务产品，但开发强度和开发方式有所不同。重点开发区域包括冀中南地区、哈长地区、成渝地区、江淮地区等 18 个区域，这些区域的特点是具有一定的人口与经济基础，资源环境承载能力强，适当强度的城市开发会促进区域经济发展。

限制开发区域包括农产品主产区和重点生态功能区，这两类地区都对大规模高强度的城镇化开发进行限制。农产品主产区具有丰富的农业资源，耕地肥

---

① 山东半岛圈由黄河三角洲高效生态经济区和山东半岛蓝色经济区等组成。

② 辽宁半岛为中国第二大半岛，在辽宁省东南部。长达 340 公里，北宽 150 公里，面积为 2.94 万平方公里，向南渐窄，南端为大连港。辽东半岛有旅顺港、大连港等良港，为中国北方少有的不冻港，是中国北部海运、渔业的重要基地。

沃且面积大，呈现出明显的农业经济特征，在开发过程中必须将提升农业综合生产能力作为首要任务，在提供安全充足的粮食供给的基础上，进行小规模低强度的工业化、城镇化开发。重点生态功能区的开发不是不能开发工业，而是不引入那些高污染、高耗能的工业，一方面要以供给特色生态产品为首要任务，另一方面要以生态工业、绿色工业为发展线路。同时，为了弥补限制开发对人民收入的影响，还会投入一定的财政转移，采取生态补偿政策。重点生态功能区包括大小兴安岭森林生态功能区、黄土高原丘陵沟壑水土保持生态功能区等国家重点生态功能区。2016 年，经国务院批复重点生态功能区的县（区、市）总数达到 676 个[①]。

禁止开发区域是指需要特殊保护的自然文化资源保护区，必须禁止一切工业化、城镇化开发。对于禁止开发区域，如国家级自然保护区、重要水源地、世界文化自然遗产等，要进行差别化的生态保护，提供生态环境修复专项费用。

第二节　区域总体战略

习近平在中国共产党第十九次全国代表大会上指出，实施区域协调发展战略。加大力度支持革命老区、少数民族地区、边疆地区、贫困地区加快发展，强化举措推进西部大开发形成新格局，深化改革加快东北等老工业基地振兴，发挥优势推动中部地区崛起，创新引领率先实现东部地区优化发展，建立更加有效的区域协调发展新机制。

一、西部大开发

1. 西部大开发战略的提出

1999 年 11 月，中共中央、国务院召开中央经济工作会议，在具体部署 2000 年的工作时，把实施西部大开发战略作为一个重要的方面，这可以看作实施西部

---

① 国务院批复同意新增部分县纳入国家重点生态功能区. http://news.cctv.com/2016/09/29/ARTI1k67srGxJQxT0K9jjVEc160929.shtml[2019-06-20].

大开发战略的启动。2001年3月,《中华人民共和国国民经济和社会发展第十个五年计划纲要》对实施西部大开发战略再次进行了具体部署。实施西部大开发,就是要依托亚欧大陆桥、长江水道、西南出海通道等交通干线,发挥中心城市作用,以线串点、以点带面,逐步形成中国西部有特色的西陇海兰新线、长江上游、南(宁)贵、成昆(明)等跨行政区域的经济带,带动其他地区发展,有步骤、有重点地推进西部大开发。西部大开发总的战略目标是:经过几代人的艰苦奋斗,建成一个经济繁荣、社会进步、生活安定、民族团结、山川秀美、人民富裕的新西部。

（1）青藏铁路

青藏铁路简称青藏线,是一条连接青海省西宁市至西藏自治区拉萨市的国铁I级铁路。青藏铁路分两期建成,一期工程东起西宁市,西至格尔木市,1958年开工建设,1984年5月建成通车;二期工程东起格尔木市,西至拉萨市,2001年6月29日开工,2006年7月1日全线通车。青藏铁路由西宁站至拉萨站,线路全长1956公里,其中西宁至格尔木段814公里,格尔木至拉萨段全长1142公里;共设85个车站,设计的最高速度为160公里/时(西宁至格尔木段)、100公里/时(格尔木至拉萨段)。针对青藏铁路高海拔、高寒等养护特点,中国铁路青藏集团有限公司在冻土区建立了长期监测系统,并设置了3个自动气象站,78个地温观测断面,实现了监测系统远程自动化信息处理,提高了监测数据的准确性和可靠性[1]。青藏铁路作为中国新世纪四大工程[2]之一,同时也是世界上海拔最高、线路最长的铁路。2017年铁路暑运,中国铁路青藏集团有限公司旅客发送量完成378.7万人次,同比增加38.5万人次,增长11%;货运发送量完成554万吨,同比增加108万吨,增长24.8%,各项运输指标再创历史新高[3]。

（2）西电东送和西气东输

西电东送和西气东输对于后续的西部大开发工作有着重要的意义,是西部大开发的标志性骨干工程。西电东送是指开发西部地区(如贵州、云南、内蒙古、

---

① 青藏铁路西宁至格尔木段交付使用. http://www.52shijing.com/lssdjt/141.html[2019-06-20].
② 中国新世纪四大工程是指在"十五"期间,重点进行开发建设的青藏铁路、南水北调、西气东输、西电东送四大工程。其中,除南水北调工程外,其他三项也是西部大开发的重点工程。
③ 青藏铁路公司客货发送量均实现大幅增长. http://news.gaotie.cn/tielu/2017-09-05/418511.html[2019-06-20].

山西等）的电力资源，然后输送到电力紧缺的东部地区（如上海、浙江、北京、天津等）。西电东送在西部大开发工程中工程量最大、投资额最多。这一工程的实施，将有利于西部能源资源优势转化为经济优势，同时为西部的大量电力提供广阔的市场。不仅可以推动西部地区电力工业的发展，提高能源利用率，而且能有效地改善西部地区能源消费结构，促进西部地区生态环境建设，有利于退耕还林和水土保持，带动相关产业的发展。西电东送对于合理配置资源、优化能源结构、促进中国社会经济可持续发展具有重要意义。

西气东输，西起塔里木盆地的轮南，东至上海，全线采用自动化控制，供气范围覆盖中原、华东、长江三角洲地区，是中国距离最长、口径最大的输气管道，总长度达 4200 公里。东西横贯新疆、甘肃、宁夏、陕西、山西、河南、安徽、江苏、上海 9 个省（自治区、直辖市）。西气东输一线工程和二线工程，累计投资超过 2900 亿元[①]。西气东输沿线城市可用清洁燃料取代部分电厂、窑炉、化工企业、居民生产使用的燃油和煤炭，将有效改善大气环境，提高人民生活品质。西气东输工程将大大加快新疆地区和中西部沿线地区的经济发展，不仅可相应增加财政收入和就业机会，带来巨大的经济效益和社会效益，还将促进中国能源结构和产业结构调整，带动钢铁、建材、石油化工、电力等相关行业的发展。

2. 强化举措推进西部大开发形成新格局

为加快西部地区转方式调结构，促进区域协调发展，拓展国家新的发展空间，国家发展和改革委员会编制了《西部大开发"十三五"规划》。规划确立了西部发展的主要目标：经济持续健康发展、创新驱动发展能力显著增强、转型升级取得实质性进展、基础设施进一步完善、生态环境实质性改善、公共服务能力显著增强。详细规划指标如表 6.1 所示。

表 6.1　《西部大开发"十三五"规划》详细规划指标

类别	指标	2020 年	属性
经济发展	人均地区生产总值（元）	54 000	预期性
	地区生产总值（亿元）	200 000	
	服务业增加值比重（%）	>45	
	常住人口城镇化率（%）	54.0	

---

① 西气东输工程投资 2900 亿 创国家之最. https://wenku.baidu.com/view/0e72ac2aed630b1c39ceeb5a4.html [2019-06-20].

续表

类别	指标	2020 年	属性
资源环境	耕地保有量（万亩）	67 900	约束性
	草原综合植被覆盖度（%）	3.6	
	森林覆盖率（%）	19.1	
	湿地保有量（万亩）	4 850	
社会发展	居民人均可支配收入（元）	26 000	预期性
	人均预期寿命（岁）	75.5	
	劳动年龄人口平均受教育年限（年）	10.5	
	贫困发生率（%）	＜3	
创新能力	研究与试验发展经费投入强度（%）	＞2	预期性
	每万人口发明专利拥有量（件）	＞5.5	
	科技进步贡献率（%）	55	

资料来源：http://www.gov.cn/xinwen/2017-01/23/content_5162468.htm[2019-06-20]

（1）构建区域发展新格局

优化发展空间布局，着力打造一批主题特色鲜明的试验区和示范区，形成要素有序自由流动、主体功能约束有效、基本公共服务均等、资源环境可承载的区域协调协同发展新格局。构建以陆桥通道西段、京藏通道西段、长江—川藏通道西段、沪昆通道西段、珠江—西江通道西段为五条横轴，以包昆通道、呼（和浩特）南（宁）通道为两条纵轴，以沿边重点地区为一环的"五横两纵一环"西部开发总体空间格局。加快以成渝、关中—天水、北部湾、珠江—西江、天山北坡等重点经济区为支撑的核心增长区域建设，推进兰州—西宁、呼包银榆、黔中、滇中、川南、藏中南、酒泉—嘉峪关等次级增长区域发展，在有条件的地区培育若干新增长极。

稳步推进四川、西安等国家全面创新改革试验区建设，支持重庆建设国家自主创新示范区，打造创新示范高地。支持兰州等高教与科研资源相对密集地区完善创新体系和创新制度环境，推动产学研紧密融合。研究在西部地区选取若干具备条件的区域打造一批军民融合创新示范区，形成可复制、可推广、可持续的新路径新模式，促进国防经济和地方经济深度融合。

（2）培育现代产业体系

根据《中国制造 2025》计划，提升特色优势产业发展水平，塑造西部地区产业核心竞争力，构建资源优势突出、创新能力较强、产业链条齐备、生态承载合理的现代产业发展体系。严控新增产能，确保完成钢铁、煤炭去产能目标任务。优化煤炭生产和消费结构，合理推动油气资源开发，建设塔里木盆地、准噶尔盆地、鄂尔多斯盆地等油气生产基地。加快发展太阳能发电，大力推广分布式光伏发电系统，开展甘肃、宁夏、内蒙古新能源综合示范区建设，培育准东、哈密、敦煌、柴达木、蒙西等风光电清洁能源基地。构建新型制造业体系，加快西部地区制造业绿色改造升级。培育符合西部地区实际的新一代信息技术、高端装备、新材料、新能源、生物医药等战略性新兴产业，形成新的主导产业。引导和支持有条件的地区发展大数据产业，开展云计算应用示范。支持四川、重庆、陕西、贵州、广西电子信息产业集聚发展，研究在有条件的地区建设中外创新产业合作平台。支持西部地理信息科技园建设，打造西部地理信息产业应用示范基地。推动国防和民用领域先进技术双向转移转化，促进军民两用技术产业化发展，培育形成新的经济增长点。

发挥西部地区光热水土独特资源优势，科学定位农业地区、林区山区、草原牧区产业发展方向，优化特色农业结构布局，推进现代农业示范区建设。积极创建特色农产品优势区，按照"一地一类、一县一品"的思路，大力发展具有地理标志和地域独特性的杂粮、果蔬、茶叶、油料、特色经济林、中药材、家禽、草食畜牧业和特色渔业等产业，建设一批高原夏菜等特色优势农产品示范基地。着力发展生态友好型农业，推行种养结合等模式，加快发展粮果复合、果茶复合、林下经济等立体高效农业。

（3）完善基础设施网络

继续加强交通、水利、能源、通信等基础设施建设，着力构建"五横四纵四出境"综合运输大通道，加快建设适度超前、结构优化、功能配套、安全高效的现代化基础设施体系，强化设施管护，提升基础保障能力和服务水平。将西部地区铁路建设作为中国铁路建设的重点，加快推进干线铁路、高速铁路、城际铁路、开发性新线和枢纽站场建设，强化既有线路扩能改造，促进西部高速铁路成网、干线铁路升级、全网密度加大、运营提质增效。加强西部地区枢纽机场扩容改造，大力拓展国际航线，重点推进与"一带一路"沿线国家互联互通。完善国内航线布局,增辟西部地区主要城市东向航线,增加航班密度。提升区域机场密度,优化布局结构,稳步推进一批支线机场建设。大力发展通用航空,加快西部地区通用机场、飞行服务站和航油配送中心布局建设,推动直升机、无人机、通用飞机产业化。促进通用航空与旅游业融合发展,在适宜地区开展空中游览活动。加强河流航道和沿海港口建设以及港口集疏运体系建设,积极发展多式联运,更好支撑沿江经济与产业发展。

二、振兴东北老工业基地

东北老工业基地曾是新中国工业的摇篮,为建成独立、完整的工业体系和国民经济体系,为国家改革开放和现代化建设做出了历史性的重大贡献。1990 年以来,由于体制性和结构性矛盾日趋显现,东北老工业基地企业设备和技术老化,竞争力下降,就业矛盾突出,资源型城市主导产业衰退,经济发展步伐相对仍较缓慢,与沿海发达地区的差距在扩大。2003 年 10 月发布的《中共中央 国务院关于实施东北地区等老工业基地振兴战略的若干意见》,明确了实施振兴战略的指导思想、方针任务和政策措施。随着振兴战略的实施,东北地区加快了发展步伐。开始实施社会保障试点、增值税转型、豁免企业历史欠税、国有企业政策性破产、中央企业分离办社会职能、厂办大集体改革等各项政策。

从历史来看,东北老工业基地作为"共和国长子",对中国工业体系和整个国民经济体系的建立做出了很大贡献。从现实来看,目前东北地区仍然有一批诸如大连船舶重工集团有限公司、中国一重集团有限公司等一批"国宝级"企业,它们是支撑国家经济发展的重要基础,也是参与国际产能合作的重要支撑。从发展来看,东北地区的能源资源、环境承载、产业基础、科教人才等支撑能力较强,特别是东北地区的工业基础较好,有一大批高素质产业工人。

东北振兴,不仅事关东北人民的福祉,也事关全国经济健康发展和转型升级大局。振兴东北地区等老工业基地的治本之策,是全面深化改革、扩大开放。在新的历史阶段,必须以改革开放的新举措促进东北地区的全面振兴。专栏 6.2 讲述了华晨宝马汽车有限公司与沈阳的战略合作,该项目对于振兴东北经济,带动工业升级意义重大。

专栏 6.2　华晨宝马汽车有限公司落户沈阳①

2018 年 10 月 11 日，华晨宝马在沈阳铁西开启两家企业携手十五周年庆祝纪念活动，在纪念活动上，宝马集团携手华晨宝马一起公布了最新战略协议。

双方将合资协议续期至 2040 年，宝马集团对华晨宝马的投资将增加 30 亿欧元，用于将来沈阳生产基地的改扩建项目，沈阳铁西新工厂于 2018 年 10 月 11 日举行了开工仪式，一旦工厂落成，纯电动的 BMW iX3 将只在中国生产。而其中最重磅的是，宝马集团表示要把持股比例由 50% 提高至 75%。宝马集团董事长科鲁格先生表示，我们将继续落实宝马集团在中国的发展战略。通过持续的投资，以及在电动汽车领域的研发和生产，我们坚信中国市场是实现业务持续增长的重要市场。宝马集团在中国的成功与合资企业华晨宝马密不可分。携手合作伙伴，我们将为中国经济的可持续发展做出贡献。2018 年，宝马集团陆续推出 16 款新产品。宝马集团预期，中国新能源汽车市场将保持继续增长。为此，宝马集团在中国已推出 6 款新能源车型。2018 年前 9 个月，宝马集团新能源车在中国市场销售同比增长近 5 倍，其中两款国产新能源车型的累计销量首次超越 1 万辆。

华晨宝马是德国"工业 4.0"对接中国智能制造的典范，不仅振兴了东北经济，对工业升级也有带动作用。华晨宝马沈阳生产基地的投资自 2009 年以来就已超过 520 亿元，带动了当地经济和汽车产业链的发展。截至 2018 年 10 月，华晨宝马已在中国发展超过 350 家零部件供应商，而其中 80 余家坐落于辽宁省内。2005 年以来，华晨宝马保持沈阳市最大纳税企业，2017 年纳税超过 240 亿元。华晨宝马的发展还为当地创造了 18 000 多个直接工作岗位，并为本地人才的培养做出了贡献。

1. 全面深化改革，激发内在活力

全面深化国有企业改革，完善国有企业治理模式和经营机制；建立健全体制机制，大力支持民营经济发展，促进市场在资源配置中的决定性作用。加快政府

① 增资 30 亿欧元，华晨宝马年产能将增至 65 万辆. https://baijiahao.baidu.com/s?id=1613992601220420305&wfr=spider&for=pc[2019-06-20] ；华晨宝马成立十五周年　合资协议将延长至 2040 年. http://qingdao.dzwww.com/qiche/hq/201810/t20181015_16670481.htm[2019-06-20]；华晨宝马坚定支持 沈阳高质量发展. https://baijiahao.baidu.com/ s?id=1629055353586346323&wfr=spider&for=pc[2019-06-20].

职能转变，深入推进简政放权，深化行政审批制度改革，积极推广"一个窗口受理、一站式办理、一条龙服务"，放管结合、优化服务改革。制定东北地区的市场监管规则和标准，创新监管机制和方法，同时建立和全国地区一致的信用平台，实现市场信用的收集和共享。优化国有经济在东北地区发展的产业布局，支持国有企业在新兴产业和现代服务业的带头发展，做强国有经济在基础设施领域的地位，提升国有企业集中度。稳妥助力发展混合所有制经济，选择10～20家地方国有企业开展首批混合所有制改革试点，有序转让部分地方国有企业股权。着力改善营商环境，加快构建亲清新型政商关系。为民营经济营造良好的市场环境，推进民营经济发展改革示范工作，健全现代产权制度，保护民营企业的合法权益。放宽民间投资投入，支持民营企业和社会资本参与国有企业改革重组，通过政府和社会资本合作（public-private partnership，PPP）等模式吸引社会资本。

2. 推进创新转型，培育发展动力

加快传统产业转型升级，大力培育新动能，使创新成为东北地区发展的内生动力。构建政府支持、企业主导的创新新局面，打通基础研究到开发应用的通道，形成一体化的产业链。推动东北地区多层次创新创业平台建设，建设沈阳-大连国家自主创新示范区，建设哈尔滨、长春等城市双创平台。在经济结构单一的工业化城市打造战略性新兴产业集群，如沈阳民用航空产业集群、长春-吉林电子产品制造产业集群。大力发展基于"互联网+"的新产业，探索建设跨区域跨行业的产业平台，支持创建线上销售渠道，发展黑龙江大米网等电子商务平台，完善配送及综合服务网络。积极发挥冰雪、森林、湿地等自然资源和气候条件，结合林场布局优化调整，建设一批特色宜居小镇。支持东北地区积极发展服务业，推动制造业服务化转型，提升生活性服务业品质，培育养老、旅游、文化等新消费增长点，大力发展现代物流业。

3. 扩大开放合作，转变观念理念

推进产业制造和国际合作，打造重点开发开放平台，将东北地区建设成中国北方的对外窗口。参与"一带一路"建设，推进中国东北地区与俄罗斯、蒙古国的政治和经济沟通，加强三方在国际运输、矿产资源和基础产业等领域的合作。深化国际产能合作，积极与发达国家合作拓展第三方市场，加快东北制造业"走出去"和"引进来"，支持企业在境外设立研发中心。协同推进沿海沿边内陆开

放，以辽宁沿海港口为支点，推进辽宁沿海经济带建设，加快在东北地区推广上海自由贸易试验区经验。支持东北地区对接京津冀协同发展战略，推进与环渤海地区合作发展。提升东北地区经济开放层次，提高先进技术、能源材料进口比值，学习国外先进的管理经验，引进国外高层次人才。规划建设中俄、中蒙、中日、中韩产业投资贸易合作平台，鼓励外资投向东北制造业、高新技术、现代服务业领域，完善境外投资制度，优化对外贸易结构。

三、中部崛起

中部地区是中国的重要粮食生产基地、能源原材料基地、现代装备制造及高技术产业基地以及综合交通运输枢纽。在中国经济发展的宏伟蓝图中被认为是"中原逐鹿①"之地。与此同时，中部地区也是"三农问题"最为严峻的地区，在工业化、城镇化的进程中，必须加快转变方式，优化经济结构，发挥中部地区资源优势。因为中部地区是承东启西、连南接北的战略枢纽，所以中部崛起除了自身的重要意义外，对于建设中国区域协调发展新格局，支撑经济长期平稳发展起着重要作用。

2006 年发布的《中共中央　国务院关于促进中部地区崛起的若干意见》中明确了 36 条关于促进中部地区崛起的政策措施，同时指出要坚持深化改革和扩大对内对外开放，发挥市场配置资源的基础性作用；坚持走新型工业化道路，充分发挥比较优势，增强对全国发展的支撑能力。此后，《国务院关于大力实施促进中部地区崛起战略的若干意见》《促进中部地区崛起"十三五"规划》相继发布。中部地区经济实现较快增长，总体实力大幅提升，经济总量占中国经济的比重逐步提高，中部地区已步入加快发展、全面崛起的新阶段。

1. 改革创新，培育区域发展新动能

坚持把改革创新摆在突出位置，优化市场发展环境，激发市场主体活力和社会创造力，加快实现新旧动能转换，为经济社会发展提供持续动力。综合运用各种手段支持有效化解煤炭过剩产能，控制晋北、晋中、晋东大型煤炭基地生产规模，收缩河南、两淮大型煤炭基地生产规模；开展钢结构建筑推广应用试点，积

---

① 中原逐鹿是指群雄并起，争夺天下，中原指中国黄河中下游一带，是中华民族的发祥地。

极化解钢铁行业过剩产能。研究按市场化方式设立中部崛起投资基金，支持中部地区新型城镇化建设、跨省域基础设施互联互通、跨区域生态环境治理和产业转型升级。支持山西省在依法合规的前提下开展煤炭交易体制改革试点。发挥中部地区在一些重点领域的科技领先优势，集聚一流研发团队，大力开展基础前沿、关键共性、社会公益和战略高技术研究，突破重点领域关键技术，强化原始创新。

深入落实"科技创新 2030—重大项目①"，重点突破量子通信、可见光通信、光电子信息、新一代核聚变、智能语音、智能机器人、无人机、基因工程等领域关键技术。发挥互联网对工业、农业、能源等行业的创新促进作用，推进产业组织、商业模式、供应链、物流链创新。积极推动服务业与互联网融合创新，提升医疗健康、养老服务、文化教育、旅游交通、金融物流等领域的网络化和智能化水平，培育新兴服务模式。促进跨区域整合创新资源，打造区域协同创新共同体。积极推进湖北（武汉）、安徽合（肥）芜（湖）蚌（埠）区域全面创新改革试验，加快建设武汉东湖、长株潭、郑洛新、合芜蚌国家自主创新示范区和国家创新型城市，支持设立一批创新平台。

2. 转型升级，建设现代产业新体系

围绕建设新型工业化基地，促进制造业向高端、智能、绿色、服务、集群方向发展，大力发展战略性新兴产业，加快形成中部地区特色产业体系。实施制造业重大技术改造升级工程，全面提升食品加工、家电、纺织服装、汽车、工程机械、建材等行业的设计、制造、工艺和管理水平。统筹支持中部地区老工业城市振兴发展，研究在符合条件的老工业城市设立产业转型升级示范区和园区，促进产业向高端化、集聚化、智能化升级。支持在长江沿线和京广铁路沿线地区率先打造形成具有全球影响力的先进制造业走廊，大力推进武汉城市圈、长株潭城市群、中原城市群等重点区域战略性新兴产业发展，如图 6.4 所示。推进智能交通、精准医疗、高效储能与分布式能源系统、智能材料、虚拟现实与互动影视等新兴前沿领域的创新和应用，形成一批新增长点，推动战略性新兴产业快速发展，力争到 2020 年战略性新兴产业增加值占中部地区生产总值的比重达到 15%左右。

---

① "科技创新 2030—重大项目"是以 2030 年为时间节点，体现国家战略意图的重大科技项目和重大工程，涉及高新领域的分别为航空发动机及燃气轮机、国家网络安全空间、深空探测及空间飞行器在轨服务与维护系统、煤炭清洁高效利用等。

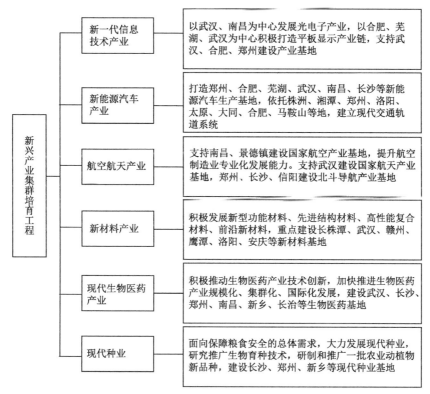

图 6.4 中部地区新兴产业集群培育工程

3. 开放合作，塑造区域竞争新优势

充分发挥中部地区区位优势，适应经济全球化和区域一体化趋势，全方位扩大对内对外开放，强化区域次区域合作，在更大范围配置各类要素资源，建设开放型经济新高地。进一步加大吸引外商投资力度，推进农业深度开放，引导外商投资向农业综合开发领域和社会化服务领域延伸，加快在中部地区复制推广自由贸易试验区建设经验。高水平建设中德（安徽）合作智慧产业园区。推动综合保税区优化升级，支持符合条件的地区按程序设立综合保税区和保税物流中心。完善口岸体系，加快航空口岸建设，推动水运口岸提质升级。加快建设郑州、合肥等跨境电子商务综合试验区。依托郑州、武汉等国际航空港，打通"一带一路"沿线主要城市空中通道，创新中欧班列集货运营模式。完善"一站式"大通关服务体系，推动与"一带一路"沿线国家主要口岸的互联互通。

深化区域通关一体化，强化中部地区崛起对长江经济带发展的支撑作用，加强与长江上下游省份的协调联动，合作建设沿江综合交通体系，整合沿江沿河港口和航运资源。充分利用中部地区承接产业转移的良好条件，对接京津冀协同发展战略，支持山西、河南在产业转移承接、能源生产供应等重点领域取得突破。深化与泛珠江三角洲区域合作，大力推进赣粤产业合作园、赣闽产业合作园、湘粤（港澳）开放合作试验区建设，进一步推动加工贸易、IT等东南沿海地区产业及国内外知名企业生产基地向中部地区有序转移，共同培育先进产业集群。

四、东部率先发展

中国区域发展战略要优先解决的问题是，如何通过扩大开放，加快发展。根据"让一部分地区、一部分人先富起来，逐步实现共同富裕"和"两个大局[①]"的战略思想，通过设立经济特区、开放沿海城市等一系列对外开放措施，形成了东部沿海地区先走一步、率先发展，进而带动内陆发展的格局。沿海地区的率先发展，加快了改革开放进程，使中国的经济实力迅速上升，缩小了与发达国家之间的差距，为20世纪末实现国内生产总值比1980年翻两番的战略目标，以及人民生活达到小康水平做出了巨大贡献。但是由于发展基础和条件的差异以及其他因素，东部地区与中西部地区发展速度的差距逐步扩大，差幅最大的时期，东部地区生产总值的平均增幅，比中西部地区高5个百分点。东部地区经济发展迅速，成为带动国民经济持续快速增长的核心区和增长极。

中国相继设立了深圳、珠海、汕头、厦门和海南5个经济特区，进入21世纪后，国务院先后批准上海浦东新区和天津滨海新区为全国综合配套改革试验区，先行试验一些重大的改革开放措施。

1. 上海浦东新区

1990年，党中央、国务院做出开发开放浦东新区的重大战略决策，为浦东新区乃至全市和全国的对外开放掀开了全新的篇章。2009年，南汇区并入，又为浦东新区未来发展和产业结构调整注入了新的动力。经过几十年的开发，浦东新区

---

① 一个大局是东部沿海地区加快对外开放，使之先发展起来；另一个大局是当发展到一定时期，就要拿出更多力量帮助中西部地区加快发展，东部沿海地区也要服从这个大局。

已基本实现了从形态开发向功能开发的转型，初步建成了外向型、多功能、现代化的新城区，并成为上海现代化建设的缩影和中国改革开放的象征。

1990 年，浦东新区生产总值仅 60 亿元，至 2008 年达 3150.99 亿元，经济总量较 1990 年扩大了 50 多倍。南汇区和浦东新区合并后，2009 年实现生产总值 4001.39 亿元，比 1990 年翻了六番多。浦东新区在占全市 19% 的土地面积上创造了占全市 26.9% 的产出。从全国看，浦东新区的经济总量在全国 31 个省（自治区、直辖市）（不含港澳台地区）中排名第 26 位；在全国 100 个大中城市中排名第 12 位[①]。

浦东新区以推动要素市场发展和金融创新为抓手，逐渐确立了以金融为核心的功能定位。以陆家嘴金融贸易区为代表，浦东新区已成为国内金融机构最密集、金融要素最完备、金融产品种类最丰富的金融高地之一。目前，已汇集了上海证券交易所、上海期货交易所、上海金融期货交易所、上海钻石交易所等一批全国性金融要素市场。随着金融市场规模的急剧扩大，浦东新区金融产品对全国乃至全世界的影响正在逐步加大。

2001～2010 年，浦东新区陆续投入 1500 亿元[②]，围绕"四网"——对外交通网、区域交通网、越江交通网、轨道交通网，"三港"——国际航空港、深水港、信息港，继续推动重大工程建设。国际航空港、深水港、信息港，是浦东新区立体交通体系的重要支撑，是对外交通的枢纽，是海陆空的通道和走廊，是走向世界的桥梁和纽带。

2. 创新引领率先实现东部地区优化发展

在中国深化供给侧结构性改革、加快新旧动能转换的关键时期，作为中国经济的大头，东部地区将继续率先发展，并聚焦推动产业升级，实施创新驱动发展战略，完善全方位开放型经济体系。

上海在建设中要以自由贸易试验区建设为突破口，加快形成全面改革开放新格局，形成全方位开放新优势。对标国际最高标准、最好水平，全力打造自由贸易试验区"三区一堡"。深入推进科技创新中心建设，着力提升集中度和显示度。

---

① 浦东开发开放20年经济社会发展的特点与趋势. https://www.baidu.com/link?url=fSHOwpkXXzlQjp5YkpftOu_cqFTvRnANkLVXHkueBtptASKN3hhu0VdvsQod_NdM7ABkzrGhr8i-05BqgXEi-xRKbLLRaZrF2QjaSW4lqle&wd=&e qid=ef47a27b00000a2d000000035d0b1a0a[2019-06-20].

② 浦东的变迁与发展. http://www.china5080.com/articles12/490955.html[2019-06-20].

全力推进张江综合性国家科学中心建设，启动建设新一批功能型平台和重大科技专项，着力营造良好的"双创"环境，推进紫竹、杨浦等科创中心重要承载区特色发展。深化供给侧结构性改革，不断巩固提升实体经济能级，聚焦重点领域，打响上海服务、上海制造、上海购物、上海文化四大品牌，不断提升服务和产品的知名度。发挥长江三角洲核心城市功能，在更高起点上深入推动区域协调发展，主动服务促进长江三角洲地区一体化发展，积极促进长江经济带发展，加快打造服务国家"一带一路"建设桥头堡。加快引领型知识产权强市建设，强化中国（浦东）知识产权保护中心、上海知识产权交易中心等功能。

近年来，浙江省设立了总规模 200 亿元的产业基金，并撬动社会资本投入 1 万亿元左右[1]，重点支持信息、环保、健康、旅游、时尚、文化、金融、高端装备制造等产业。2016 年，福建省设立规模 80 亿元的企业技改专项基金，并计划到 2020年，工业技术改造投资年均增长 15%以上，累计完成投资 3 万亿元以上[2]。江苏省把产业科技创新作为主攻方向，持续推进产学研协同创新基地和高校技术转移中心建设，着力以科技创新推动产业加快迈向中高端。

第三节 区域特色战略

2018 年发布的《中共中央 国务院关于建立更加有效的区域协调发展新机制的意见》提出，推动国家重大区域战略融合发展。以"一带一路"建设、京津冀协同发展、长江经济带发展、粤港澳大湾区建设等重大战略为引领，以西部、东北、中部、东部四大板块为基础，促进区域间相互融通补充[3]。专栏 6.3 介绍了克鲁格曼的新经济地理理论，阐述了区域分布和产业聚集的相关性。

① 转型升级 领跑全国——东部地区率先发展综述. http://cpc.people.com.cn/n1/2017/0928/c412690-29564813.html[2019-06-20].

② 福建省企业技术改造基金成立 首期规模 80 亿元. http://www.cankaoxiaoxi.com/finance/20160718/1234491.shtml[2019-06-20].

③ 中共中央 国务院关于建立更加有效的区域协调发展新机制的意见. http://www.gov.cn/xinwen/2018-11/29/content_5344537.htm[2019-06-20].

专栏 6.3　克鲁格曼的新经济地理理论[①]

　　新经济地理主要研究区域产业聚集和经济一体化问题。在产业的发展中存在向心力和离心力，影响着产业的集聚和分散。向心力会促进产业地理集中，包括规模效应、劳动力市场和马歇尔提出的外部经济性。规模效应是指厂商在一个大规模市场的区域从事生产活动，能在该地区满足原料、技术的需要，更容易实现规模报酬递增。对于劳动力来说，在产业聚集的地区，能够培养大批具有专业技术的劳动力群体，同时也能引进更多的技术人才。外部经济性包括中间投入品效应和技术外溢，中间投入品效应是指为某个产业提供专业服务的厂商更倾向于落脚在该产业聚集区域，并逐渐形成生产中心。技术外溢是指在新技术、新产品出现时，聚集在产业区的厂商更容易获得新技术的信息，进而获得正的外部效应。离心力会促使产业地理分散，包括要素的不可流动性、地租和市场拥挤效应。土地等自然资源具有不可流动性，这些生产要素的分散分布削弱了产业的聚集。产业的聚集会导致土地需求的增加，从而提高土地租金，促进产业的分散。市场竞争效应是指不完全竞争厂商喜欢在竞争者较少的区域进行生产。

　　克鲁格曼提出了中心-外围模型，将报酬递增、劳动力流动和运输成本三个因素引入区域集中的研究中。假设有两个地区和两个部门，一个是农业部门，其规模报酬不变，市场为完全竞争，农民不能流动，均匀分布在两个地区，且两个地区的工资相同，农产品不存在运输成本；另一个是工业部门，其规模报酬递增，处于垄断竞争，工人可以流动，两个地区的工资不同，工人倾向于从工资低的地方流向工资高的地方，工业产品存在运输成本，工人和农民不能相互转换。该模型重点讨论了制造业的区域分布情况，得到某地区的生产结构和运输成本之间为非线性关系。当运输成本很高时，厂商倾向于在本地生产，不会选择销往外地，此时人们能够自给自足，产业将在两个地区均匀分布，规模经济微弱；当运输成本处于中等水平时，由于较强的规模经济、本地市场效应和价格指数效应，产业将选择某个区域聚集。本地市场效应是指不完全竞争厂商更愿意在产业聚集的地方生产，出售给产业规模较小的地区，价格指数效应表明，在市场规模较大的区域，产品的价格指数会比其他地区

---

① Krugman P. 1991. Increasing returns and economic geography. Journal of Political Economy, 99(3): 483-499.

更低，能吸引更多的劳动力，促进市场的进一步扩大。此时，均匀的厂商分布结构，演变成了中心-外围的经济模型。当运输成本继续降低时，需要比较产业集聚的离心力和向心力，当向心力占主导地位时，产业将进一步集聚，否则，产业则会分散分布。

一、长江经济带

长江经济带位于中国"两横三纵"城市化战略格局中沿海通道纵轴和沿长江通道横轴的交汇处，横跨东中西三大区域，覆盖上海、江苏、浙江、江西、湖北、湖南、重庆、云南、贵州等 11 个省份。根据国家统计局发布数据，2017 年，该区域的总人口为 59 501 万人，占全国总人口的 42.9%，地区生产总值为 370 998亿元，占全国总量的 43.8%。其中，第一、第二、第三产业分别为 26 944 亿元、156 817 亿元和 187 237 亿元。固定资产投资额为 291 701 亿元，占全国总量的45.5%。长江经济带具有先进的制造业和服务业基地，拥有中国最多的人口，是中国经济发展的重要引擎，长江经济带发展目标如图 6.5 所示。

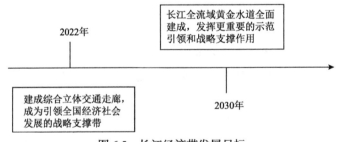

图 6.5　长江经济带发展目标

1. "一轴、两翼、三极、多点"的空间布局

为了明确长江经济带的各项功能和城市定位，规划了"一轴、两翼、三极、多点"的空间格局，该布局体现了生态优先、流域互动、集约发展的战略思想。"一轴"是指建设长江黄金水道，在上海、武汉核心城市的带领下，优化产业和人口布局，引导各种经济要素迁移到发展潜力大、环境承载能力强的地区，推动经济由沿海溯江而上梯度发展，实现上中下游协调发展。"两翼"是指南翼沪瑞运输通道、北翼沪蓉运输通道，在长江黄金水道的辐射下向南北拓展，促进交通连接和人口流动，增强长江经济带的经济基础。"三极"是指长江三角洲城市群、

长江中游城市群、成渝城市群的三大增长极。"多点"是指上述三大城市群以外的地级城市。

2. "共抓大保护，不搞大开发"的发展原则

长江拥有独特的生态系统，是中国重要的生态宝库。目前，长江流域生态环境保护和经济发展的矛盾日益严重，发展的可持续性面临严峻挑战。2018 年 4 月26 日，习近平主持召开深入推动长江经济带发展座谈会并发表重要讲话。他强调，总体上看，实施长江经济带发展战略要加大力度；必须从中华民族长远利益考虑，把修复长江生态环境摆在压倒性位置，共抓大保护、不搞大开发，努力把长江经济带建设成为生态更优美、交通更顺畅、经济更协调、市场更统一、机制更科学的黄金经济带，探索出一条生态优先、绿色发展新路子[①]。

对于长江大保护工作，要做到预防为主、突出重点、分区防治，预计到 2020年治理水土流失面积达到 12.86 万平方公里[②]。加大长江、嘉陵江等江河源头和丹江口水源涵养区等区域生态保护力度，加快金沙江下游、西南石漠化地区的水土流失治理步伐，推进生态清洁小流域治理，筑牢流域生态安全屏障。同时，控制沿江企业项目建设密集区，加大对污染环境行为的处罚力度，从源头上防止水土流失和生态破坏。建立生态环境硬约束机制，有效利用市场机制，强化日常监测和监管，推动建立地区间、上下游生态补偿机制。建立负面清单管理制度，决不允许不合格企业进入长江区域，严格治理工业、农业污染。加强环境污染联防联控，推动协同治理，建立健全防洪减灾体系，建设绿色生态走廊。建立长江生态保护补偿机制，探索横向生态补偿，开展生态文明先行示范区建设。

3. 以综合立体交通走廊为基础设施支撑

把长江全流域打造成黄金水道，统筹铁路、公路、航空、管道建设，到 2020年，建成横贯东西、沟通南北、通江达海、便捷高效的长江经济带综合立体交通走廊。充分发挥长江水运运能大、成本低、能耗少等优势，提升黄金水道功能，优化整合长江干线渡口渡线，加强渡运安全管理。促进港口合理布局，优先发展

---

① 习近平主持召开深入推动长江经济带发展座谈会并发表重要讲话. http://www.gov.cn/xinwen/2018-04/26/content_5286185.htm#1[2019-06-20].

② 水利部有关司局负责人解读《长江经济带发展规划纲要》. http://www.gov.cn/zhengce/2016-10/10/content_5116939.htm[2019-06-20].

枢纽港口，鼓励大型港航企业以资本为纽带，发展现代航运服务。完善综合交通网络，形成与黄金水道功能互补的铁路通道、公路建设，有效延伸黄金水道辐射范围，完善城市公共交通和乡村交通网络，促进新型城镇化有序发展。优化航线网络，大力发展通用航空。大力发展联程联运，加快建设全国性综合交通枢纽，增强对产业布局的引导和城镇发展的支撑作用。加快发展铁水、公水、空铁等多式联运，提升运输服务一体化水平。

二、京津冀协同发展

京津冀包括北京、天津以及河北的保定、唐山、廊坊、石家庄、邯郸、秦皇岛、张家口、承德、沧州、邢台、衡水，其中北京、天津、保定、廊坊为中部核心功能区。根据国家统计局发布数据，2017年京津冀地区人口为 11 247 万人，占全国总人口的 8.1%，地区生产总值为 80 580 亿元，占全国总量的 9.5%。固定资产投资额为 53 066 亿元，占全国总量的 8.3%。该区域是"三北"地区的重要枢纽和出海通道，全国科技创新与技术研发基地，全国现代服务业、先进制造业、高新技术产业和战略性新兴产业基地，中国北方的经济中心，如图 6.6 所示。

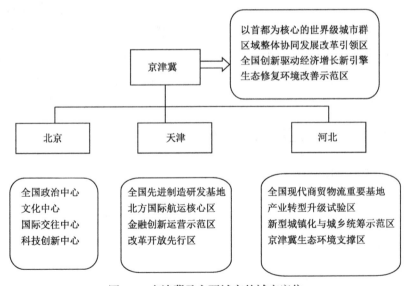

图 6.6　京津冀及主要城市的城市定位

2018 年 11 月，中共中央、国务院明确要求，以疏解北京非首都功能为"牛鼻了"推动京津冀协同发展，调整区域经济结构和空间结构，推动河北雄安新区和北京城市副中心建设，探索超大城市、特大城市等人口经济密集地区有序疏解功能、有效治理"大城市病"的优化开发模式[①]。

1. 疏解北京非首都功能

要按照"严控增量、疏解存量、疏堵结合"的方式稳步推进非首都功能疏解工作。非首都功能疏解是以"几个一批"指导北京旧城和中心城区的疏解工作，包括一批制造业、一批城区批发市场、一批教育功能、一批医疗卫生功能、一批行政事业单位。

要高质量推进工程建设，平稳有序地推进北京市行政机构、事业单位向城市副中心搬迁，完善市政、交通等基础设施和教育、医疗等公共服务配套，推动北京城市副中心规划建设取得新突破。要强化区域污染联控联治和生态环境共建，推动以打赢蓝天保卫战为重点的生态环境保护取得新突破。要扎实推进重大项目建设，推动以交通一体化为重点的基础设施建设取得新突破。要立足"三区一基地"功能定位，做好集中承载地规划建设，精准承接北京非首都功能疏解和京津产业转移，扎实推动京津冀协同发展向广度和深度拓展。在京津冀区域中，要加快缩小河北与京津发展水平的差距，做好河北与京津的精准对接、深度对接，在交通一体化、生态环境保护和产业升级转移三大领域实现更大突破，在协同创新上谋求新进展，在补齐短板上继续攻坚，在雄安新区（专栏6.4）规划建设上创造"雄安质量"，高度聚合政策性优势，适时启动一批基础性重大项目建设，高标准、高质量建设好疏解北京非首都功能集中承载地。

专栏 6.4　雄 安 新 区[②]

2017 年 4 月 1 日，中共中央、国务院决定设立国家级新区——雄安新区。雄安新区包括河北省雄县、容城、安新 3 县及周边部分区域，雄安新区的发展理念是建设绿色生态宜居新城区、创新驱动发展引领区、

---

① 中共中央 国务院关于建立更加有效的区域协调发展新机制的意见. http://www.gov.cn/zhengce/2018-11/29/content_5344537.htm[2019-06-20].

② 国务院正式批复雄安新区总体规划. https://baijiahao.baidu.com/s?id=1621134308456963596&wfr=spider&for=pc[2019-06-20]；2020 年，雄安新区要完成这些目标任务. http://www.xiongan.gov.cn/2018-05/25/c_129880656.htm[2019-06-20]；腾讯公司与雄安新区签署战略合作协议. https://tech.qq.com/a/20171123/038783.htm[2019-06-20].

协调发展示范区、开放发展先行区，努力打造贯彻落实新发展理念的创新发展示范区。

雄安新区建设以来，多项工程开始启动，涉及经济、社会、民生各个方面。阿里巴巴、腾讯、百度、京东金融、深圳光启高等理工研究院、中国电信股份有限公司、中国人民保险集团股份有限公司等48家企业陆续落户新区，阿里巴巴等公司将与新区在智慧城市、金融安全、物联网等方面进行合作。中关村科技园区与雄安新区签署共建雄安新区中关村科技园协议，12家中关村节能环保及智慧城市服务企业进驻。京雄城际铁路于2018年2月正式开工建设，起自京九铁路李营站，终至雄安新区，正线全长92.4公里，共设5座车站，总投资约335.3亿元，是该区首个重大交通项目。为了推进新区环境治理，建设绿色生态宜居新区，该区采取了生态补水白洋淀和"千年秀林"植树计划等措施，预计年均向白洋淀补水1.1亿立方米，植树1100万多株。

雄安新区是中国新时代一项重大的历史性战略选择，是继深圳经济特区和上海浦东新区之后又一具有全国意义的新区。对于集中疏解北京非首都功能，探索人口经济密集地区优化开发新模式，调整优化京津冀城市布局和空间结构，培育创新驱动发展新引擎，具有重大的现实意义和深远的历史意义。

2. 推动京津冀协同发展

推动京津冀协同发展，重点要推动三大改革步伐。一是推动要素市场一体化改革，包括推进金融市场一体化、土地要素市场一体化、技术和信息市场一体化等。二是构建协同发展的体制机制，包括建立行政管理协同机制、基础设施互联互通机制、生态环境保护联动机制、产业协同发展机制、科技创新协同机制等。三是加快公共服务一体化改革，包括建立区域内统一的公共就业服务平台和劳务协作会商机制，落实基本养老保险跨区域转移政策，统筹三地区考试招生制度改革等。京津冀三地区将持续加大改革力度，建立优势互补、互利共赢的区域一体化发展制度体系。

京津冀三地区已在社会保障、医疗卫生、教育合作等方面进行了有益的探索实践。例如，京津冀三地区均出台了本地基本养老保险跨区域转移接续办法实施细则，发行了符合全国统一标准的社会保障卡。目前，三地区基本实现了城乡居民基本养老保险制度名称、政策标准、经办服务、信息系统四个统一。

三、粤港澳大湾区

1. 从珠江三角洲到粤港澳大湾区

2019 年 2 月 18 日,《粤港澳大湾区发展规划纲要》正式发布,标志着珠江三角洲城市群正式升级为粤港澳大湾区。粤港澳大湾区包括香港、澳门、广州和深圳等地,总面积为 5.6 万平方公里,截至 2017 年末人口约 7000 万人,是世界四大湾区之一,也是中国开放程度最高的经济区域[①]。图 6.7 为粤港澳大湾区城市定位。

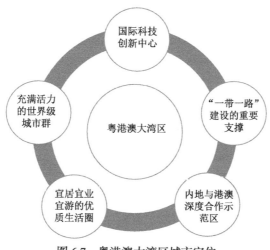

图 6.7　粤港澳大湾区城市定位

《粤港澳大湾区发展规划纲要》明确提出,广州、深圳、香港、澳门为四大中心城市,其中香港要巩固和提升国际金融、航运、贸易中心和国际航空枢纽地位,强化全球离岸人民币业务枢纽地位、国际资产管理中心及风险管理中心功能,推动金融、商贸、物流、专业服务等向高端高增值方向发展,大力发展创新及科技事业,培育新兴产业,建设亚太区国际法律及争议解决服务中心,打造更具竞争力的国际大都会;澳门要建设世界旅游休闲中心、中国与葡语国家商贸合作服务平台,促进经济适度多元发展,打造以中华文化为主流、多元文化共存的交流合

---

① 粤港澳大湾区未来发展如何?大湾区未来人口或上亿. http://www.zhicheng.com/n/20190221/248594.html [2019-06-20].

作基地。广州要充分发挥国家中心城市和综合性门户城市的引领作用，全面增强国际商贸中心、综合交通枢纽功能，培育提升科技教育文化中心功能，着力建设国际大都市。深圳要发挥作为经济特区、全国性经济中心城市和国家创新型城市的引领作用，加快建成现代化国际化城市，努力成为具有世界影响力的创新创意之都。

2. 深化粤港澳合作，推进粤港澳大湾区建设

在习近平的见证下，香港特别行政区行政长官林郑月娥、澳门特别行政区行政长官崔世安、国家发展和改革委员会主任何立峰、广东省省长马兴瑞共同签署了《深化粤港澳合作　推进大湾区建设框架协议》。推进建设粤港澳大湾区，有利于深化内地和港澳交流合作，对港澳参与国家发展战略，提升竞争力，保持长期繁荣稳定具有重要意义[①]。

合作重点领域具体如下：

1）推进基础设施互联互通。强化内地与港澳交通联系，构建高效便捷的现代综合交通运输体系。发挥香港作为国际航运中心的优势，带动粤港澳大湾区其他城市共建世界级港口群和空港群，优化高速公路、铁路、城市轨道交通网络布局，推动各种运输方式综合衔接、一体高效。强化城市内外交通建设，便捷城际交通，共同推进包括港珠澳大桥、广深港高铁、粤澳新通道等区域重点项目建设，打造便捷区域内交通圈。建设稳定安全的能源和水供应体系，进一步提升信息通信网络基础设施水平、扩大网络容量。

2）进一步提升市场一体化水平，打造国际科技创新中心，构建协同发展现代产业体系。落实内地与香港、澳门《关于建立更紧密经贸关系的安排》及其系列协议，促进要素便捷流动，提高通关便利化水平，促进人员、货物往来便利化，打造具有全球竞争力的营商环境。推动扩大内地与港澳企业相互投资。鼓励港澳居民赴粤投资及创业就业，为港澳居民发展提供更多机遇，并为港澳居民在内地生活提供更加便利的条件。

3）培育国际合作新优势，支持重大合作平台建设。充分发挥港澳地区的独特优势，支持粤港澳共同开展国际产能合作和联手"走出去"，进一步完善对外开放平台，更好地发挥归侨侨眷纽带作用，推动粤港澳大湾区在国家高水平参与国

---

① 习近平出席《深化粤港澳合作　推进大湾区建设框架协议》签署仪式. http://www.gov.cn/xinwen/2017-07/01/content_5207260.htm[2019-06-20].

际合作中发挥示范带头作用。推进深圳前海、广州南沙、珠海横琴等重大粤港澳合作平台开发建设，充分发挥其在进一步深化改革、扩大开放、促进合作中的试验示范和引领带动作用，并复制推广成功经验。推进港澳青年创业就业基地建设。支持港深创新及科技园、江门大广海湾经济区、中山粤澳全面合作示范区等合作平台建设。发挥合作平台示范作用，拓展港澳中小微企业发展空间。

思考题

1. 你知道中国的区域是如何划分的吗，每个区域分别有什么特点，中国的哪个区域最发达呢？

2. 你知道中国有哪些区域发展战略，分别采取了什么具体措施？

3. 为什么要促进区域协调发展，你认为应该如何缩小区域差距，使区域之间更协调？

第七章　对外开放与"一带一路"

"一带一路"建设秉持的是共商、共建、共享原则，不是封闭的，而是开放包容的；不是中国一家的独奏，而是沿线国家的合唱。

——习近平出席博鳌亚洲论坛 2015 年年会开幕式并发表主旨演讲

2018年"一带一路"倡议5岁了！2018年8月27日，习近平出席推进"一带一路"建设工作5周年座谈会并发表重要讲话，强调推动共建"一带一路"走深走实，造福沿线国家人民，推动构建人类命运共同体。在斯里兰卡工作的华人李前华仍对四年前总统宣布下调斯里兰卡全国电价和油价的时刻记忆犹新。2014年9月，习近平访问斯里兰卡，中斯两国元首在科伦坡参加了普特拉姆燃煤电站全面启用视频连线仪式。在这之后，斯里兰卡全国电价下调25%。普特拉姆燃煤电站作为"一带一路"的重要战略性工程大大改变了当地人的生活。李前华直观地感受到了生活成本的大幅度降低，"正是由于中国的大力支持，当时总统才能挺直腰杆宣布降低电价。受益于这座雪中送炭的'民心工程'，我们可以尽情享受稳定电力带来的光明生活。"李前华提到，"刚到首都科伦坡那几年，经常会发生大规模的停电。由于能源匮乏，电的价格很高，曾经是奢侈品。"2014年，一座位于科伦坡以北130公里、坐落于斯里兰卡西北部沿海卡尔皮提亚半岛的大型燃煤电站正式投入使用，源源不断的电力从这里被输送到千家万户，点亮了一度暗淡的"宝石王国"。"这是由我们中国企业承建的普特拉姆燃煤电站！"李前华骄傲地盘点着五年来中国企业在当地承建的基础设施，"国家表演艺术剧院、科伦坡港口城、斯里兰卡国家医院门诊楼……"，而这些都在一点点影响着当地民众的生活，并为当地经济注入新的活力。中国对外开放不仅加速了中国经济的发展，同样也促进了当地经济的发展。①

---

① 精辟！五年来习近平这样论述"一带一路". http://www.xinhuanet.com/politics/xxjxs/2018-09/06/c_1123391245. htm[2019-06-20]；我的"一带一路"故事：我因"一带一路"受益无穷. https://baijiahao.baidu.com/s?id=16101714162 41021995&wfr=spider&for=pc[2019-06-20]；携手同行收获满满 华侨华人因"一带一路"受益. http://www.chinaqw. com/jjkj/2018/08-30/200340.shtml[2019-06-20].

第一节　对外开放的发展变迁

中国实施对外开放战略不仅带来了国际和国内两个市场、两种资源，引进了全新的理念、先进的经验、成熟的制度以及有效的管理技术，而且直接推动了中国经济体制改革，加快了经济的发展，提升了中国的综合实力和国际影响力，其背后的国际贸易理论如专栏 7.1 所示。

专栏 7.1　国际贸易理论[①]

国际贸易理论的发展大致经历了古典贸易理论、新古典贸易理论、新兴古典贸易理论、新贸易理论四大阶段。古典贸易理论产生于 18 世纪中叶，是在批判重商主义的基础上发展起来的，主要包括亚当·斯密的绝对优势理论和大卫·李嘉图的比较优势理论，古典贸易理论从劳动生产率的角度说明了国际贸易产生的原因、结构和利益分配。19 世纪末 20 世纪初，新古典经济学逐渐形成，在新古典经济学框架下对国际贸易进行分析的新古典贸易理论也随之产生。第二次世界大战后，国际贸易的产品结构和地理结构出现了一系列新变化。同类产品之间以及发达工业国之间的贸易量大大增加，产业领先地位不断转移，跨国公司内部化和对外直接投资兴起，这与传统比较优势理论认为的贸易只会发生在劳动生产率或资源禀赋不同的国家间的经典理论是相悖的。古典贸易理论与新古典贸易理论都假定产品市场是完全竞争的，这与当代国际贸易的现实也不相吻合，在这样的国际环境下，新的贸易理论应运而生。

新兴古典经济学是 20 世纪 80 年代以来新兴的经济学流派。新兴古典贸易理论依托新兴古典经济学的新框架，将贸易归结为分工带来的专业化经济与交易费用两难冲突相互作用的结果，进而对贸易的原因给出了新的解释思路。当代国际贸易的变化主要表现为产业内贸易和发达国家之间的贸易迅速增长。产业内贸易是与传统贸易理论解释的产业间贸易相对的一个概念，是指同一产业内的产品之间的贸易，也就是说一个

---

① 国彦兵. 2004. 西方国际贸易理论：历史与发展. 杭州：浙江大学出版社.

国家既进口又出口同一类产品。这些现象的出现对传统贸易理论提出了挑战。占世界贸易额相当大比重的一部分贸易并不是因为比较成本的差异或者资源禀赋的差异而发生的。为了解释这些国际贸易的新现象,以克鲁格曼、雷蒙德·弗农等为代表的大批经济学家提出了各种新的学说,这些学说与传统贸易理论既有区别,又有联系,被称为新贸易理论。

一、全方位、多层次、宽领域的对外开放格局

1980 年 6 月,邓小平在一次接见外宾时,首次将"对外开放"作为中国对外经济政策公之于世。1981 年 11 月召开的中华人民共和国第五届全国人民代表大会第四次会议上的政府报告又进一步明确指出,实行对外开放的政策,加强国际经济技术交流,是我们坚定不移的方针①。1982 年 12 月,对外开放政策被正式写入中国宪法,由此确定了中国对外开放的基本国策,揭开了中国经济发展的新的序幕。对外开放从沿海到沿江沿边,从东部到中西部,已逐渐形成了全方位、多层次、宽领域的对外开放格局。

1. 试办经济特区

经济特区是指一个国家(或地区)为了吸引外资和先进技术、扩展对外贸易而创办的实行特殊经济政策和特殊经济管理体制的地区。1980 年 8 月 26 日,第五届全国人民代表大会常务委员会第十五次会议决定:批准《广东省经济特区条例》,宣布在广东省的深圳、珠海、汕头,福建省的厦门四市分别划出一定区域,设置经济特区;至此,完成经济特区设立的决策和立法程序,标志着中国经济特区的正式诞生②。1988 年 4 月中华人民共和国第七届全国人民代表大会第一次会议通过关于设立海南省的决定,关于建立海南经济特区的决议③。中国经济特区作为对外开放的重要窗口,充分利用毗邻国际市场的区位优势和国家赋予的特殊政

---

① 当前的经济形势和今后经济建设的方针——一九八一年十一月三十日和十二月一日在第五届全国人民代表大会第四次会议上的政府工作报告. http://www.people.com.cn/zgrdxw/zlk/rd/5jie/newfiles/d1170.html[2019-06-20].

② 从社会主义革命到改革开放新的伟大革命. http://www.qstheory.cn/llwx/2019-08/15/c_1124877661.htm [2019-09-10].

③ 全国人民代表大会关于建立海南经济特区的决议. http://www.npc.gov.cn/wxzl/gongbao/2000-12/10/content_5004500.htm[2019-06-20];全国人民代表大会关于设立海南省的决定. http://www.npc.gov.cn/wxzl/gongbao/2000-12/05/content_5004499.htm[2019-06-20].

策优势，着力发展外向型经济，积极参与国际竞争与合作，是目前中国外商投资最为集中的区域之一。

2. 开放沿海城市

1984 年，中共中央、国务院决定进一步开放天津、上海、大连、秦皇岛、烟台、青岛、连云港、南通、宁波、温州、福州、广州、湛江和北海十四个沿海港口城市①，既解放了这些城市对外开展经济活动的限制，还对前来投资的外商（或客商）给予一定的优惠待遇，鼓励他们在这些城市投资和兴办企业。沿海城市的开放对于利用外资、引进先进技术和管理经验具有一定的积极作用，对中国对外开放事业的全面发展有着一定的加速作用，对中国沿海地区外向型经济的发展具有一定的支撑作用，最终促进全国经济的发展。

3. 建立沿海经济开放区

1985 年，中共中央、国务院先将长江三角洲、珠江三角洲和闽南厦漳泉三角地区，继而将辽东半岛、胶东半岛开辟为沿海经济开放区②。1988 年，国务院又决定进一步扩大沿海经济开放区的范围，扩大范围包括辽宁省、河北省、天津市、山东省、江苏省、浙江省、福建省、广西壮族自治区若干沿海县（市）③。1990年，国务院决定开发上海浦东新区，在浦东新区实行经济技术开发区和某些经济特区的政策，并将上海浦东新区定为今后 10 年开放的重点，自此上海逐渐成为远东地区的经济中心。沿海经济开放区是中国对外开放事业的重要战略举措，使中国对外开放的范围由"城市"扩展到"农村"，大大拓宽了对外开放的空间。

4. 沿江沿边及内陆省会城市的全面开放

1992 年，对外开放的范围和领域显著扩大，新开放了 5 个沿江城市、18 个省会城市、13 个沿边城市，增加了 34 个开放口岸，形成了全方位开放的新格局④。

---

① 中共中央、国务院关于批转《沿海部分城市座谈会纪要》的通知. http://www.ce.cn/xwzx/gnsz/szyw/200706/07/t20070607_11633951.shtml[2019-06-20].

② 中共中央、国务院关于批转《长江、珠江三角洲和闽南厦漳泉三角地区座谈会纪要》的通知. http://www.china. com.cn/guoqing/2012-09/12/content_26747675.htm[2019-06-20].

③ 国务院关于扩大沿海经济开放区范围的通知. http://www.gov.cn/zhengce/content/2011-09/01/content_2246. htm[2019-06-20].

④ 1993 年国务院政府工作报告. http://www.gov.cn/test/2006-02/16/content_200926.htm[2019-06-20].

5. 加入世界贸易组织

2001 年 12 月 11 日，中国正式成为世界贸易组织成员。从此，中国的对外开放由有限范围、有限空间内的开放向全方位、多层次、宽领域的开放格局转变，由以试点为特征的政策性开放向制度性开放转变，由自我开放市场向双向开放市场转变，由被动开放向主动开放转变。这些变化使对外开放事业登上了新的历史台阶，为中国参与经济全球化打开了新的窗口，为中国对外经济发展提供了广阔的舞台。

二、对外贸易跨越式发展

货物贸易既是中国对外开放的起点，又是经济增长的强力引擎和综合国力不断增强的重要支撑。改革开放 40 年来，中国对外贸易实现跨越式发展，贸易伙伴日渐多元化，中国从贸易大国迈向贸易强国的步伐更加坚定。

1. 贸易总量跨越式增长

在改革开放 40 年的征程中，中国不但成为世界第一大货物贸易国，而且从经济全球化的"参与者"转变为世界经济的"贡献者"。

货物进出口规模实现跨越式发展。在改革开放 40 年的征程中，对外贸易始终扮演着重要角色。根据国家统计局发布数据，1978～2017 年，按人民币计价，中国进出口总额从 355 亿元增长至 27.8 万亿元，贸易规模增长了 782 倍，年均增长率为 18.6%，如图 7.1 所示。其中，出口总额从 168 亿元增长至 15.3 万亿元，增长了 910 倍，年均增长率为 19.1%；进口总额从 187 亿元增长至 12.5 万亿元，增长了 667 倍，年均增长率为 18.2%。

货物贸易占世界份额大幅提升。根据国家统计局发布数据，改革开放初期，中国货物进出口占国际市场份额仅为 0.8%，在全球货物贸易中列第 29 位。自加入世界贸易组织以来，中国货物贸易稳步增加，中国货物贸易规模陆续超过英国、法国、德国和日本。2013 年起，中国超越美国成为世界货物贸易第一大国，并稳居首位。2017 年，中国货物进出口占国际市场份额为 11.5%，货物贸易稳居全球首位，其中出口占比为 12.8%，进口占比为 10.2%；中国也是增长最快的全球主要进口市场，进口增速比美国、德国、日本和全球分别高出 8.9 个、5.5 个、5.4

个和 5.3 个百分点。

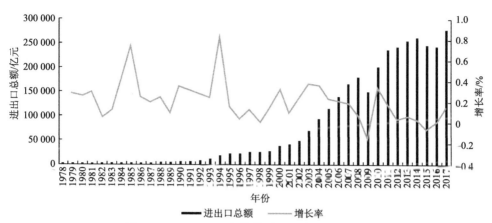

图 7.1 1978～2017 年货物进出口总额及趋势图

资料来源：根据国家统计局网站（http://www.stats.gov.cn）发布数据整理得出

2. 贸易结构不断优化升级

改革开放 40 年来，中国外贸不仅在规模上实现了由小变大的跨越，贸易结构也不断优化，质量和效益得以显著提升。

贸易方式更趋合理。根据国家统计局发布数据，20 世纪七八十年代，中国在大力开展一般贸易的同时，采用来料加工、进料加工等贸易方式，极大地促进了对外贸易的发展，加工贸易占比由 1981 年的 6% 逐步上升至 1998 年的 53.4%。此后，随着中国货物贸易结构的调整和转型升级的推进，加工贸易占比开始缓慢降低，一般贸易占比从 2010 年起重新超过 50%。中国共产党第十八次全国代表大会以来，中国更加重视结构方式的调整，着力培育外贸竞争新优势，加工贸易占比由 2012 年的 34.8% 下降至 2017 年的 29%，一般贸易占比由 2012 年的 52% 上升至 2017 年的 56.3%。

产品结构不断优化。根据国家统计局发布数据，1978 年初，中国出口商品以初级产品为主，占比为 53.5%；20 世纪 80 年代，工业制成品出口比重开始超过初级产品，占比超过 50%；21 世纪以来，以电子和信息技术为代表的高新技术产品占中国出口的比重不断提高，高新技术产品出口占比从 1985 年的 2% 左右上升至 2017 年的 28.8%；2001 年起，工业制成品所占比重已超过 90%，占据了中国出口商品的绝对主导地位；2017 年，工业制成品和初级产品占中国出口的比重分别为

94.8%和 5.2%。

从货物贸易扩展至服务贸易。改革开放 40 年来，服务贸易取得长足发展。根据国家统计局发布数据，1982～2017 年，中国服务进出口总额从 46.9 亿美元提高到 6957 亿美元，增长了 147 倍，年均增长率为 15.4%。其中，服务出口增长了 84.4 倍，年均增长率为 13.5%；服务进口增长了 230 倍，年均增长率为 16.8%。世界贸易组织统计显示，1982～2017 年，中国服务出口世界排名由第 28 位上升到第 5 位；进口由第 40 位上升到第 2 位。2005～2017 年，中国服务进出口占世界的比重由 3.2%上升至 6.6%，其中出口占比由 3.2%上升至 4.3%，进口占比由 3.2%上升至 9.1%。

3. 贸易市场日趋多元化

目前，中国外贸市场主体日渐多元化。中国的贸易伙伴已从 1978 年的 40 多个发展到 2017 年的 231 个，其中欧盟、美国、东盟、日本等为中国的主要贸易伙伴。2004 年起，欧盟和美国已连续 14 年位列中国第一和第二大贸易伙伴，2017 年中欧、中美贸易额占进出口总额的比重分别为 15%和 14.2%。中国与新兴市场和发展中国家的贸易持续较快增长，2011 年起，东盟超越日本成为中国第三大贸易伙伴，在中国出口市场中的占比从 2000 年的 7%上升至 2017 年的 12.5%[①]。

三、利用外资走上新台阶

积极有效利用外资是中国对外开放基本国策的重要内容。改革开放 40 年来，中国不断优化外商（客商）的投资环境和流程，不断提升利用外资的效益。

1. 利用外资规模不断扩大

改革开放初期，中国外资的利用以对外借款为主且规模较小。1983 年，中国实际利用外资 22.6 亿美元，其中对外借款 10.7 亿美元，外商直接投资 9.2 亿美元[②]。2017 年，中国实际使用外资 1310 亿美元，规模是 1983 年的 58 倍，年均增长率为 12.7%，如图 7.2 所示。截至 2017 年底，实有注册的外商投资企业近 54 万家。2017 年，中

---

① 【改革开放 40 年】对外经贸跨越发展 开放水平全面提升. http://mini.eastday.com/a/180831223949040-3.html[2019-06-20].

② 中国外贸四十年 实现历史性跨越. http://news.gmw.cn/2018-08/31/content_30888334.htm[2019-06-20].

国是全球第二大外资流入国，自 1993 年起利用外资规模稳居发展中国家首位。

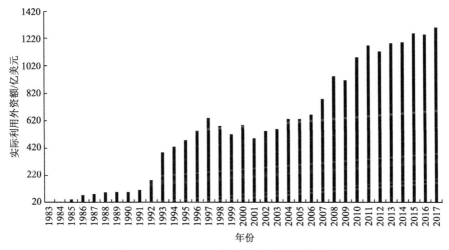

图 7.2　1983～2017 年中国实际利用外资额

资料来源：根据国家统计局网站（http://www.stats.gov.cn）发布数据整理得出

外商投资企业在扩大进出口、增加财政收入等方面发挥了重要作用。根据国家统计局发布数据，2017 年，外商投资企业进出口额为 12.4 万亿元，占中国货物进出口总额的 44.8%，缴纳税收 2.9 万亿元，占全国税收收入的 18.7%。

2. 利用外资结构日趋改善

产业结构持续优化。改革开放 40 年来，中国利用外资经历了以第二产业为主，转变为以第三产业为主的过程，这与中国经济结构发展相吻合。中国共产党第十八次全国代表大会以来，越来越多的外资流向高新技术产业。根据国家统计局发布数据，2013～2017 年，服务业累计使用外商直接投资 4174 亿美元，年均增长率为 9.6%。2017 年，高新技术产业利用外资比重为 27.4%，较 2012 年提高 13.6 个百分点，年均增长率为 18.4%。

区域布局更加合理。改革开放初期，中国利用外资主要集中在东部沿海地区，尤其是广东省，许多中西部省份甚至没有外商直接投资。随着开放的深入，外商投资企业逐渐覆盖全国所有省份。根据国家统计局发布数据，2017 年，中部地区实际使用外资 83 亿美元，同比增长 17.1%，增速领跑全国；西部地区新设立外商投资企业同比增长 43.2%，市场主体活力进一步激发。

四、对外投资合作蓬勃发展

对外投资是中国与世界各国经济实现互利共赢的纽带。改革开放 40 年来，中国对外投资完成了由小到大、由弱到强、由区域到全球的伟大发展。

1. 规模不断攀升

对外直接投资从无到有，规模不断攀升。改革开放初期，中国仅有少数国有企业走出国门，在外开办代表处或设立企业。联合国贸易和发展会议统计显示，1982～2000 年，中国累计实现对外直接投资 278 亿美元，年均投资额仅 14.6 亿美元[①]。2001年中国加入世界贸易组织，"走出去"战略被写入《中华人民共和国国民经济和社会发展第十个五年规划纲要》，中国对外直接投资实现快速发展，对外投资的区域和产业分布越来越广泛，对外投资的管理机制越来越优化。中国对外直接投资流量从 2002 年的 27.0 亿美元上升到 2016 年的 1961.5 亿美元(非金融类 1701.1 亿美元)，如图 7.3 所示，对外投资存量累至 2016 年底达到 1.36 万亿美元。

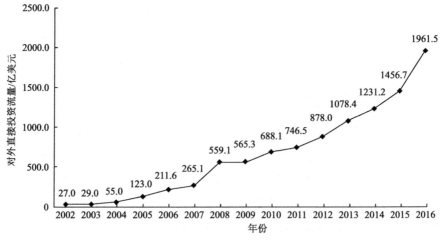

图 7.3　2002～2016 年中国对外直接投资流量

资料来源: 发改委: 中国对外投资报告. https://baijiahao.baidu.com/s?id=1588106122042744558&wfr=spider&for=pc[2019-06-20]

2. 对外投资产业结构不断优化

中国对外直接投资初期主要集中在采矿业、制造业，目前已覆盖国民经济 18

[①] 中国外贸四十年 实现历史性跨越. http://news.gmw.cn/2018-08/31/content_30888334.htm[2019-06-20].

个行业大类,投资结构完成了由资源获取型向技术引领和构建全球价值链转变。除租赁和商务服务业、批发和零售业、制造业、交通运输/仓储和邮政业、金融业、农/林/牧/渔业、采矿业等传统产业以外,近年来中国对科学研究和技术服务业、信息传输/软件和信息技术服务业、教育等领域的投资增长较快,对外投资产业结构进一步优化。2016 年,中国企业对制造业、信息传输/软件和信息技术服务业的投资额分别为 290.5 亿美元、186.7 亿美元,占中国对外投资的比重依次为 14.8%、9.5%,分别比上一年提高 1.1 个、4.8 个百分点,如表 7.1 所示。

表 7.1　2016 年末中国对外直接投资行业分布

序号	行业	流量		存量	
		金额/亿美元	比重/%	金额/亿美元	比重/%
1	租赁和商务服务业	657.8	33.5	4739.9	34.9
2	制造业	290.5	14.8	1081.1	8.0
3	批发和零售业	208.9	10.7	1691.7	12.5
4	信息传输/软件和信息技术服务业	186.7	9.5	648.0	4.8
5	房地产业	152.5	7.8	461.1	3.4
6	金融业	149.2	7.6	1773.4	13.1
7	居民服务/修理和其他服务业	54.2	2.8	169.0	1.2
8	建筑业	43.9	2.2	324.2	2.4
9	科学研究和技术服务业	42.4	2.2	197.2	1.4
10	文化/体育和娱乐业	38.7	2.0	79.1	0.6
11	电力/热力/燃气及水的生产和供应业	35.4	1.8	228.2	1.7
12	农/林/牧/渔业	32.9	1.7	148.9	1.1
13	采矿业	19.3	1.0	1523.7	11.2
14	交通运输/仓储和邮政业	16.8	0.9	414.2	3.1
15	住宿和餐饮业	16.2	0.8	41.9	0.3
16	水利/环境和公共设施管理业	8.4	0.4	35.8	0.2
17	卫生和社会工作	4.9	0.2	9.2	0.06
18	教育	2.8	0.1	7.3	0.04

资料来源:发改委:中国对外投资报告. https://baijiahao.baidu.com/s?id=1588106122042744558&wfr=spider&for=pc[2019-06-20]

对外投资伙伴多元,区域广泛。2016 年末,中国对外直接投资分布在全球 190

个国家（地区），占全球国家（地区）总数的比重由 2003 年末的 60% 提升到 81%。从区域分布上看，对亚洲投资 9094 亿美元，占比为 67.0%；对拉丁美洲投资 2072 亿美元，占比为 15.3%；对欧洲投资 872 亿美元，占比为 6.4%；对北美洲投资 755 亿美元，占比为 5.6%；对非洲投资 399 亿美元，占比为 2.9%；对大洋洲投资 382 亿美元，占比为 2.8%。

投资主体日趋多元化。目前，从规模上看，国有企业仍然是中国企业"走出去"的主力军，但民营企业发展势头迅猛。从企业数量上看，对外投资的民营企业数量已超过国有企业，占企业总数的六成以上；从企业来源地上看，2006 年中央企业对外投资占比达 86.4%，地方企业仅为 13.6%，而在 2016 年末，中央企业对外投资占比为 12.6%，地方企业对外投资占比攀升至 87.4%。在地方企业中，长江经济带沿线省（市）的企业对外投资活跃，占全国对外投资的比重达 35.5%[①]。

五、人民币以市场化方式走向国际化

人民币国际化是中国经济金融深化改革、对外开放水到渠成的结果，是指人民币能够跨越国界，在境外流通，成为国际上普遍认可的计价、结算及储备货币。

改革开放以来，国际经济金融格局变迁，以及中国总体发展战略导向下市场主体需求的转换，共同驱动了人民币的国际化进程。以人民币的货币职能跨境延伸扩展为主线，配套的金融改革政策、区域经贸金融合作布局，以及全球人民币基础设施与网络构建，一直积极稳健地实施推进。2008 年金融危机之后，国际市场强烈欢迎人民币，甚至有部分国家主动要求和中国进行人民币互换。随着国际市场对人民币需求的不断增强和中国对外开放事业的不断深入，中国人民银行坚持把握"逐步使人民币成为可兑换的货币"的长期目标，以实体经济为依托，进一步减少不必要的行政管制和政策限制，不断完善人民币跨境使用政策框架。2009 年 7 月，在上海和广东等地率先启动跨境贸易人民币结算试点，随后逐步向全国范围内扩展。之后，陆续推出人民币合格境外机构投资者（RMB qualified foreign

---

① 中国对外投资合作发展报告 2017. http://www.fdi.gov.cn/1800000121_35_2022_0_7.html[2019-06-20].

institutional investor，RQFII）^①、人民币合格境内机构投资者（RMB qualified domestic institutional investor，RQDII）^②、沪港通^③、深港通^④、基金互认^⑤、债券通^⑥等创新制度安排，完善人民币国际化基础设施体系。随着中国经济的发展和人民币国际地位的不断提升，国际上有越来越多的声音建议把人民币纳入特别提款权（special drawing right，SDR）货币篮子。2015 年 11 月 30 日，国际货币基金组织（International Monetary Fund，IMF）执董会认定人民币为可自由使用货币，决定将人民币纳入特别提款权货币篮子，并于 2016 年 10 月 1 日正式生效。特别提款权是国际货币基金组织于 1969 年创设的一种补充性储备资产，与黄金、外汇等其他储备资产一起构成国际储备。目前，特别提款权主要用于国际货币基金组织成员国与国际货币基金组织以及国际金融组织等官方机构之间的交易，包括使用特别提款权换取可自由使用货币，使用特别提款权向国际货币基金组织还款、支付利息或缴纳份额等。加入特别提款权意味着人民币成为国际货币基金组织成员国贷款货币的选择之一，国际社会对此反响积极，多家中央银行将人民币纳入外汇储备，人民币资产在全球市场的吸引力明显上升。这是人民币国际化的重要里程碑，并且会在更高层次上进一步推动中国的对外开放。

根据中国人民银行的统计数据，2016 年全年跨境人民币收付金额合计达 9.85 万亿元。2017 年底，以人民币计价的全球贸易结算份额为 1.61%，位列国际货币第 8 位。根据国际货币基金组织公布的官方外汇储备货币构成数据，截至 2017 年 9 月，全球中央银行所持有的人民币储备总额约合 1079.4 亿美元。据环球银行金融电信协会（Society for Worldwide Interbank Financial Telecommunications，SWIFT）统计，截至 2018 年 8 月末，人民币位列世界第五大国际支付货币，市场占有率为 2.12%。据国际货币基金组织 2018 年第二季度公布的人民币储备信息，

---

① 人民币合格境外机构投资者是指经主管部门审批的境内基金管理公司、证券公司的香港子公司，可以运用在香港募集的人民币资金开展境内证券市场投资业务的相关主体。

② 境内人民币将可以人民币合格境内机构投资者的形式投资境外人民币计价资本市场，且与合格境内机构投资者额度的审批制不同，人民币合格境内机构投资者将以实际募集规模为准。

③ 沪港通是沪港股票市场交易互联互通机制的简称，是指上海证券交易所和香港联合交易所允许两地投资者通过当地证券公司（或经纪商）买卖规定范围内的对方交易所上市的股票。

④ 深港通是深港股票市场交易互联互通机制的简称，是指深圳证券交易所和香港联合交易所建立技术连接，使内地和香港投资者可以通过当地证券公司（或经纪商）买卖规定范围内的对方交易所上市的股票。

⑤ 基金互认是指允许境外注册并受当地监管机构监管的基金向本地居民公开销售。

⑥ 债券通是指内地债券市场和香港债券市场互联互通，两地投资者在境内即可通过特定渠道购买对方市场上公开交易的债券。

官方外汇储备货币构成中报送国持有人民币储备规模为 1933.8 亿美元，已有超过 60 个境外中央银行或货币当局将人民币纳入官方外汇储备[①]。

第二节 "一带一路"的前世今生

2013 年 9 月和 10 月，习近平提出共同建设"丝绸之路经济带"和"21 世纪海上丝绸之路"，简称"一带一路"倡议。

一、从"丝绸之路"到"一带一路"

古有丝绸之路，今有"一带一路"。"一带一路"倡议为古丝绸之路赋予了新的时代内涵，为区域间国际合作注入了新的活力。

1. 丝绸之路

丝绸之路广义上分为陆上丝绸之路和海上丝绸之路。

（1）陆上丝绸之路

古丝绸之路一般是指陆上丝绸之路，其正式形成是在西汉汉武帝（公元前 202 年至公元 8 年）时期，是张骞出使西域开辟的以长安（今西安）为起点，经甘肃、新疆，到中亚、西亚，并连接地中海各国的陆上通道。陆上丝绸之路为汉代和西域各国建立了友好的交往关系。当时，汉武帝本想与月氏国联合，以断绝匈奴与西域各国的交往，张骞历经 13 年终于返回西汉，并且带回了西域各国的商品，如制造兵器的坚铁和战马，并且又把西汉的牛羊、黄金、绸缎、布帛等带去西域进行回礼，以建立友好的交往关系和商业关系。丝绸之路促进了沿途诸国文化的交流和商业的发展，使得东西方精神与物质的文化交往 2000 多年来从未断绝。

物质文化的交流是双向的，中国奉献给西方世界以精美实用的丝绸，欧亚各国人民也给予了中国需要的商品。例如，沿路贸易的西域商户为西域商人前往西

[①] 巴曙松等：对外开放视角下的人民币国际化——历史进展与路径选择. http://www.sohu.com/a/234065599_481741[2019-06-20].

汉买卖提供种种方便，也使得敦煌成为汉族与西域各族民众交往贸易的一个国际都会。在丝绸之路的带动下，中国的各朝代民族整合政治制度与思想文化，以博大的胸怀大量接受外来文化，使得整个华夏民族呈现出一片"生产发展、商业繁荣、文化昌盛"的蓬勃景象。

（2）海上丝绸之路

海上丝绸之路事实上早已存在。《汉书·地理志》所载海上交通路线，实为早期的海上丝绸之路，当时海船载运的"杂缯"，即各种丝绸。早在公元前，中国丝绸的输出便已有东海与南海两条起航线。西汉中晚期和东汉时期海上丝绸之路真正形成并开始发展。西汉时期，南方南越国与印度半岛之间海路已经开通。汉武帝灭南越国后凭借海路拓宽了海贸规模，这时海上丝绸之路兴起。《汉书·地理志》记载，其航线为：从徐闻（今广东徐闻县境内）、合浦（今广西合浦县境内）出发，经南海进入马来半岛、暹罗湾、孟加拉湾，到达印度半岛南部的黄支国和已程不国（今斯里兰卡）。这是目前可见的有关海上丝绸之路最早的文字记载。

海上丝绸之路开辟后，在隋唐以前，即公元6～7世纪，它只是陆上丝绸之路的一种补充形式。但到隋唐时期，由于西域战火不断，陆上丝绸之路被战争所阻断，代之而兴的便是海上丝绸之路。到唐代，随着中国造船、航海技术的发展，中国通往东南亚、马六甲海峡、印度洋、红海，及至非洲大陆的航路纷纷开通与延伸，海上丝绸之路终于替代陆上丝绸之路，成为中国对外交往的主要通道。

2. "一带一路"

2013年9月，习近平出访哈萨克斯坦时，强调中国与中亚国家可以共同建设"丝绸之路经济带"；10月，习近平在印度尼西亚发表演讲时，提出与东盟国家建设"21世纪海上丝绸之路"的重大倡议。"丝绸之路经济带"和"21世纪海上丝绸之路"共同构成了"一带一路"倡议的基本内容。"一带一路"倡议的提出历程如表7.2所示。

表 7.2　"一带一路"倡议的提出历程

时间	主要内容
2013 年 9 月	习近平在哈萨克斯坦纳扎尔巴耶夫大学发表演讲时表示，为了使各国经济联系更加紧密、相互合作更加深入、发展空间更加广阔，我们可以用创新的合作模式，共同建设"丝绸之路经济带"，以点带面，从线到片，逐步形成区域大合作

续表

时间	主要内容
2013 年 10 月	习近平在印度尼西亚国会发表演讲时表示，中国愿同东盟国家加强海上合作，使用好中国政府设立的中国—东盟海上合作基金，发展好海洋合作伙伴关系，共同建设 21 世纪"海上丝绸之路"
2013 年 12 月	习近平在中央经济工作会议上指出，推进"丝绸之路经济带"建设，抓紧制定战略规划，加强基础设施互联互通建设。建设"21 世纪海上丝绸之路"，加强海上通道互联互通建设，拉紧相互利益纽带
2014 年 5 月	习近平在亚洲相互协作与信任措施峰会上做主旨发言时指出，中国将同各国一道，加快推进"丝绸之路经济带"和"21 世纪海上丝绸之路"建设，尽早启动亚洲基础设施投资银行，更加深入参与区域合作进程，推动亚洲发展和安全相互促进、相得益彰
2014 年 6 月	习近平出席中阿合作论坛第六届部长级会议表示，希望双方弘扬丝绸之路精神，以共建"丝绸之路经济带"和"21 世纪海上丝绸之路"为新机遇新起点，不断深化全面合作、共同发展的中阿战略合作关系
2014 年 11 月	习近平在加强互联互通伙伴关系对话会上宣布，中国将出资 400 亿美元成立丝路基金
2015 年 3 月	国家发展和改革委员会、外交部、商务部联合发布了《推动共建丝绸之路经济带和 21 世纪海上丝绸之路的愿景与行动》

资料来源：习近平提战略构想："一带一路"打开"筑梦空间". http://www.xinhuanet.com//politics/2014-08/11/c_1112013039.htm[2019-06-20]；习近平就一带一路提倡议 出资 400 亿美元成立丝路基金. https://www.yidaiyilu.gov.cn/xwzx/xgcdt/2049.htm[2019-06-20]；授权发布：推动共建丝绸之路经济带和 21 世纪海上丝绸之路的愿景与行动. http://www.xinhuanet.com//world/2015-03/28/c_1114793986.htm[2019-06-20]

"一带一路"是促进共同发展、实现共同繁荣的合作共赢之路，是增进理解信任、加强全方位交流的和平友谊之路。有人把"一带一路"倡议比作"马歇尔计划"（The Marshall Plan），即美国在 1948～1952 年帮助西欧重建的旗舰援助计划，事实上并非如此。"一带一路"提倡积极与沿线国家开展战略合作，打造政治互信、经济融合、文化包容的利益共同体、命运共同体和责任共同体，如专栏 7.2 所示。

专栏 7.2　"一带一路"不是中国版"马歇尔计划"[①]

"一带一路"是一个宏伟计划，拟在亚洲、非洲、欧洲以及世界其他地区提供资金并建造基础设施。"一带一路"沿线有超过 65 个经济体，其中大部分为发展中国家。有人担心，"一带一路"将成为中国的一件

---

① "一带一路"不是中国版马歇尔计划. http://www.sohu.com/a/246064780_100191068 [2019-06-20]；"一带一路"与"马歇尔计划"比较研究. http://www.doc88.com/p-4092346396269.html[2019-06-20]；"一带一路"与"马歇尔计划"的五点大不同. http://sike.news.cn/statics/sike/posts/2015/06/219329242.html[2019-06-20].

地缘政治工具，打造一个受益国联盟同西方国家对抗。"一带一路"与"马歇尔计划"实际上存在很大差异。

首先，两者存在时代背景差异。"马歇尔计划"拉开了第二次世界大战后的冷战序幕，为北大西洋公约组织奠定了经济基础。而"一带一路"致力于和平发展，为构建世界经济增添动力。两者还存在实施意图差异，"马歇尔计划"体现美国对欧战略，政治上拉欧洲成为对抗苏联的工具、经济上占领欧洲市场；而"一带一路"强调"共商、共建、共享"的原则，倡导新型的国际经济合作模式。

其次，两者的条件内容差异很大。"马歇尔计划"为受援国制定标准和规则，后者只能无条件接受，不仅有时间期限，而且还款利率高，援助资金必须用于购买美国货物，并要求尽快撤除关税壁垒，取消或放松外汇管制，设立由美国控制的本币对应基金，美国由此获得大量对欧出口，而且使美元成为贸易中的主要结算货币，助力美元霸权的建立。而"一带一路"通过基础设施项目建设，采取市场运作方式，遵循市场规律和国际通行规则，企业发挥主体作用，也发挥政府作用。在金融合作上采取双边、双向选择，并不以人民币为指定货币。

最后，两者体现了国际关系差异，"马歇尔计划"是美国对"第二世界"的援助。而"一带一路"建设体现新型的国际关系，体现发展中国家多对多的合作模式，它不是中国政府的对外援助，而是通过设立开放式的国际开发性金融机构为有关国家和区域合作提供更多公共产品，它没有设立时间界限，是一项长久发展的伟大事业。

"一带一路"贯穿亚欧非大陆。"丝绸之路经济带"重点畅通中国经中亚、俄罗斯至欧洲（波罗的海）；中国经中亚、西亚至波斯湾、地中海；中国至东南亚、南亚、印度洋。"21世纪海上丝绸之路"的重点方向是从中国沿海港口过南海到印度洋，延伸至欧洲；从中国沿海港口过南海到南太平洋。根据"一带一路"走向，共同打造新亚欧大陆桥、中蒙俄、中国-中亚-西亚、中国-中南半岛、中巴、孟中印缅六大国际经济合作走廊。2015年3月28日，国家发展和改革委员会、外交部、商务部联合发布《推动共建丝绸之路经济带和21世纪海上丝绸之路的愿景与行动》，就"一带一路"建设过程中的政策沟通、设施联通、贸易畅通、资金融通、民心相通的五大共通模式提出愿景。

二、"一带一路"的建设成就

"一带一路"建设从无到有、由点及面，在政策沟通、设施联通、贸易畅通、资金融通、民心相通等重点领域，务实合作不断推进。

1. 政策沟通：120 多个国家加入"一带一路""朋友圈"

"一带一路"提出以来，越来越多的国家积极响应。实践表明，共建"一带一路"顺应时代潮流和发展方向，国际认同日益增强，合作伙伴越来越多，影响力持续扩大。作为"一带一路"建设的"五通"之首，政策沟通是开展各方面务实合作的基础，也是共建"一带一路"的重要保障。中国与"一带一路"相关国家之间政策沟通不断深化，政治互信不断加强，得到了国际社会的广泛理解、认同、支持和参与，"朋友圈"越来越大。

2016 年 9 月《建设中蒙俄经济走廊规划纲要》的公布，标志着"一带一路"框架下第一个多边合作规划纲要正式启动实施。同年 9 月，中国与哈萨克斯坦签署《"丝绸之路经济带"建设与"光明之路"新经济政策对接合作规划》，这是"一带一路"框架下签署发布的第一个双边合作规划。中国同有关国家协调政策，包括俄罗斯提出的欧亚经济联盟、东盟提出的《东盟互联互通总体规划》[①]、哈萨克斯坦提出的"光明之路"、土耳其提出的"中间走廊"、蒙古国提出的"发展之路"、越南提出的"两廊一圈"、英国提出的"英格兰北方经济中心"、波兰提出的"琥珀之路"等。同时，中国同老挝、柬埔寨、缅甸、匈牙利等国家的规划对接工作也全面展开。

截至 2019 年，中国已同 123 个国家、29 个国际组织签署了 171 份政府间合作文件，其中有发展中国家，也有发达国家，有国际组织，也有不少发达国家的公司、金融机构[②]。

2. 设施联通：基础设施建设发展迅猛

中国和沿线国家一道，在港口、铁路、公路、电力、航空、通信等领域开设了大量合作，有效提升了这些国家的基础设施建设水平，成果超出预期。国家信

---

① 《东盟互联互通总体规划》. http://www.doc88.com/p-3807664224332.html[2019-06-20].
② 我国已经与 123 个国家和 29 个国际组织签署了 171 份"一带一路"合作文件. https://www.yidaiyilu.gov.cn/xwzx/roll/81577.htm[2019-06-20].

息中心"一带一路"大数据中心分析显示，在交通基础设施联通方面，2016~2018年，俄罗斯、哈萨克斯坦、越南、缅甸、蒙古国一直是与中国互联互通表现最佳的国家。

1）港口与航运服务深度拓展。国家信息中心"一带一路"大数据中心显示，2018年，中国港口已与世界200多个国家、600多个主要港口建立航线联系，海运互联互通指数保持全球第一。海运服务已覆盖"一带一路"所有沿海国家，涉猎希腊比雷埃夫斯港、斯里兰卡汉班托塔港、巴基斯坦瓜达尔港等34个国家42个港口。

国家信息中心"一带一路"大数据中心显示，中国与"一带一路"沿线国家的港口联通度明显高于其他交通设施联通水平，其中中国与韩国、印度、印度尼西亚三个国家的港口运输交流最为频繁，也带动了贸易合作的发展。

2）铁路"走出去"铸就中国名片，中欧班列成为国际物流品牌。中国与"一带一路"沿线国家的铁路联通水平也较高。2017年，中国与"一带一路"沿线国家的贸易出口中，铁路运输方式的出口额增速最快，较2016年增长34.5%。中欧班列贡献了不小的力量。2011年，中欧班列全年开行仅17列，年运送货物总值不足6亿美元；截至2018年6月底，中欧班列累计开行数量突破9000列，运送货物近80万标准箱，国内开行城市48个，到达欧洲14个国家42个城市。2018年，中欧班列线路主要分布在德国、俄罗斯、哈萨克斯坦、塔吉克斯坦、波兰、白俄罗斯等国家[①]。

3）空中丝绸之路快速通达。民航方面，与8个国家和地区签署航空运输协定，增加国际航线403条。2018年，与"一带一路"62个国家签订了双边政府间航空运输协定，与45个国家实现直航，每周约5100个航班[②]。

3. 贸易畅通：贸易成绩可圈可点

2018年5月6日，由国家信息中心"一带一路"大数据中心、大连瀚闻资讯有限公司共同编写的《"一带一路"贸易合作大数据报告2018》[③]在海南"京陵

---

① 《民银智库研究》2019年第15期：中国民营企业参与"一带一路"建设情况、面临问题及政策建议. http://www.sohu.com/a/304666504_618573[2019-06-20].

② "一带一路"倡议五周年 设施互联互通成果丰硕. http://finance.people.com.cn/n1/2018/0819/c1004-30237245.html[2019-06-20].

③ 本报告涉及的"一带一路"国家，是指"一带一路"官方网站——中国一带一路网（https://www.yidaiyilu.gov.cn/）上"各国概况"栏目中所列出的71个"一带一路"国家。

大数据论坛"正式发布。

从总体来看,中国与"一带一路"国家进出口总额实现较快增长,进口增速首超出口。根据中国一带一路网,2017 年,中国与"一带一路"国家的进出口总额达 14 403.2 亿美元,同比增长 13.4%,高于中国整体对外贸易增速 5.9 个百分点,占中国进出口贸易总额的 36.2%。2013~2017 年,中国与"一带一路"沿线国家进出口总额达 69 756.23 亿美元,与相关国家贸易增速高于中国对外贸易整体增速,成为推动中国对外贸易快速发展的重要推动力。

从国别区域来看,中国与亚洲、大洋洲地区的贸易往来最为密切,如表 7.3 所示。其中,与中国贸易额位居前 5 位的"一带一路"国家均位于亚洲和大洋洲。中国与中亚地区贸易额增速最快,进出口总额增速最快的贸易伙伴为卡塔尔、黑山、蒙古国和哈萨克斯坦,其增速均达 35%以上。

表 7.3 2017 年中国"一带一路"前十大贸易伙伴   (单位:亿美元)

排名	国家	贸易额
1	韩国	2803.8
2	越南	1218.7
3	马来西亚	962.4
4	印度	847.2
5	俄罗斯	841.9
6	泰国	806.0
7	新加坡	797.1
8	印度尼西亚	633.8
9	菲律宾	513.3
10	沙特阿拉伯	500.4

资料来源:"一带一路"贸易合作大数据报告 2018. https://www.yidaiyilu.gov.cn/mydsjbg.htm#p=28[2019-06-20]

从国内地区来看,2017 年,中国东部地区与"一带一路"国家的贸易占比达到近八成,其中与"一带一路"国家贸易额前 5 名的省(市)依次为广东、江苏、浙江、山东、上海。东北地区与"一带一路"国家的贸易额增速最快,较 2016 年提速 22.0%。

从商品结构来看,机电类是中国对"一带一路"国家最主要的出口商品,电机电气设备和矿物燃料类是中国自"一带一路"国家最主要的进口商品。2017

年，中国对“一带一路”国家出口商品主要集中于机电类，包括电机电气设备和锅炉机器，占中国对“一带一路”国家出口额的比重分别为 23.2%、15%，其中，电机电气设备出口额增速较 2016 年增长 15.8%。而中国自“一带一路”国家进口商品主要集中于电机电气设备和矿物燃料，占中国自“一带一路”国家进口额的比重分别为 26.7%、23.6%，其中矿物燃料进口额增速较 2016 年增长 34.1%。

从贸易主体来看，民营企业是主力军，国有企业增幅明显。根据中国一带一路网发布数据，民营企业与“一带一路”国家的进出口总额占比最大，2017 年为 6199.8 亿美元，占中国与“一带一路”国家贸易总额的 43.0%，其次为外商投资企业（36.6%）、国有企业（19.4%）、其他企业（1.0%）；国有企业进出口总额增速最快，较 2016 年增长 24.5%。

从贸易方式来看，一般贸易进出口总额占比超过一半，一般贸易与边境小额贸易进口明显增长。2017 年，边境小额贸易进出口总额达 379.5 亿美元，较 2016 年增长 17.3%。

4. 资金融通：多元化融资体系不断完善

通过加强金融合作，促进货币流通和资金融通，为“一带一路”建设创造稳定的融资环境，积极引导各类资本参与实体经济发展和价值链创造，推动世界经济健康发展。中国与“一带一路”建设参与国和组织共同努力，在资金融通方面开展了多种形式的合作，成果斐然。

（1）金融服务水平不断提升

作为“一带一路”建设的倡议者和负责任的行动者，中国积极推动各类主体在境内外募资设立了一批对外投融资机构、基金，对推进“一带一路”建设和深化与相关国家和地区的互利合作都起到了积极作用。2015 年 12 月，中国倡议筹建的亚洲基础设施投资银行成立，成为“一带一路”资金融通的重要平台，如专栏 7.3 所示。截至 2018 年 12 月，亚洲基础设施投资银行成员国扩展至 92 个，来自“一带一路”的小伙伴超过六成。在金融合作方面，中国与阿联酋、巴基斯坦、俄罗斯、哈萨克斯坦、韩国、泰国等 16 个国家金融合作进展良好。

专栏 7.3　亚洲基础设施投资银行为"一带一路"提供金融支持①

2013 年 10 月，习近平倡议筹建亚洲基础设施投资银行。在历经 800 余天筹备后，由中国倡议成立、57 国共同筹建的亚洲基础设施投资银行于 2015 年 12 月 25 日在北京宣告成立。2016 年 1 月 16 日，亚洲基础设施投资银行举行了开业仪式，习近平出席并致辞。亚洲基础设施投资银行是一个政府间性质的区域多边开发机构，重点支持基础设施建设，这是首个由中国倡议设立的多边金融机构。

基础设施互联互通是"一带一路"的优先领域，但"一带一路"基础设施建设存在巨大的资金缺口。亚洲开发银行曾做出测算，亚太地区基础设施建设投资在 2010~2020 年共需要 8 万亿美元，而亚洲开发银行每年可为基础设施建设的贷款仅为 100 亿美元，难以满足基础设施建设的需要，建立亚洲基础设施投资银行的重要目的之一就是吸引全球资金弥补这一缺口。

亚洲基础设施投资银行的建立不仅可以填补"一带一路"建设的资金需求，而且还将为资本运用提供成熟优质的金融服务，吸引全球资本流入亚洲。

成立于 2014 年 12 月的丝路基金，在服务"一带一路"建设中也成果颇丰。2018 年 6 月，丝路基金与哈萨克斯坦阿斯塔纳国际金融中心签署战略合作伙伴备忘录，并通过中哈产能合作基金购买阿斯塔纳国际交易所部分股权。7 月 16 日，丝路基金与欧洲投资基金签署谅解备忘录，宣布中欧共同投资基金的投入使用。丝路基金主要投向对中欧合作具有促进作用、商业前景较好的中小企业。截至 2018 年，丝路基金已签约 20 多个项目，承诺投资金额超过 80 亿美元②。

各家商业银行也积极参与"一带一路"市场的拓展，主动跟进对接"一带一路"重大工程项目建设，并在资源配置、授信审批和信贷规模等方面给予支持。此外，各大商业银行还致力于产品和业务模式的创新，寻找适用于"一带一路"资金融通的创新思路。截至 2018 年 6 月底，中国银行共跟进"一带一路"重大项

① 亚投行问世啦！. http://paper.people.com.cn/rmrbhwb/html/2015-12/26/content_1643267. htm[2019-06-20]；资金融通惠及千万沿线企业. http://www.gov.cn/xinwen/2019-04/23/ content_5385235.htm[2019-06-20].

② 【聚焦"一带一路"五周年】资金融通：形式多样 成果斐然. http://www.xinhuanet.com/world/2018-09/10/c_129950729.htm[2019-06-20].

目逾 600 个,在"一带一路"相关国家共实现授信新投放约 1159 亿美元。中国银行海外机构已覆盖全球 56 个国家和地区,为"一带一路"建设提供多元化的金融产品及服务[①]。

（2）共建开放性投融资体系

为推动"一带一路"融资体系建设,在中国的倡议和推动下,2017 年 5 月,中国财政部与阿根廷、白俄罗斯、柬埔寨、智利、捷克、埃塞俄比亚、俄罗斯等 26 国财政部共同核准了《"一带一路"融资指导原则》。根据这一指导原则,各国支持金融资源服务于相关国家和地区的实体经济发展,重点加大对基础设施互联互通、贸易投资、产能合作等领域的融资支持力度;各国将继续利用政府间合作基金、对外援助资金等现有公共资金渠道,协调配合其他资金渠道,共同支持"一带一路"建设;各国鼓励政策性金融机构、出口信用机构继续为"一带一路"建设提供政策性金融支持,呼吁开发性金融机构考虑为"一带一路"相关国家提供更多融资支持和技术援助;各国鼓励多边开发银行和各国开发性金融机构在其职责范围内通过贷款、股权投资、担保和联合融资等各种方式,积极参与"一带一路"建设,特别是跨境基础设施建设;各国期待商业银行、股权投资基金、保险、租赁和担保公司等各类商业性金融机构为"一带一路"建设提供资金及其他金融服务;各国鼓励基于"一带一路"建设需求和相关国家需求的金融创新。

除了政府机构在资金融通方面合作的深入,银行等金融机构之间的中外合作也愈发频繁。2018 年,已有 24 个国家设立中资银行分支机构 102 家,新加坡、马来西亚、印度尼西亚、泰国数量最多[②]。

外资银行参与"一带一路"建设的积极性也不断增强。2018 年 4 月 20 日,花旗集团与中国银行、招商银行分别签署了合作谅解备忘录,将围绕"一带一路"分别在各自领域探索更多的合作渠道。

5. 民心相通:文明交流提速,人员往来频繁

"一带一路"沿线各国间民心相通不断深入,中国广泛开展人文交流与合作,设立了"丝绸之路"中国政府奖学金,培养大批行业领军人才和优秀技能人才。

---

① 中国银行:深化"一带一路"金融大动脉建设 做"一带一路"首选银行. http://www.boc.cn/aboutboc/bi1/201808/t20180816_13328048.html[2019-06-20].

② "一带一路"数据观 | 互联互通交出亮丽成绩单. http://www.sic.gov.cn/News/614/9769.htm[2019-06-20].

教育是促进文明交流互鉴的重要内容之一。"一带一路"倡议提出后,中国大力实施"丝绸之路"留学推进计划,设立"丝绸之路"中国政府奖学金,承诺每年向相关国家提供 1 万个奖学金新生名额。截至 2016 年底,"一带一路"相关国家来华留学的人数超过 20 万人。同时,2012 年以来,中国累计有 35.19 万人次赴"一带一路"相关国家留学。仅 2016 年一年,中国就公派了 42 个非通用语种的 1036 人出国学习培训,填补了 9 个国内空白语种[①]。

在出版、影视剧翻译方面,中国已与"一带一路"相关 16 个国家和地区签订了互译出版协议,翻译出版了近 100 种优秀图书,与 15 个国家签订了电影合拍协议,与一些国家签订了电视合拍协议。"国家还在加强影视剧的译制播出工作,用对象国观众熟悉的语言,用对象国喜爱的演员完成中国影视作品的配音。"国家新闻出版广电总局副局长童刚说[①]。

"一带一路"相关旅游资源极其丰富,拥有近 500 项世界自然和文化遗产。截至 2017 年 7 月,中国已与 24 个相关国家实现公民免签或落地签。据不完全统计,仅 2016 年一年,中国与"一带一路"相关国家之间就有 3400 万人次的游客往来[①]。

第三节 进一步扩大开放的重大举措

当前,受全球经济复苏进程缓慢、新兴经济体货币贬值、外部挑战增多等因素影响,中国经济发展面临的形势更加复杂严峻,更需要通过扩大开放,变外在的压力为内在的动力,建立起面向未来更具国际竞争力的经济结构和体制机制。

一、自由贸易协定推动更高水平开放

当前,经济全球化、贸易自由化依旧是世界经济发展的大潮流。中国坚持推动与有关国家的自由贸易,进一步扩大对外开放,建设开放型世界经济。自由贸

[①]【聚焦"一带一路"五周年】民心相通:加强交流 互学互鉴. https://news.china.com/focus/ydylwzn/13002274/20180911/33864758_1.html[2019-06-20].

易协定是指不同国家之间具有法律约束力的契约，目的在于促进经济一体化，其目标之一是消除贸易壁垒，允许产品与服务在国家间自由流动。中国共产党第十八次全国代表大会提出，加快实施自由贸易区战略；中国共产党第十八届中央委员会第三次全体会议提出，要以周边为基础加快实施自由贸易区战略，形成面向全球的高标准自由贸易区网络①；中国共产党第十九次全国代表大会进一步提出，拓展对外贸易，培育贸易新业态新模式，推进贸易强国建设。按照中央的部署，中国自由贸易区建设不断加速发展，自由贸易区布局逐步完善。

　　2005 年 11 月，智利同中国签署自由贸易协定，成为拉丁美洲国家的首例；2017 年，中智双边贸易额达 353.95 亿美元，比 2005 年提高近 4 倍；2008 年 4 月，中国与新西兰签署自由贸易协定，这是中国与发达国家签署的首个自由贸易协定，也是中国签署的第一个全面自由贸易协定；2010 年 1 月，中国-东盟自贸区全面建成，这是中国目前建成的最大自由贸易区，贸易额从 2010 年的 2928 亿美元提高到 2017 年的 5148.2 亿美元；2018 年 9 月，中国与毛里求斯就自由贸易协定谈判内容达成一致，这是中国与非洲国家商签的第一个自由贸易协定②；2018 年，中国已与 25 个国家和地区达成了 17 个自贸协定，占据了中国对外贸易额的 38%，自贸伙伴遍及欧洲、亚洲、大洋洲、南美洲和非洲，已签署的自由贸易协定中，零关税覆盖的产品范围超过 90%。中国是 120 多个国家和地区的最大贸易伙伴，2017 年，中国与自由贸易伙伴的贸易投资额占中国对外货物贸易、服务贸易、双向投资的比重分别为 25%、51%、67%③。

二、自由贸易区成对外开放新名片

　　自由贸易区的建设成为中国推进对外开放的新途径以及"新名片"。自由贸易区有两个本质上存在很大差异的概念：一个是自由贸易区（free trade area，FTA），另一个是自由贸易区（free trade zone，FTZ），两者之间的异同如表 7.4

① 加快实施自由贸易区战略，构建开放型经济新体制. http://theory.people.com.cn/n1/2018/0103/c416126-29742921.html[2019-06-20].
② 中国自贸"朋友圈"稳步扩容(壮阔东方潮 奋进新时代——庆祝改革开放 40 年·数说). http://paper.people.com.cn/rmrb/html/2018-10/07/nw.D110000renmrb_20181007_1-04.htm[2019-06-20].
③ 中国对外贸易形势报告（2018 年秋季）——2019 年中国对外贸易形势展望. http://www.fdi.gov.cn/1800000121_35_2384_0_7.html[2019-06-20].

所示。中国自由贸易区是指在国境内关外设立的，以优惠税收和海关特殊监管政策为主要手段，以贸易自由化、便利化为主要目的的多功能经济性特区，属于 FTZ 类型。

表 7.4　FTA 与 FTZ 的异同

	项目	FTA	FTZ
不同点	设立主体	多个主权国家（或地区）	单个主权国家（或地区）
	区域范围	两个或多个关税地区	一个关税区内的小范围区域
	国际惯例依据	世界贸易组织	世界海关组织
	核心政策	贸易区成员之间贸易开放、取消关税壁垒，同时又保留各自独立的对外贸易政策	以海关保税、免税政策为主，以所得税税费的优惠等投资政策为辅
	法律依据	双边或多边协议	国内立法
相同点		两者都是为降低国际贸易成本，促进对外贸易和国际商务的发展而设立的	

2013 年至今，从上海到海南，从东部沿海到西部内陆，中国自由贸易试验区已经形成了"1+3+7+1"雁阵引领的开放新格局。2018 年，中国已批准设立的自由贸易试验区包括：中国（上海）自由贸易试验区、中国（广东）自由贸易试验区、中国（天津）自由贸易试验区、中国（福建）自由贸易试验区、中国（辽宁）自由贸易试验区、中国（浙江）自由贸易试验区、中国（河南）自由贸易试验区、中国（湖北）自由贸易试验区、中国（重庆）自由贸易试验区、中国（四川）自由贸易试验区、中国（陕西）自由贸易试验区、中国（海南）自由贸易试验区，共计 12 个自由贸易试验区。2017 年，中国与自由贸易试验区伙伴的贸易额（不含港澳台地区）占货物贸易总额的 25.8%[①]。

从上海起步，到中国（海南）自由贸易试验区的设立，2013～2018 年，东中西协调、陆海统筹的全方位和高水平区域开放新格局形成，彰显出中国坚持全方位对外开放，推动贸易和投资自由化、便利化的魄力与决心。未来，随着自由贸易试验区建设经验的推广升级，中国对外开放区域布局将不断优化，开放的大门将会越开越大。

---

① 全文《中国与世界贸易组织》白皮书. https://xhpfmapi.zhongguowangshi.com/vh500/#/share/3774485?isview=1&homeshow=1[2019-06-20].

三、以负面清单管理模式①推动贸易自由化和便利化

国家发展和改革委员会、商务部 2018 年 6 月 28 日对外发布《外商投资准入特别管理措施（负面清单）（2018 年版）》，大幅放宽 22 个领域的外商投资市场准入条件。6 月 30 日，国家发展和改革委员会、商务部又发布了《自由贸易试验区外商投资准入特别管理措施（负面清单）（2018 年版）》，自 2018 年 7 月 30 日起施行。在全球贸易保护主义盛行的背景下，中国按自己的节奏推出负面清单，放宽市场准入，显示了中国对外开放的决心和行动。《自由贸易试验区外商投资准入特别管理措施（负面清单）（2018 年版）》的创新之处在于：

1）负面清单长度更短。该负面清单相对于 2017 年的 63 条缩短了 15 条，仅保留了 48 条特别管理措施，减少了近 1/4。这次负面清单在市场准入制度和投资管理体制方面实现了进一步的优化。

2）涉及开放产业更多。该负面清单涉及金融、专业服务、制造、能源、资源、农业等更多产业开放，共 22 项开放措施。扩大服务业领域的开放是该负面清单的重点，其中金融服务业范围的扩大开放是最大的亮点。

3）开放力度更大。对于一些投资者密切关注的领域，负面清单结合中国产业发展水平，大幅减少对外资的限制。同时，在制造业方面实现了基本放开。除了服务业和制造业外，在农业和资源能源领域，该负面清单也放宽了准入限制。

四、金融业进一步对外开放

扩大金融业对外开放体现了中国深化对外开放的决心。中国金融业对外开放程度的国际排名与其国际影响力严重不符，不仅远落后于主要发达经济体，甚至近年来还被诸多发展中国家超越。即使从不同行业之间来看，金融业的开放程度也相对较低。外资金融机构在中国的市场份额总体不高。开放程度最高的债券市场也尚未达到一定的广度和深度。

党中央、国务院高度重视金融业对外开放相关工作。2018 年《政府工作报告》

---

① 市场准入负面清单制度是指国务院以清单方式明确列出在中华人民共和国境内禁止和限制投资经营的行业、领域、业务等，各级政府依法采取相应管理措施的一系列制度安排。市场准入负面清单以外的行业、领域、业务等，各类市场主体皆可依法平等进入。

提出，有序开放银行卡清算等市场，放开外资保险经纪公司经营范围限制，放宽或取消银行、证券、基金管理、期货、金融资产管理公司等外资股比限制，统一中外资银行市场准入标准。中国共产党第十九次全国代表大会明确指出，推动形成全面开放新格局；实行高水平的贸易和投资自由化、便利化政策，全面实行准入前国民待遇加负面清单管理制度，大幅度放宽市场准入，扩大服务业对外开放。习近平在第五次全国金融工作会议上指出，要积极稳妥推动金融业对外开放，合理安排开放顺序。扩大金融业对外开放，既是多年来中国经济持续健康发展的宝贵经验，也是中国未来始终坚持的基本原则。

思考题

1. 你觉得"一带一路"给中国和其他国家都带来了哪些影响？它是又一个"马歇尔计划"吗？

2. 你认为中国应该怎样进一步扩大开放，增进与其他国家和地区的交流呢？

第八章　更平衡更充分的发展

明确新时代我国社会主要矛盾是人民日益增长的美好生活需要和不平衡不充分的发展之间的矛盾，必须坚持以人民为中心的发展思想，不断促进人的全面发展、全体人民共同富裕。

——习近平于中国共产党第十九次全国代表大会

小王是一名普通本科院校毕业的大学生，和其他同学不同，她没有选择进入社会，在工作中实现个人价值，也没有继续学习深造读研究生，而是长途跋涉来到了中国的西部——西藏昌都，作为一名中学教师服务于人民。昌都平均海拔超过 3500 米，空气稀薄，气候寒冷恶劣，昼夜温差大，去昌都支教可以说是对意志力极大的考验，可小王却是主动申请去昌都的，用小王的话说"到西部去，到基层去，到祖国最需要的地方去"。小王在西藏支教期间，曾组织了"一对一"助学项目，共筹资 30 余万元，资助了 200 多名贫困学生；开展了西藏"甘泉计划"，解决了学校的日常用水问题，还筹集资金为学校建设了多媒体教室、图书角等。小王只是千千万万奔赴西部，扶贫支教的大学生中的一员，他们都来自"大学生志愿服务西部计划"。"大学生志愿服务西部计划"开始于 2003 年，按照公开招募、自愿报名、组织选拔、集中派遣的方式，每年招募一定数量的普通高等学校应届毕业生或在读研究生，到西部基层开展为期 1～3 年的教育、卫生、农技、扶贫等志愿服务。该项目覆盖河北、贵州、云南、西藏等中西部 22 个省份。截至 2013 年，已经有超过 9 万名高校毕业生参与该项目，加上其他地方项目，"大学生志愿服务西部计划"总规模超过 16 万人，先后共 1.6 万人扎根西部。"大学生志愿服务西部计划"为缩小区域差距，提高西部教育及生活水平，对促进中国的平衡发展起到了重要作用。

　　自改革开放以来，中国的生产力得到极大的提高，人们生活已经跨越温饱，走向小康。但是不得不注意到，中国目前的发展是不平衡、不充分的，即领域不平衡、区域不平衡、群体不平衡以及总体发展不充分。对于中国政府而言，目标从追求单一高速的发展转变为高质量、高效益的发展，即更平衡、更充分的发展。①

---

① 中山大学研究生支教西藏昌都硕果累累. http://www.sohu.com/a/105280937_ 268507[2019-06-20]；到西部去，到基层去，到祖国最需要的地方去. https://www. sohu.com/a/229650647_645105[2019-06-20]；中山大学研究生支教西藏：海拔虽高冷，热情永不退. http://static.nfapp.southcn.com/content/201607/13/c106853.html[2019-06-20].

第一节　新的发展理念

2017 年，中国共产党第十九次全国代表大会指出，中国特色社会主义进入新时代，我国社会主要矛盾已经转化为人民日益增长的美好生活需要和不平衡不充分的发展之间的矛盾。面对新时期的矛盾，发展仍然是解决中国问题的总钥匙。发展必须是科学发展。中国共产党第十八届中央委员会第五次全体会议[①]提出，必须牢固树立并切实贯彻创新、协调、绿色、开放、共享的发展理念。其中，创新是引领发展的第一动力，协调是持续健康发展的内在要求，绿色是永续发展的必要条件，开放是国家繁荣发展的必由之路，共享是中国特色社会主义的本质要求，五大理念相互依存、相得益彰。

一、创新驱动

1. 中国科技创新现状

创新发展是国际竞争的大势所趋。当前世界范围内新一轮科技革命和产业变革加速演进，重大颠覆性创新不断涌现并不断创造新产品、新需求、新业态，为经济社会发展提供前所未有的驱动力，推动经济格局和产业形态深刻调整，成为驱动发展和提高国家竞争力的关键所在。根据国家统计局发布数据，2017 年中国 R&D 人员共 403.4 万人，R&D 经费支出 17 606.1 亿元，其中政府资金为 3487.4 亿元，R&D 经费支出与国内生产总值之比为 2.13%。发表科技论文 170 万篇，出版科技著作 54 204 种，专利申请数为 3 697 845 件，其中发明专利为 1 381 594 件。2016 年，高技术产品进出口额为 11 279 亿元，技术市场成交额突破 1 万亿元，如图 8.1 所示。

中国瞄准世界前沿科技，从基础科研到工程应用，取得了一系列重大创新和突破。中国科学院孙强团队培育出世界首个体细胞克隆猴，并以此制作脑疾病模

[①] 中国共产党第十八届中央委员会第五次全体会议于 2015 年 10 月 26～29 日在北京召开，会议研究了关于制定国民经济和社会发展第十三个五年规划的建议。

型猴；中国科学院覃重军团队用基因编辑的方法，创建出国际首例人造单染色体真核细胞；"嫦娥四号"探测器在西昌卫星发射中心发射，将实现月球与地球的中继通信。经过几十年的持续快速发展，中国经济总量跃居世界前列，达到中等偏上水平。但同时，产业层次低、结构不合理、发展不平衡和资源环境刚性约束增强等矛盾愈加凸显，处于跨越"中等收入陷阱"的紧要关头。未来中国能否成功转变发展方式，跨越"中等收入陷阱"，关键是看能否依靠创新打造发展新引擎、培育发展新动力，为中国创造一个新的更长的增长周期。

图 8.1　2013～2017 年 R&D 经费支出变化情况

资料来源：根据国家统计局网站（http://www.stats.gov.cn）发布数据整理得出

2. 创新驱动发展战略

创新驱动的战略思想是"双轮驱动、一个体系、六大转变"。推动双轮驱动是指科技创新和体制机制创新互相支撑、彼此协调。构建一个体系是指建设国家创新体系，引导企业、高校各类创新主体协调配合，创新要素有效配置，为创新创业的格局提供政策支撑。实现创新驱动的六大转变是指发展方式、发展要素、产业分工、创新能力、资源配置和创新群体的一系列转变，如图 8.2 所示。

（1）发展任务

推动产业技术体系创新，创造发展新优势。发展新一代信息网络技术和智能绿色制造技术，增强经济社会发展的信息化基础，推动制造业向价值链高端攀升。

发展生态绿色高效安全的现代农业技术，确保粮食安全、食品安全，发展安全清洁高效的现代能源技术，推动能源生产和消费革命。发展生态环保技术、海洋和空间先进技术、智慧城市和数字社会技术，形成多层次的经济体系。前瞻布局新兴产业前沿技术研发，不断催生新产业、创造新就业。强化原始创新，增强源头供给。加强面向国家战略需求的基础前沿和高技术研究。促进学科均衡协调发展，大力支持自由探索的基础研究，加强学科交叉与融合。建设一批支撑高水平创新的基础设施和平台。

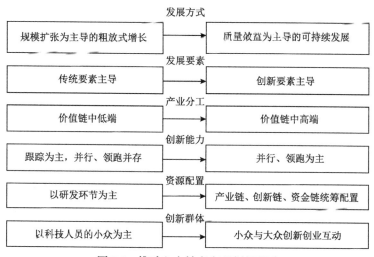

图 8.2　推动六大转变实现创新驱动

　　东部地区注重提高原始创新和集成创新能力，中西部地区培育壮大区域特色经济，跨区域整合创新资源，优化区域创新布局，打造区域经济增长极。深化军民融合，促进创新互动。建立军民融合重大科研任务形成机制，推进军民科技基础要素融合；促进军民技术双向转移转化。壮大创新主体，引领创新发展。培育世界一流创新型企业，建设世界一流大学、一流学科和世界一流科研院所，发展面向市场的新型研发机构，构建专业化技术转移服务体系。实施重大科技项目和工程，实现重点跨越在关系国家安全和长远发展的重点领域，部署一批重大科技项目和工程。加快建设科技创新领军人才和高技能人才队伍。推动创新创业，激发全社会创造活力。建设和完善创新创业载体，发展创客经济，形成大众创业、万众创新的生动局面。发展众创空间，孵化培育创新型小微企业，鼓励人人创新，推动创客文化进学校。

（2）"三步走"发展目标

第一步，到 2020 年进入创新型国家行列，基本建成中国特色国家创新体系，有力支撑全面建成小康社会目标的实现；第二步，到 2030 年跻身创新型国家前列，发展驱动力实现根本转换，经济社会发展水平和国际竞争力大幅提升，为建成经济强国和共同富裕社会奠定坚实基础；第三步，到 2050 年建成世界科技创新强国，成为世界主要科学中心和创新高地，为中国建成富强民主文明和谐的社会主义现代化国家、实现中华民族伟大复兴的中国梦提供强大支撑。

二、绿色发展

1. 什么是绿色发展

1962 年，美国科普作家蕾切尔·卡逊在《寂静的春天》一书中提到了"绿色"的概念，她描写了农业发展中过度使用农药而导致的环境污染和生态破坏，记录了工业文明对环境的负面影响，呼吁人们正确处理自然和发展的关系。1972 年，德内拉·梅多斯、乔根·兰德斯、丹尼斯·梅多斯所著 *Limits to Growth* 一书，讲述了低碳经济、生态足迹的话题，但书中绿色理念主要集中在污染的末端治理方面。1987 年，世界环境和发展委员会发表《我们共同的未来》，强调通过新资源的开发和有效利用，提高现有资源的利用效率，同时降低污染排放。1989 年，英国环境经济学家皮尔斯等在《绿色经济蓝图》中首次提出了"绿色经济"的概念，强调通过对资源环境产品和服务进行适当估价，实现经济发展和环境保护的统一，从而实现可持续发展。

习近平在中国共产党第十九次全国代表大会上提到，我们要建设的现代化是人与自然和谐共生的现代化，既要创造更多物质财富和精神财富以满足人民日益增长的美好生活需要，也要提供更多优质生态产品以满足人民日益增长的优美生态环境需要。必须坚持节约优先、保护优先、自然恢复为主的方针，形成节约资源和保护环境的空间格局、产业结构、生产方式、生活方式，还自然以宁静、和谐、美丽。

2. 促进绿色发展价格机制

建立综合考虑市场供求和资源生态价值的绿色发展价格机制，把资源和生态环境成本内部化到经济运行成本中，建立价格机制时坚持问题导向、污染者付费、激励约束并重、因地分类施策四大基本原则（图8.3）。引导更多社会资本进入生态环境保护领域，将绿色发展落实到全社会各方面各环节。

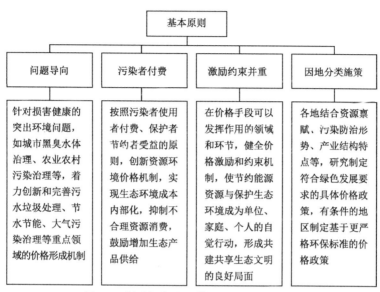

图8.3　促进绿色发展价格机制的基本原则

完善污水处理收费政策。建立城镇污水处理费动态调整机制，2020年底前实现城市污水处理费标准与污水处理服务费标准大体相当；具备污水集中处理条件的建制镇全面建立污水处理收费制度，并同步开征污水处理费。建立企业污水排放差别化收费机制，以及与污水处理标准相协调的收费机制。在已建成污水集中处理设施的农村地区，探索建立农户付费制度。健全城镇污水处理服务费市场化形成机制。健全固体废物处理收费机制。在2020年底前，建立健全城镇生活垃圾处理收费机制。完善城镇生活垃圾分类和减量化激励机制，鼓励城镇生活垃圾收集、运输、处理市场化运营。探索建立农村垃圾处理收费制度。完善危险废物处置收费机制。

建立有利于节约用水的价格机制。深入推进农业水价综合改革，2020年底前，北京、上海、江苏、浙江等省份要率先完成改革任务。完善城镇供水价格形成机制。全面推行城镇非居民用水超定额累进加价制度。建立有利于再生水利用的价格政策。健全促进节能环保的电价机制，完善差别化电价政策、部分环保行业用电支持政策以及峰谷电价形成机制。

第二节　美好生活的新需要

在这个新的时代，人民基本的"物质文化"的需求已经实现，开始期许"美好生活"。美好生活一方面是指人们对物质需求的升级，人民期盼有更好的教育、更稳定的工作、更满意的收入、更可靠的社会保障、更高水平的医疗卫生服务、更舒适的居住条件、更优美的环境、更丰富的精神文化生活；另一方面是指在物质基础上衍生出的获得感、幸福感、安全感，对社会公平正义、全面进步的新要求。习近平在中国共产党第十九次全国代表大会上指出，带领人民创造美好生活，是我们党始终不渝的奋斗目标。保障和改善民生要抓住人民最关心最直接最现实的利益问题；完善公共服务体系，保障群众基本生活，不断满足人民日益增长的美好生活需要，不断促进社会公平正义，形成有效的社会治理、良好的社会秩序，使人民获得感、幸福感、安全感更加充实、更有保障、更可持续。

一、优先发展教育事业

人才是国家最大的资源，教育水平的提高能帮助个人实现人生理想，能推进中国梦的实现。因此，在发展的过程中，必须优先发展教育事业，以树立品德、传授知识、培养人才为目标，以公平公正、全民共享为基本要求，尽快实现教育现代化。

1. 改革创新驱动教育发展

着力推进教育教学改革。推进基础教育课程与教学改革，深化本科教育教学、研究生培养机制改革，坚持面向市场、服务发展、促进就业的办学方向。推行校企一体化育人。深化考试招生制度改革，如推进高等职业院校[①]分类考试、完善进城务工人员随迁子女就学政策。加快现代大学制度和各类学校管理制度建设，统

---

① 高等职业教育包括专科和本科两个学历教育层次，高等职业院校的学生毕业时颁发国家承认学历的普通高等学校专科和本科毕业证书，并享受普通高等学校毕业生的一切待遇。

筹推进世界一流大学和一流学科建设。强化高校创新体系建设，全面提升高校科技创新能力，深化高校科研体制改革。支持高校探索建立基于互联网的科研组织模式，开展跨学校、跨学科、跨领域、跨国界的协同创新。完善高校哲学社会科学体系，促进高校科技成果转化。拓展社会力量参与教育发展的渠道和范围，建立更加透明的教育行业准入标准，促进和规范民办教育发展。继续推进"三通两平台①"建设与应用，积极发展"互联网+教育"。

2. 协调推进教育结构调整

推进区域教育协调发展。优化教育资源区域布局，支持国家重大区域发展战略实施。统筹规划城乡教育发展，在交通便利、公共服务成型的农村地区合理布局义务教育学校。加快发展现代职业教育，完善职业学校布局结构，提升职业学校基础能力，强化大国工匠后备人才培养。调整高等教育结构，推进高等教育分类发展、合理布局。推动具备条件的普通本科高校向应用型转变，提高应用型、技术技能型和复合型人才培养比重。加快构建终身教育制度，大力发展继续教育。加快培养现代产业急需人才，加快学科专业结构调整。加大对涉农学科专业的投入力度和学生资助力度，推进涉农学科、专业现代化。面向《中国制造2025》重点领域，加强现代服务业和社会管理服务人才培养，加快培养战略性新兴产业急需人才。

3. 全面提升教育发展共享水平

打赢教育脱贫攻坚战，全面推进教育精准扶贫、精准脱贫。加大职业教育脱贫力度，启动实施职业教育"圆梦行动计划"，强化教育对口支援。巩固提高普及水平，实施教育扶贫结对帮扶行动。促进义务教育均衡优质发展，推动县域内均衡发展，缩小区域差距。加快发展学前教育，继续扩大普惠性学前教育资源，基本解决"入园难"问题。提高幼儿园保育教育质量，普及高中阶段教育，巩固提高中等职业教育发展水平，促进普通高中多样化发展，加快发展民族教育。

加快提高少数民族地区教育发展水平。加快少数民族地区普惠性幼儿园建设，学前三年毛入园率达到70%以上。科学稳妥推行双语教育，加强少数民族地区国

---

① 宽带网络校校通、优质资源班班通、网络学习空间人人通，建设教育资源公共服务平台和教育管理公共服务平台。

家通用语言文字教育，办好少数民族班。办好特殊教育，实现家庭经济困难学生资助全覆盖，保障困难群体受教育权利。

"十三五"时期教育改革发展的总目标如下：教育现代化取得重要进展，教育总体实力和国际影响力显著增强，推动中国迈入人力资源强国和人才强国行列，为实现中国教育现代化2030远景目标奠定坚实基础。全民终身学习机会进一步扩大，教育质量全面提升，教育发展成果更公平地惠及全民，人才供给和高校创新能力明显提升，教育体系制度更加成熟定型。

二、提高就业质量和人民收入水平

就业是民生之本、财富之源，要想实现稳定增长，首先要保证就业。中国就业总量压力不减、结构性矛盾凸显。在2019年《政府工作报告》中，中国首次将就业优先政策置于宏观政策层面。优先发展就业要坚持五大基本原则，实现就业规模扩大、就业质量提升、劳动者就业创业能力不断提高，如图8.4所示。

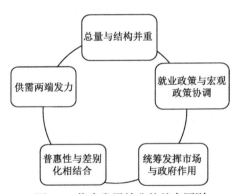

图 8.4　优先发展就业的基本原则

资料来源：国务院印发《"十三五"促进就业规划》. http://www.gov.cn/xinwen/2017-02/06/content_5165864.htm[2019-06-20]

1. 增强经济发展创造就业岗位能力

坚持就业优先战略，既要以大众创业、万众创新和新动能培育带动就业，也要保护和改造提升能带动就业的传统动能，引导劳动密集型企业向中西部地区和东北地区转移，大力发展制造业和服务业，通过创造多样化需求带动就业，在新旧动能接续转换中促进就业。大力发展新兴产业、新兴业态，不断拓展新兴就业领域，积极培育新的就业增长点。积极发展吸纳就业能力强的产业和企业，创造更多就业机会。加快发展现代农业，扩大职业农民就业空间。完善创新创造利益回报机制，激发经济升级和扩大就业内生动力。

2. 提升创业带动就业能力

坚持深化"放管服"改革，不断优化创业环境，畅通创业创富通道，激发全社会支持创业、参与创业的积极性，不断增强创业带动就业能力。畅通创业创富通道，加快形成有利于劳动者参与创业的政策环境，调动劳动者创业创富积极性。强化创业服务，提高创业成功率，健全传导扩散机制，增强创业带动能力，扩大创业带动就业效应。

3. 加强重点群体就业保障能力

拓展高校毕业生就业领域，引导和鼓励高校毕业生到基层就业，增强高校毕业生就业服务能力，切实做好高校毕业生就业工作。促进农村劳动力转移就业，拓宽农村劳动力转移就业渠道，促进农村贫困劳动力转移就业。强化困难群体就业援助，高度重视化解过剩产能职工安置工作，做好特定群体就业工作。

三、加强社会保障体系建设

根据人力资源和社会保障部发布数据，截至 2018 年底，全国城乡居民养老保险参保人数达 52 392 万人，实际领取待遇人数为 15 898 万人，有 4900 多万贫困人口直接受益，工程建设领域在建、新开工建设项目参保率均在 99%以上，全年失业保险基金共向 40.2 万名失业农民工发放一次性生活补助 18.2 亿元①。

1. 建立基本养老保险基金中央调剂制度

中国现行的养老保险制度，是基本养老保险与企业补充养老保险和职工个人储蓄性养老保险相结合的制度。在这种多层次养老保险体系中，基本养老保险可称为第一层次，发挥着兜底的作用，主要用来保障参加养老保险的人退休后的基本生活需要，实现老有所养。因此，这一养老保险对每个人都很重要，是满足美

---

① 人社部：截至 2018 年城乡居民养老保险参保 5.2 亿人. http://finance.eastmoney.com/a/201902271054835659. html[2019-06-20].

好生活需要的基本物质保障之一。基本养老保险基金中央调剂是指在现行企业职工基本养老保险省级统筹的基础上，建立中央调剂基金，对各省份基本养老保险基金进行适度调剂，确保基本养老金按时足额发放。中央调剂基金由各省份基本养老保险基金上解的资金构成。将各省份职工平均工资的 90% 和在职应参保人数作为计算上解额的基数，上解比例从 3% 起步，逐步提高。中央调剂基金实行以收定支，当年筹集的资金全部拨付地方。中央调剂基金按照人均定额拨付，根据人力资源和社会保障部、财政部核定的各省份离退休人数确定拨付资金数额。

2. 加强困难群众基本生活保障

加大受灾群众困难排查力度，调整完善自然灾害生活救助政策，做好自然灾害应急救助。加快灾区倒损民房恢复重建，进一步落实临时救助制度，建立、完善部门联动和快速响应机制，做好"救急难"工作，及时解决好群众遭遇的突发性、紧迫性、临时性基本生活困难。开展农村贫困人口大病专项救治活动。提高失能半失能特困人员的集中供养比例，将符合特困人员救助供养有关规定的残疾人纳入救助供养范围。统筹推进农村留守儿童和困境儿童保障工作，改善孤儿和贫困残疾儿童等群体的保障条件。鼓励有条件的地方合理提高困难残疾人生活补贴和重度残疾人护理补贴标准。各级财政在一般性转移支付中，要把保障困难群众基本生活放在优先位置，确保政府投入只增不减。中央财政已拨付的救助补助资金要抓紧到位。优化财政支出结构、科学合理编制困难群众生活保障资金预算，增加资金有效供给，提升资金使用效益。落实社会救助和保障标准与物价上涨挂钩联动机制，防止物价波动影响困难群众基本生活。加强资金使用管理绩效评价，推进资金使用管理公示公开，建立健全资金监管机制。完善社会救助家庭经济状况核对机制，做好救助对象准确识别，提高资金使用的精准性和有效性。

四、实施健康中国战略

健康是促进人的全面发展的必然要求，是经济社会发展的基础条件。经济的发展、科技的进步归根到底都是为了服务人民，实现国民健康长寿，是国家富强、民族振兴的重要标志，也是人们的共同愿望。在健康中国的路上，推动人人参与、人人尽力、人人享有，落实预防为主，推行健康生活方式，减少疾病发生，强化早诊断、早治疗、早康复，实现全民健康。

1. 深化医药卫生体制改革

在分级诊疗、现代医院管理、全民医保、药品供应保障、综合监管 5 项制度建设上推进改革。健全完善医疗卫生服务体系，提升基层医疗卫生服务能力，引导公立医院参与分级诊疗，推进形成诊疗—康复—长期护理连续服务模式，建立科学合理的分级诊疗制度。完善公立医院管理体制，建立符合医疗卫生行业特点的编制人事和薪酬制度，设立以质量为核心、公益性为导向的医院考评机制，控制公立医院医疗费用不合理增长。建立高效运行的全民医疗保障制度，健全基本医保稳定可持续筹资和报销比例调整机制，到 2020 年，基本医保参保率稳定在95%以上；建立医保基金调剂平衡机制，逐步实现医保省级统筹，基本医保政策范围内报销比例稳定在 75%左右。逐步覆盖所有医疗机构和医疗服务，全国范围内普遍实施适应不同疾病、不同服务特点的多元复合式医保支付方式，按项目付费占比明显下降，深化医保支付方式改革。推动基本医疗保险制度整合，健全重特大疾病保障机制，推动商业健康保险发展。健全完善人才培养使用和激励评价机制，基本形成统一规范的全科医生培养模式。到2020年，初步建立起充满生机和活力的全科医生制度，城乡每万名居民有 2~3 名合格的全科医生，全科医生总数达到 30 万人以上，医疗责任保险覆盖全国所有公立医院和80%以上的基层医疗卫生机构。加快形成多元办医格局，推进公共卫生服务体系建设。

2. 保障食品药品安全

到 2020 年，食品安全抽检覆盖全部食品类别、品种，农业源头污染得到有效治理，食品安全现场检查全面加强，安全标准更加完善，食品安全监管和技术支撑能力得到明显提升。到 2030 年，食品安全风险监测与食源性疾病①报告网络实现全覆盖。全面落实企业主体责任，加快食品安全标准与国际接轨，完善法律法规制度。加强源头治理，重点开展农药残留治理、兽药残留治理、测土配方施肥推广工程。严格过程监管，强化抽样检验，对于违法违规、危害人民安全的行为进行严厉处罚。提升技术支撑能力，深入开展"双安双创"行动。在约 1000 个"菜篮子"产品主产县开展国家农产品质量安全县创建行动。

建立规范有序的药品供应保障制度。深化药品供应领域改革和药品流通体制

---

① 食源性疾病是指通过摄食而进入人体的有毒有害物质（包括生物性病原体）等致病因子所造成的疾病。食源性疾病一般可分为感染性疾病和中毒性疾病，是当前世界上最突出的卫生问题。

改革，药品质量进一步提高，药品医疗器械标准不断提升。审评审批体系逐步完善，检查能力和监测评价水平进一步提高。检验检测和监管执法能力得到增强，执业药师服务水平显著提高。力争到 2020 年，基本建立药品出厂价格信息可追溯机制，形成 1 家年销售额超过 5000 亿元的超大型药品流通企业，药品批发百强企业年销售额占批发市场总额的 90%以上。

第三节　中国发展的伟大蓝图

一、中国梦与两个一百年奋斗目标

1. 中国梦的提出

2012 年 11 月 29 日，习近平来到国家博物馆，参观《复兴之路》[①]基本陈列。习近平指出，每个人都有理想和追求，都有自己的梦想。现在，大家都在讨论中国梦，我以为，实现中华民族伟大复兴，就是中华民族近代以来最伟大的梦想。这个梦想，凝聚了几代中国人的夙愿，体现了中华民族和中国人民的整体利益，是每一个中华儿女的共同期盼。历史告诉我们，每个人的前途命运都与国家和民族的前途命运紧密相连。国家好，民族好，大家才会好。实现中华民族伟大复兴是一项光荣而艰巨的事业，需要一代又一代中国人共同为之努力。空谈误国，实干兴邦。我们这一代共产党人一定要承前启后、继往开来，把我们的党建设好，团结全体中华儿女把我们国家建设好，把我们民族发展好，继续朝着中华民族伟大复兴的目标奋勇前进[②]。2013 年 3 月 17 日，习近平在中华人民共和国第十二届全国人民代表大会第一次会议闭幕会上，向全国人民代表发表自己的就任宣言。他将近 25 分钟的讲话，9 次提及"中国梦"，44 次提到"人民"，共获得了 10 余次掌声，有关"中国梦"的论述更一度被掌声打断。他说，中国梦归根到底是人民的

① 《复兴之路》：基本陈列共分中国沦为半殖民地半封建社会、探求救亡图存的道路、中国共产党肩负起民族独立和人民解放历史重任、建设社会主义新中国、走中国特色社会主义道路 5 个部分，包括 1200 多件（套）珍贵文物、870 多张历史照片。

② 习近平：承前启后 继往开来 继续朝着中华民族伟大复兴目标奋勇前进. http://www.xinhuanet.com//politics/2012-11/29/c_113852724.htm[2019-06-20].

梦，必须紧紧依靠人民来实现，必须不断为人民造福[①]。2017 年 10 月 18 日，习近平在中国共产党第十九次全国代表大会上指出，实现中华民族伟大复兴是近代以来中华民族最伟大的梦想。中国共产党一经成立，就把实现共产主义作为党的最高理想和最终目标，义无反顾肩负起实现中华民族伟大复兴的历史使命。实现伟大梦想，必须进行伟大斗争；实现伟大梦想，必须建设伟大工程；实现伟大梦想，必须推进伟大事业。中国梦是历史的、现实的，也是未来的；是我们这一代的，更是青年一代的。中华民族伟大复兴的中国梦终将在一代代青年的接力奋斗中变为现实。

2. "两个一百年"奋斗目标

中国共产党第十五次全国代表大会首次提出"两个一百年"奋斗目标：到建党一百年时，使国民经济更加发展，各项制度更加完善；到世纪中叶建国一百年时，基本实现现代化，建成富强民主文明的社会主义国家。中国共产党第十九次全国代表大会，对"两个一百年"奋斗目标做出了完善和细化。

第一个阶段，2020～2035 年，在全面建成小康社会的基础上，再奋斗十五年，基本实现社会主义现代化。到那时，我国经济实力、科技实力将大幅跃升，跻身创新型国家前列；人民平等参与、平等发展权利得到充分保障，法治国家、法治政府、法治社会基本建成，各方面制度更加完善，国家治理体系和治理能力现代化基本实现；社会文明程度达到新的高度，国家文化软实力显著增强，中华文化影响更加广泛深入；人民生活更为宽裕，中等收入群体比例明显提高，城乡区域发展差距和居民生活水平差距显著缩小，基本公共服务均等化基本实现，全体人民共同富裕迈出坚实步伐；现代社会治理格局基本形成，社会充满活力又和谐有序；生态环境根本好转，美丽中国目标基本实现。

第二个阶段，从 2035 年到 21 世纪中叶，在基本实现现代化的基础上，再奋斗十五年，把我国建成富强民主文明和谐美丽的社会主义现代化强国。到那时，我国物质文明、政治文明、精神文明、社会文明、生态文明将全面提升，实现国家治理体系和治理能力现代化，成为综合国力和国际影响力领先的国家，全体人民共同富裕基本实现，我国人民将享有更加幸福安康的生活，中华民族将以更加昂扬的姿态屹立于世界民族之林。

---

① 特写：习近平九提"中国梦". http://politics.people.com.cn/n/2013/0317/c70731-20817258.html[2019-06-20].

3. 国家富强、民族振兴、人民幸福

实现中华民族伟大复兴的中国梦，就是要实现国家富强、民族振兴、人民幸福。中国梦是民族的梦，也是每个中国人的梦，是个体梦与群体梦的辩证统一。国家富强与民族振兴的最终落脚点都是人民的幸福。只有人民过上了幸福的生活，民族才会振兴，国家才能真正强大。

国家富强，就是要建设富强、民主、文明、和谐、美丽的社会主义现代化强国，中国梦首先是强国之梦。和西方文化中的个人英雄主义不同，在中国的漫长历史中，始终是以国家和社会为中心。中国人民相信，国家的稳定和富强是中国梦的实现基础。民族振兴，就是要振兴中华民族和弘扬中华文明，这是中国梦的核心内容。中华民族作为世界最古老的文明之一，曾为世界创造了璀璨的科学与精神文明，也曾遇坎坷，做出艰难斗争。民族振兴，就是要自立自强，不卑不亢，让中华民族再一次屹立于世界民族之林。人民幸福，就是要满足人民的精神和物质双重需求，让人民过幸福美好的生活。学有所教、劳有所得、病有所医、老有所养、住有所居，建立一个生活幸福、工作顺利、公平公正的社会。个人的梦想，与国家的梦想紧密相连，国家的梦想就是让百姓的梦想成真。

二、全面发展与共同富裕

中国经济已经从高速发展阶段走向高质量发展阶段，在经济高质量发展阶段，关键是落实以人为本的理念。要坚持以人民为中心的思想，要坚持把增进人民福祉、促进人的全面发展、人民共同富裕作为经济发展的出发点和落脚点。中国共产党第十九次全国代表大会指出，明确新时代我国社会主要矛盾是人民日益增长的美好生活需要和不平衡不充分的发展之间的矛盾，必须坚持以人民为中心的发展思想，不断促进人的全面发展、全体人民共同富裕。

1. 人的全面发展

联合国开发计划署发布的《人类发展报告（1996）》中探讨了经济增长和人类发展的关系，人类应避免五种"有增长而无发展"的情况，即无工作的增长、无声的增长、无情的增长、无根的增长和无未来的增长，如图 8.5 所示。人们开始意识到，在经济发展到一定阶段时，应该把发展的目标从经济总量转移到人民

身上。促进人的全面发展，是中国化解新时期社会主要矛盾的必然要求。

无工作的增长	无声的增长	无情的增长	无根的增长	无未来的增长
经济增长没有创造足够多的工作岗位，甚至恶化了就业形势	经济增长没有给予民众更多参与和管理公共事务以及自由表达意见的权利	经济增长导致了收入分配格局的恶化，财富的扩大带来了新的贫困阶级	经济增长对文化多样性造成破坏，压制了传统文化和少数民族文化	经济增长对生态、资源和环境造成的破坏，影响了经济增长的可持续性

图 8.5　有增长而无发展的五种情况

促进人的全面发展，可以从三方面理解，即发展为了人民、发展依靠人民、发展成果由人民共享。发展为了人民是指国家发展的根本目的是人民的满意和幸福。经济的发展是为了提供人民充足、多样的物质享受，文化的繁荣能丰富人民对理想、情感的精神需求，社会制度的完善能满足人民对财产、生存、平等的权利需求，让人民对社会有信心，对民族有自豪感。发展依靠人民不是说要强制人民，剥削人民，相反是要引导人民，发挥人民的长处，挖掘人类的潜能和创造性，给人民提供公平合理的制度保证，使人民有信心干大事，实现真正的人尽其才。发展成果由人民共享意味着小康绝不是几个人，或一群人的小康，小康必须是全体人民的小康。

实现人的全面发展，在理念上，要进一步明确"坚持以人民为中心的发展思想"，始终把"满足人民日益增长的美好生活需要"作为奋斗目标。要通过推进新型工业化、新型城镇化、农业现代化、区域经济一体化、国际化等举措，把每个人放在最合适的位置上，不断激发每个人的潜能和创造力。同时，在制度上，要继续通过全面深化改革和全面推进依法治国，依靠制度来保障人的发展权利，实现资源的公平配置，使个体以更低成本、更高效率获得生产要素，让人人拥有共建共治共享的能力。

2. 全体人民共同富裕

实现共同富裕既是社会主义的本质要求，也是全面建设社会主义现代化强国的重要内容。实现共同富裕要着力缩小区域、城乡和行业收入差距，做好"富裕"和"共同"两篇大文章。实现共同富裕不是要脱离生产力发展水平搞同步富裕、平均富裕。现阶段，既要缩小过大收入差距以促进社会公平，也要保持合理收入差距以提高经济效益。实现共同富裕是一个长期的过程，要在稳步发展社会生产力、不断提高经济发展质量和效益的基础上，着力完善收入分配制度、规范收入分配秩序、加强社会保障，让发展成果更多、更公平地惠及全体人民。同时，健全相关体制机制，调动人民群众的积极性、主动性、创造性，鼓励和支持人民依靠自己的努力和奋斗过上美好生活。

思考题

1. 你认为中国发展的不平衡、不充分体现在哪些方面？

2. 民生问题为什么对于国家的发展十分重要？你认为应该从哪些方面保障人民的生活质量？

3. 你听说过中国梦吗？你觉得中国梦代表着什么，要如何实现中国梦呢？

附　录

附录一　政 策 参 考

政策文件	发布者	发布时间
《国务院关于鼓励和引导民间投资健康发展的若干意见》	国务院	2010 年 5 月 13 日
《中华人民共和国国民经济和社会发展第十二个五年规划纲要》	国务院	2011 年 3 月 14 日
《全国主体功能区规划》	国务院	2011 年 6 月 8 日
《全国现代农业发展规划（2011—2015 年）》	国务院	2012 年 1 月 13 日
《中共中央关于全面深化改革若干重大问题的决定》	中共中央	2013 年 11 月 15 日
《推动共建丝绸之路经济带和 21 世纪海上丝绸之路的愿景与行动》	国家发展和改革委员会、外交部、商务部	2015 年 3 月 28 日
《中国制造 2025》	国务院	2015 年 5 月 19 日
《关于深化国有企业改革的指导意见》	中共中央、国务院	2015 年 8 月 24 日
《"十三五"时期京津冀国民经济和社会发展规划》	国家发展和改革委员会	2016 年 2 月
《长江经济带发展规划纲要》	中共中央	2016 年 3 月 25 日
《国家创新驱动发展战略纲要》	中共中央、国务院	2016 年 5 月 19 日
《全国农业现代化规划（2016—2020 年）》	国务院	2016 年 10 月 20 日
《关于完善产权保护制度依法保护产权的意见》	中共中央、国务院	2016 年 11 月 4 日
《"十三五"国家战略性新兴产业发展规划》	国务院	2016 年 11 月 29 日
《东北振兴"十三五"规划》	国家发展和改革委员会	2016 年 12 月 19 日
《促进中部地区崛起"十三五"规划》	国务院	2016 年 12 月 23 日
《"十三五"深化医药卫生体制改革规划》	国务院	2017 年 1 月 9 日
《"十三五"卫生与健康规划》	国务院	2017 年 1 月 10 日
《西部大开发"十三五"规划》	国家发展和改革委员会	2017 年 1 月 11 日
《关于创新管理优化服务培育壮大经济发展新动能加快新旧动能接续转换的意见》	国务院办公厅	2017 年 1 月 20 日
《"十三五"促进就业规划》	国务院	2017 年 2 月 6 日
《"十三五"国家食品安全规划》	国务院	2017 年 2 月 21 日

续表

政策文件	发布者	发布时间
《"十三五"国家药品安全规划》	国务院	2017 年 2 月 21 日
《关于进一步完善国有企业法人治理结构的指导意见》	国务院办公厅	2017 年 5 月 3 日
《深化粤港澳合作，推进大湾区建设框架协议》	国家发展和改革委员会、广东省人民政府、香港特别行政区政府、澳门特别行政区政府	2017 年 7 月 1 日
《决胜全面建成小康社会 夺取新时代中国特色社会主义伟大胜利》	习近平在中国共产党第十九次全国代表大会上的报告	2017 年 10 月 18 日
《山东新旧动能转换综合试验区建设总体方案》	国家发展和改革委员会	2018 年 1 月 12 日
《关于建立企业职工基本养老保险基金中央调剂制度的通知》	国务院	2018 年 6 月 13 日
《关于创新和完善促进绿色发展价格机制的意见》	国家发展和改革委员会	2018 年 6 月 21 日
《外商投资准入特别管理措施（负面清单）（2018年版）》	国家发展和改革委员会、商务部	2018 年 6 月 28 日
《自由贸易试验区外商投资准入特别管理措施（负面清单）（2018 年版）》	国家发展和改革委员会、商务部	2018 年 6 月 30 日
《乡村振兴战略规划（2018—2022 年）》	中共中央、国务院	2018 年 9 月
《国务院办公厅关于聚焦企业关切进一步推动优化营商环境政策落实的通知》	国务院办公厅	2018 年 11 月 8 日
《中共中央国务院关于建立更加有效的区域协调发展新机制的意见》	中共中央、国务院	2018 年 11 月 18 日
《粤港澳大湾区发展规划纲要》	中共中央、国务院	2019 年 2 月 18 日

附录二　中国中央企业名录（2017 年）

序号	中央企业	序号	中央企业
1	中国核工业集团有限公司	25	中国电子信息产业集团有限公司
2	中国航天科技集团有限公司	26	中国第一汽车集团有限公司
3	中国航天科工集团有限公司	27	东风汽车集团有限公司
4	中国航空工业集团有限公司	28	中国一重集团有限公司
5	中国船舶工业集团有限公司	29	中国机械工业集团有限公司
6	中国船舶重工集团有限公司	30	哈尔滨电气集团有限公司
7	中国兵器工业集团有限公司	31	中国东方电气集团有限公司
8	中国兵器装备集团有限公司	32	鞍钢集团有限公司
9	中国电子科技集团有限公司	33	中国宝武钢铁集团有限公司
10	中国航空发动机集团有限公司	34	中国铝业集团有限公司
11	中国石油天然气集团有限公司	35	中国远洋海运集团有限公司
12	中国石油化工集团有限公司	36	中国航空集团有限公司
13	中国海洋石油集团有限公司	37	中国东方航空集团有限公司
14	国家电网有限公司	38	中国南方航空集团有限公司
15	中国南方电网有限责任公司	39	中国中化集团有限公司
16	中国华能集团有限公司	40	中粮集团有限公司
17	中国大唐集团有限公司	41	中国五矿集团有限公司
18	中国华电集团有限公司	42	中国通用技术（集团）控股有限责任公司
19	国家电力投资集团有限公司	43	中国建筑集团有限公司
20	中国长江三峡集团有限公司	44	中国储备粮管理集团有限公司
21	国家能源投资集团有限责任公司	45	国家开发投资集团有限公司
22	中国电信集团有限公司	46	招商局集团有限公司
23	中国联合网络通信集团有限公司	47	华润（集团）有限公司
24	中国移动通信集团有限公司	48	中国旅游集团有限公司［香港中旅（集团）有限公司］

续表

序号	中央企业	序号	中央企业
49	中国商用飞机有限责任公司	73	中国信息通信科技集团有限公司
50	中国节能环保集团有限公司	74	中国农业发展集团有限公司
51	中国国际工程咨询有限公司	75	中国中丝集团有限公司
52	中国诚通控股集团有限公司	76	中国林业集团有限公司
53	中国中煤能源集团有限公司	77	中国医药集团有限公司
54	中国煤炭科工集团有限公司	78	中国保利集团有限公司
55	机械科学研究总院集团有限公司	79	中国建设科技有限公司
56	中国中钢集团有限公司	80	中国冶金地质总局
57	中国钢研科技集团有限公司	81	中国煤炭地质总局
58	中国化工集团有限公司	82	新兴际华集团有限公司
59	中国化学工程集团有限公司	83	中国民航信息集团有限公司
60	中国盐业集团有限公司	84	中国航空油料集团有限公司
61	中国建材集团有限公司	85	中国航空器材集团有限公司
62	中国有色矿业集团有限公司	86	中国电力建设集团有限公司
63	有研科技集团有限公司	87	中国能源建设集团有限公司
64	北京矿冶科技集团有限公司	88	中国黄金集团有限公司
65	中国国际技术智力合作有限公司	89	中国广核集团有限公司
66	中国建筑科学研究院有限公司	90	中国华录集团有限公司
67	中国中车集团有限公司	91	上海诺基亚贝尔股份有限公司
68	中国铁路通信信号集团有限公司	92	华侨城集团有限公司
69	中国铁路工程集团有限公司	93	南光（集团）有限公司（中国南光集团有限公司）
70	中国铁道建筑有限公司	94	中国西电集团有限公司
71	中国交通建设集团有限公司	95	中国铁路物资集团有限公司
72	中国普天信息产业集团有限公司	96	中国国新控股有限责任公司

资料来源：央企名录. http://www.sasac.gov.cn/n2588035/n2641579/n2641645/index.html[2019-06-20]

附录三　2018 年中国民营企业 500 强（前 100 名）

序号	民营企业	序号	民营企业
1	华为投资控股有限公司	28	新城控股集团股份有限公司
2	苏宁控股集团有限公司	29	中天钢铁集团有限公司
3	正威国际集团有限公司	30	小米通讯技术有限公司
4	京东集团	31	东方希望集团有限公司
5	山东魏桥创业集团有限公司	32	天能集团
6	联想控股股份有限公司	33	TCL 集团股份有限公司
7	恒大集团有限公司	34	海澜集团有限公司
8	国美控股集团有限公司	35	东岭集团股份有限公司
9	恒力集团有限公司	36	浙江荣盛控股集团有限公司
10	大商集团有限公司	37	比亚迪股份有限公司
11	浙江吉利控股集团有限公司	38	盛虹控股集团有限公司
12	万科企业股份有限公司	39	南通三建控股有限公司
13	美的集团股份有限公司	40	浙江恒逸集团有限公司
14	碧桂园控股有限公司	41	超威集团
15	雪松控股集团有限公司	42	河北津西钢铁集团股份有限公司
16	江苏沙钢集团有限公司	43	上海均和集团有限公司
17	大连万达集团股份有限公司	44	西安迈科金属国际集团有限公司
18	信发集团有限公司	45	阳光保险集团股份有限公司
19	新疆广汇实业投资（集团）有限责任公司	46	正荣集团有限公司
20	阳光龙净集团有限公司	47	山东东明石化集团有限公司
21	泰康保险集团股份有限公司	48	腾邦集团有限公司
22	海亮集团有限公司	49	复星国际有限公司
23	青山控股集团有限公司	50	山东晨鸣纸业集团股份有限公司
24	中南控股集团有限公司	51	杭州锦江集团有限公司
25	苏宁环球集团有限公司	52	百度公司
26	三胞集团有限公司	53	北京建龙重工集团有限公司
27	新奥集团股份有限公司	54	万达控股集团有限公司

续表

序号	民营企业	序号	民营企业
55	新华联集团有限公司	78	扬子江药业集团有限公司
56	福中集团有限公司	79	卓尔控股有限公司
57	广厦控股集团有限公司	80	唯品会（中国）有限公司
58	福晟集团有限公司	81	深圳市怡亚通供应链股份有限公司
59	日照钢铁控股集团有限公司	82	内蒙古伊利实业集团股份有限公司
60	内蒙古伊泰集团有限公司	83	敬业集团有限公司
61	银亿集团有限公司	84	融信（福建）投资集团有限公司
62	亨通集团有限公司	85	雅戈尔集团股份有限公司
63	山东大海集团有限公司	86	正邦集团有限公司
64	中天控股集团有限公司	87	天津荣程联合钢铁集团有限公司
65	中融新大集团有限公司	88	奥克斯集团有限公司
66	利华益集团股份有限公司	89	修正药业集团
67	宁夏天元锰业集团有限公司	90	传化集团有限公司
68	九州通医药集团股份有限公司	91	三一集团有限公司
69	上海钢联电子商务股份有限公司	92	通威集团有限公司
70	河北新华联合冶金控股集团有限公司	93	杭州滨江房产集团股份有限公司
71	华泰集团有限公司	94	红豆集团有限公司
72	新希望集团有限公司	95	正泰集团股份有限公司
73	江阴澄星实业集团有限公司	96	青建集团股份公司
74	龙湖集团控股有限公司	97	华夏幸福基业股份有限公司
75	深圳顺丰泰森控股（集团）有限公司	98	广州富力地产股份有限公司
76	宁波金田投资控股有限公司	99	天安人寿保险股份有限公司
77	重庆市金科投资控股（集团）有限责任公司	100	永辉超市股份有限公司

资料来源：2018 中国民营企业 500 强榜单. http://www.acfic.org.cn/zzjg_327/nsjg/jjb/jjbgzhdzt/2018my5bq/2018my5bq_bgbd/201808/t20180829_ 55653.html[2019-06-20]

附录四　教育事业发展和人力资源开发"十三五"主要目标

指标	2020 年	属性
学前教育		
在园幼儿数（万人）	4 500	预期性
学前三年毛入园率（%）	85.0	预期性
九年义务教育		
在校生（万人）	15 000	预期性
巩固率（%）	95.0	约束性
高中阶段教育		
在校生（万人）	4 130	预期性
其中：中等职业教育	1 870	预期性
毛入学率（%）	90.0	预期性
高等教育		
在学总规模（万人）	3 850	预期性
在校生（万人）	3 680	预期性
其中：研究生（万人）（含全日制和非全日制研究生）	290［230］	预期性
其中：普通本专科（万人）	2 655	预期性
毛入学率（%）	50.0	预期性
继续教育		
从业人员继续教育（万人次）	35 000	预期性
人力资源开发		
新增劳动力平均受教育年限（年）	13.5	预期性

注：高等教育在校生含普通本专科、成人本专科、全日制和非全日制研究生在校生；［　］内为全日制研究生在校生数

资料来源：国务院关于印发国家教育事业发展"十三五"规划的通知. http://www.gov.cn/zhengce/content/2017-01/19/content_5161341.htm[2019-06-20]

附录五 "十三五"卫生与健康主要目标

领域	主要指标	单位	2020 年	指标性质
健康水平	人均预期寿命	岁	>77.3	预期性
	孕产妇死亡率	/10 万	<18	预期性
	婴儿死亡率	‰	<7.5	预期性
	5 岁以下儿童死亡率	‰	<9.5	预期性
疾病防控	居民健康素养水平	%	>20	预期性
	以乡（镇、街道）为单位适龄儿童免疫规划疫苗接种率	%	>90	约束性
	肺结核发病率	/10 万	<58	预期性
	因心脑血管疾病、癌症、慢性呼吸系统疾病和糖尿病导致的过早死亡率	%	比 2015 年降低 10%	预期性
妇幼健康	孕产妇系统管理率	%	>90	约束性
	3 岁以下儿童系统管理率	%	>90	约束性
	孕前优生健康检查目标人群覆盖率	%	>80	预期性
医疗服务	三级医院平均住院日	天	<8	预期性
	院内感染发生率	%	<3.2	预期性
	30 天再住院率	%	<2.4	预期性
	门诊处方抗菌药物使用率	%	<10	预期性
计划生育	总人口	亿人	14.2 左右	预期性
	总和生育率		1.8 左右	预期性
	出生人口性别比		<112	约束性
医疗卫生服务体系	每千人口医疗卫生机构床位数	张	<6	预期性
	每千人口执业（助理）医师数	人	>2.5	预期性
	每千人口注册护士数	人	>3.14	预期性
	每万人口全科医生数	人	>2	约束性
	社会办医院床位占医院床位总数的比重	%	>30	预期性

领域	主要指标	单位	2020 年	指标性质
医疗卫生 保障政策	范围内住院费用基本医保支付比例	%	75 左右	预期性
	个人卫生支出占卫生总费用的比重	%	28 左右	约束性

资料来源：国务院关于印发"十三五"卫生与健康规划的通知. http://www.gov.cn/zhengce/content/
2017-01/10/content_5158488.htm[2019-06-20]